W0194822

Uwe Müller

Supergau
Deutsche Einheit

Rowohlt · Berlin

1. Auflage März 2005
Copyright © 2005 by Rowohlt · Berlin Verlag
GmbH, Berlin
Alle Rechte vorbehalten
Grafiken Holger Trepke, Hamburg
Satz Concorde PostScript QuarkXPress bei
KCS GmbH, Buchholz i. d. Nordheide
Druck und Bindung Clausen & Bosse, Leck
Printed in Germany
ISBN 3 87134 523 7

Inhalt

Die Einheit ist den Deutschen nicht bloß in den Schoß,
sie ist ihnen vor allem auf den Kopf gefallen.

Adolf Muschg, 1993

Vorbemerkung

Supergau Deutsche Einheit – geht es nicht eine Nummer kleiner? Ist die Vereinigung von Ost und West nicht eigentlich ganz gut gelungen? Trotz mancher Probleme – müssen wir nicht dankbar sein, dass sich diese Chance überhaupt ergeben hat?

Mit diesen Argumenten reden die verantwortlichen Politiker seit fünfzehn Jahren die Misere klein. Es sei doch nur eine Frage der Zeit, bis sich Erfolge einstellen. Die Trendwende, der Aufschwung – sie stünden bald bevor. Die Wahrheit ist eine andere. Nichts wird sich zum Besseren wenden, im Gegenteil.

Statt aufzuholen, fällt der Osten gegenüber dem Westen beständig zurück, die Kluft wird schon seit Jahren größer. Die Wiedervereinigung, dieser Glücksfall der deutschen Geschichte, hat sich ökonomisch als Desaster erwiesen. Dabei überfordert der Fehlschlag im Osten immer mehr das Leistungsvermögen des Westens. So drohen beide Teile Deutschlands vom Abwärtssog erfasst zu werden. Wenn sich nichts ändert, haben die neuen Länder ihre beste Zeit schon hinter sich. Wie soll man diese Aussicht bezeichnen, wenn nicht als Supergau?

Wer auf die Missstände hinweist, gilt als Miesmacher, dem es an patriotischer Gesinnung mangele. Die Regierung kann das Scheitern ihrer Politik nicht eingestehen, die Opposition hat Angst, mit der Hinwendung zum Osten die nächste Wahl im Westen zu verlieren. Das Kartell der Verschweiger und Gesundbeter kennt keine Parteigrenzen.

Unbestritten gibt es Fortschritte im Osten. Aber um welchen Preis? Ein gigantischer Geldregen prasselt seit 1990 über Ostdeutschland nieder. Das Zusammenwachsen der Deutschen wird bis Ende 2005 schon so viel gekostet haben, dass damit fast sämtliche Schulden des Staates auf einen Schlag getilgt werden könnten. Doch statt blühender Landschaften sind im Osten allenfalls ein paar bestellte Beete zu erkennen, viele Regionen sind ökonomisch verwüstet.

Das Fiasko hat viele Facetten, aber nirgendwo offenbart es sich so deutlich wie in der Bevölkerungsentwicklung. Kein anderer Landstrich in Europa, einige Bürgerkriegsgebiete auf dem Balkan ausgenommen, wurde in den letzten fünfzehn Jahren von einer vergleichbaren Einwohnerflucht heimgesucht wie die neuen Bundesländer. Es sind die jüngeren, mobileren und wagemutigen Ostdeutschen, die ihrer Heimat den Rücken kehren. Man kann es auch so sagen: Die Vereinigung findet im Westen statt.

Im Osten bleiben diejenigen zurück, denen das Vertrauen in die Zukunft abhanden gekommen ist. In keinem Staat der Welt, vom Vatikan einmal abgesehen, wurden nach 1990 weniger Kinder geboren als in der ostdeutschen Teilgesellschaft, die sich mit atemberaubendem Tempo in das Altersheim der Republik verwandelt. Dieses demographische Beben wird Staat und Wirtschaft schon bald heftig erschüttern.

Helmut Kohl, der sich nach dem Sieg der Freiheit über die Diktatur außenpolitische Verdienste erworben hat, unterliefen bei der inneren Konstruktion der Einheit verheerende Fehler. Er bescherte den Ostdeutschen einen Wohlstand, der auf tönernen Füßen steht, weil er auf immensen Transferzahlungen beruht. Sein Nachfolger Gerhard Schröder versprach, er werde im Osten «nicht alles anders, aber vieles besser» machen. Diese Worte klingen heute wie Hohn.

Jährlich legt die Bundesregierung ihre Berichte zum Stand der Deutschen Einheit vor – es sind politische Armutszeugnisse, erfüllt vom Geist der Buchhalter, ohne jede Idee für den überfälligen Neuanfang. Mehr noch, um Erfolge verkünden zu können, werden Fakten unterdrückt und Zahlen frisiert, so wie das schon zu DDR-Zeiten der Fall war. Die Politiker wollen uns weismachen, es gehe vor allem um die Mauer in den Köpfen, die mentale Vereinigung, um die «innere Einheit». Doch sie lenken nur ab.

Wirtschaft ist nicht alles, aber ohne tragfähiges Wirtschaftsfundament sieht die Zukunft düster aus. Die Hinwendung zu extremistischen Parteien am linken und rechten Spektrum ist ein Warnzeichen dafür, was geschehen kann, wenn einem halben Land die glaubwürdige Perspektive verweigert wird. Deshalb ist dieses Buch eine schonungslose Analyse gerade der ökonomischen Realität im Osten.

Wohl nie zuvor geriet deutsche Geschichte derart schnell in Bewegung, waren Umbrüche radikaler und Herausforderungen größer. Natürlich mussten Erwartungen enttäuscht werden, waren Irrtümer und Fehler unvermeidlich. Doch wenn der Irrweg offensichtlich ist, kann das Festhalten am Kurs nicht länger entschuldigt werden.

Dem Verfasser liegt es fern, Ost gegen West auszuspielen. Vielmehr geht es darum, verantwortungsloses Handeln im Osten und fatale Ignoranz im Westen gleichermaßen anzuprangern. Nicht deutsch-deutsche Befindlichkeiten und wolkige Phantasien von innerer Einheit sind entscheidend, sondern harte Fakten. Sie sprechen für sich.

Uwe Müller
Berlin/Leipzig, im Januar 2005

Erster Teil

Die verspielte Gunst der Geschichte

Auf dem Friedhof der Illusionen

«Bei der nächsten Wiedervereinigung machen wir alles besser.» Kurt Biedenkopf schrieb diese Worte an den Rand eines kritischen Vermerks, der ihm 1992 vom Bundesrechnungshof zugestellt worden war. Die Kontrolleure hatten den Kauf eines überteuerten Grundstücks gerügt, das für künftige Fabrikansiedlungen gebraucht wurde.

Ja, wo lebten diese Herren denn? Da bewegte sich eine Behörde in quälendem Trott, wälzte Akten und Probleme, prüfte dies und rügte das, als sei nichts geschehen. Dabei war Einheit. Es galt, ein Land mit mehr als fünfzehn Millionen Menschen neu aufzubauen. Eine ruinierte Wirtschaft zu sanieren, an der Natur begangene Schandtaten zu heilen, verfallende Städte und Dörfer vor dem Niedergang zu bewahren. Und das unter Eigentumsverhältnissen, die ungeklärt und deshalb oft zum Verzweifeln waren.

Kein Wunder, dass Biedenkopfs trockene Bürokratenschelte schnell die Runde machte. Bald wurde sie auch seinem Nachfolger als Ministerpräsident Sachsens, Georg Milbradt, zugeschrieben. Gute Anekdoten haben viele Väter.

Bei der nächsten Wiedervereinigung machen wir alles besser – fünfzehn Jahre nach der Einheit klingt dieser Satz wie Hohn. Ach, gäbe es noch einmal eine solche Chance, könnte man das Rad der Geschichte zurückdrehen, von vorn beginnen und es besser machen! Denn vieles ist schief gelaufen bei diesem größten Projekt der jüngeren deutschen Geschichte: Die Hoffnung, die politische Einheit möge im Osten zu gleichen Lebensverhältnissen wie im

15

Westen führen, wurde bitter enttäuscht. Die Menschen zwischen Zittau und Rügen plagt eine Massenarbeitslosigkeit, deren Ausmaß an Weimarer Verhältnisse erinnert. Trotz vieler geflossener Milliarden, die längst zu einem Billionenbetrag angewachsen sind, kann der Osten sich nicht selbst tragen – wie ein Junkie von der Nadel ist ein halbes Land von ständigen Geldinfusionen abhängig.

Der Streit ums Teilen ist programmiert: Auch die Westdeutschen fragen sich inzwischen, ob das, was vor fünfzehn Jahren begann, ein gutes Ende nimmt. Vielen Altbundesbürgern erscheint der Osten wie ein Klotz am Bein des Westens. Kann die Einheit je vollendet werden? Antworten der Politik bleiben aus. Das war schon unter Helmut Kohl so. Gerhard Schröder hat daran nichts geändert. Beide Kanzler des wiedervereinigten Landes, der mit den «blühenden Landschaften» und der mit der «Chefsache Ost», finden es unpatriotisch, wenn auf das Desaster in den neuen Ländern hingewiesen wird. Ohnehin hat keine der Volksparteien einen schlüssigen Plan, wie der Absturz des Ostens wenigstens auf lange Sicht aufgehalten werden kann. So dämmern die Probleme vor sich hin.

Als über Biedenkopfs Bonmot noch unbefangen gelacht wurde, wollte sich niemand ein solches Debakel ausmalen. Es herrschten Euphorie und Aufbruchstimmung über «geglückte deutsche Geschichte», wie Martin Walser es nannte. Wie jedem Neuanfang wohnte der Wiedervereinigung ein Zauber inne.

Auch als der Zauber sich in Luft auflöste, konnte das den Aufbaueifer nicht bremsen. Doch schnell wurde klar, dass die «drei, vier Jahre», die Helmut Kohl den Noch-DDR-Bürgern im Juni 1990 für die Ankunft im Land der Verheißung genannt hatte, blühender Phantasie entsprangen. Vielleicht war es nur naiv, die Frist so kurz zu bemessen. Dreist aber war es, dass der Kanzler den Westdeutschen versicherte, keiner brauche «wegen der Vereinigung auf etwas zu verzichten» – und sie müssten nur einen Teil dessen, was in den kommenden Jahren zusätzlich erwirtschaftet würde, den «Landsleuten in der DDR» zur Verfügung stellen. Er wusste es besser.

Die EU-Kommission hatte bereits im Februar 1990 die Kosten der Einheit auf jährlich 190 Milliarden D-Mark geschätzt, und zwar auf Jahre hinaus. Der Internationale Währungsfonds IWF nannte wenig später einen Gesamtbetrag von 1500 bis 2000 Milliarden D-Mark, um die Ost-Wirtschaft annähernd auf das westdeutsche Niveau zu bringen.[1] Bald schon mussten diese beiden astronomischen Summen nach oben korrigiert werden.

Aber beim Geld konnte in diesem Fall die Freundschaft schlecht aufhören, patriotische Gesinnung und praktische Solidarität waren gefragt. Auch die Bundesdeutschen, die dank der Gunst der Geographie nach 1945 von kommunistischer Besatzung und Planwirtschaft verschont geblieben waren, hatten nun für die späten Folgen des gemeinsam verlorenen Weltkrieges geradezustehen und jenen zu helfen, die 45 Jahre lang unverschuldet unterdrückt waren. Der Wiederaufbau des Ostens war die Aufgabe aller Deutschen. Das verbot den kleinlichen Blick ins Portemonnaie.

Deutschland ließ sich nicht die Laune verderben. 1995 wurde der offizielle Festakt zum fünften Jahrestag der Einheit mit Zuversicht begangen. Ja, es sei wahr: Vieles in der ehemaligen DDR sei zusammengebrochen und so manche Erwartung enttäuscht worden, räumten die Festredner ein. Es würde wohl etwas länger dauern, man habe wohl die Dimension unterschätzt. Doch nun komme der Aufbau endlich voran.

Dass aber etwas grundsätzlich falsch lief, das kam kaum jemandem in den Sinn. Warum sollte Deutschland, das reichste Land Europas, dieser Aufgabe nicht gewachsen sein? Warum sollte ein Staat mit mehr als 80 Millionen Einwohnern nicht die Kraft haben, das Problem zu lösen? Anfang 1995 erst war das größte Hilfsprogramm der Nachkriegsgeschichte angelaufen – der «Solidarpakt I». Mit ihm wurden für die ostdeutschen Länder rund 210 Milliarden D-Mark mobilisiert, jedes Jahr in gleichen Raten zahlbar bis 2005. Danach sei das Gröbste wohl erledigt, hoffte man, und zwar für beide Teile Deutschlands.

Welch grandiose Fehleinschätzung.

Der Blick von außen war da schärfer. Der englische Deutschland-Korrespondent David Marsh schrieb zum fünften Nationalfeiertag: «Es ist nicht ganz auszuschließen, dass sich Deutschland bei allem realen und scheinbaren Wohlstand (...) in einer Phase des allmählichen wirtschaftlichen Abstiegs befindet.» Das war noch britisches Understatement. Doch um zu widersprechen, schien den Deutschen die These viel zu abwegig.

Fünf Jahre später, am 3. Oktober 2000 – Gerhard Schröder war inzwischen Bundeskanzler, und der runde Geburtstag der Einheit wurde in der Dresdner Semperoper gefeiert –, fühlten sich die geladenen Gäste sichtlich geschmeichelt. Der Festredner, Frankreichs Staatspräsident Jacques Chirac, hatte ihnen gerade versichert, dass alle Welt die in Ostdeutschland geleistete Arbeit bewundere. Wie die meisten ostdeutschen Städte erstrahlte Dresden in neuem Glanz. Der DDR-Volksmund hatte noch von «Ruinen schaffen ohne Waffen» gehöhnt, weil die urbanen Zentren dem Untergang geweiht schienen.[2] Nun aber waren die Spuren dieses Verfalls weitgehend beseitigt.

Dennoch: Am pompös inszenierten Einheitstag gab es die ersten Missklänge. Pünktlich zum Feiertag wurde der Zwischenstand für die bis dahin aufgelaufenen Kosten der Einheit bekannt: eine Billion, eine Zahl mit zwölf Nullen, 1 000 000 000 000 D-Mark. Und der Bedarf an neuem Geld würde nicht etwa zurückgehen, sondern immer weiter wachsen. War dies der Muskelkater nach fast zehn Jahren Vereinigungsmarathon? Oder war der Muskel schon gerissen?

Und wie sieht die Lage vor den Feiern 2005 in Potsdam aus? Das Fest hätte beinahe gar nicht am gewohnten Datum stattgefunden – wenn es nach dem Willen des Bundeskanzlers und seines Finanzministers gegangen wäre. Unter dem Motto «Arbeiten für die Wiedervereinigung» wollten sie den Nationalfeiertag zum

Wandertag machen und auf den ersten Sonntag im Oktober verlegen. Das hätte etwa zwei Milliarden Euro in die leere Staatskasse gespült. Keine 24 Stunden nach Verkündung wurde der Plan wieder kassiert, weil seine Erfinder fürchten mussten, als vaterlandslose Gesellen in die Geschichtsbücher einzugehen.

Armes Deutschland – die aus blanker Not geborene Idee, ein nationales Symbol für ein bisschen mehr Wachstum und etwas höhere Steuereinnahmen zu opfern, zeigt, wie schlimm es um das Land steht. Der Zustand der Staatsfinanzen ist verheerender, als er es nach dem Zweiten Weltkrieg jemals war. Die Republik verzehrt ihre Substanz und lebt auf Kosten kommender Generationen.

Das ist auch eine Folge der Endloszahlungen für den Osten. Ende 2005 wird erneut eine magische Schwelle erreicht: 100 000 Euro. Etwa so hoch ist der Nettobetrag, der vom Westen seit der Wiedervereinigung rechnerisch pro Einwohner in Ostdeutschland aufgebracht wurde. Netto bedeutet, dass dabei die in den neuen Ländern erzielten Steuereinnahmen und entrichteten Sozialversicherungsbeiträge schon abgezogen sind. Zusammen ergibt sich nach fünfzehn Jahren ein Betrag von fast 1,4 Billionen.[3]

1400 Milliarden Euro: Das ist gut fünfmal so viel wie die Summe des Bundeshaushaltes 2005. Mit dem Betrag könnten sämtliche Schulden des Staates[4] auf einen Schlag getilgt werden. Und schlimmer noch: Obwohl es genau andersherum sein müsste, hinkt das Wachstum im Osten seit 1997 dem des Westens hinterher. Ostdeutschland hat, gerechnet je Einwohner, nicht einmal zwei Drittel von dessen Wirtschaftskraft erreicht. Je Erwerbstätigem – dann ist das Problem der ostdeutschen Massenarbeitslosigkeit ausgeklammert – liegt der Wert noch immer bei knapp 72 Prozent.[5]

Der Osten wird notgedrungen ein Kostgänger des Westens bleiben, wenn diese Lücke nicht geschlossen wird. Doch dazu müsste die ostdeutsche Wirtschaft über Jahrzehnte überdurchschnittlich wachsen. Woher sollten die neuen Länder den Schwung nehmen?

Die Investitionen sind rückläufig. Das Wohlstandsgefälle gegenüber dem Westen nimmt wieder zu, die Abwanderung der Menschen ist nach wie vor erschreckend hoch.

Der Exodus lässt den Osten nicht nur «versteppen, verblöden und vergreisen», wie der Regionalforscher Ulf Matthiesen meint, er bringt zudem die Geschlechterverhältnisse durcheinander. Weil mehr weibliche als männliche Bewohner ihrer Heimat den Rücken kehren, kommen in manchen Regionen nur 80 junge Frauen auf 100 Männer in der gleichen Altersgruppe. Was solche Männergesellschaften, denen vergleichsweise viele schlecht ausgebildete und unterprivilegierte Jugendliche angehören, für die Stabilität der Demokratie bedeuten, ist bisher kaum erforscht. Der Erfolg von NPD und DVU, die bei den Wahlen in Sachsen und Brandenburg im September 2004 vor allem von jungen Männern ihre Stimmen erhielten, lässt nichts Gutes ahnen.

Ein weiterer Solidarpakt, mit 156 Milliarden dotiert und für eine Dauer von fünfzehn Jahren beschlossen, ist nun in Kraft getreten. Schon bei seinem Start steht fest, dass alle mit dem Pakt verbundenen Hoffnungen auf ein Auslaufen der Förderung vergebens sind: Auch nach 2020 muss der Westen wohl den Osten mit einem Sonderprogramm alimentieren, weil die wirtschaftliche Kluft zwischen beiden Teilen Deutschlands noch immer riesig sein wird. Es spricht sogar alles dafür, dass sich der Graben noch vertieft.

Doch mit diesem Szenario will sich niemand ernsthaft auseinander setzen. Es ist schon gefährlich, schlicht darauf hinzuweisen, dass Leistungsgefälle innerhalb eines Staates normal sind. Wer die Unterschiede in den Lebensverhältnissen einebnen wolle, so Bundespräsident Horst Köhler, «zementiert den Subventionsstaat und legt der jungen Generation eine untragbare Schuldenlast auf». Diese Binsenwahrheit löste vor allem im Osten einen Sturm der Entrüstung aus. Schließlich, so die Kritiker, fordere das Grundgesetz die «Einheitlichkeit der Lebensverhältnisse im Bundesgebiet».

Reichtum und Armut lassen sich aber nicht durch Paragraphen gleichmäßig auf der deutschen Landkarte verteilen. Die Aufgabe, die ostdeutsche Region auch nur in die Nähe der wirtschaftsschwachen West-Bundesländer zu führen, wird selbst nach Meinung fachkundiger Optimisten mindestens zwei Generationen beschäftigen. Wir reden also vom Jahr 2060. In jedem Fall gehören früher genannte Daten für die Angleichung – 2025 oder 2040 – endgültig auf den Friedhof der Illusionen.

Sie sind schon deshalb völlig unvorstellbar, weil sie ein Wachstumstempo voraussetzen würden, das allein im Reich der Phantasie herrscht. Damit ist der Osten auf unabsehbare Zeit ohne Zuwendungen des Westens nicht eigenständig überlebensfähig. Unverändert, wenngleich inzwischen auf höherem Niveau, gilt ein Satz der Schriftstellerin Daniela Dahn von 1997: «Die neuen Bundesländer sind heute viel weniger in der Lage, sich selbst zu versorgen, viel verschuldeter und bankrotter, als es die DDR je war.»

Der Osten hat es nicht geschafft. Die unsichtbare ökonomische Mauer, die entlang der alten Zonengrenze verläuft, droht auch die Gesellschaft zu spalten. Der Ton in der Ost-West-Debatte wird ruppiger. Die «Horror-Bilanz im Osten» («Der Spiegel») verdrießt die einen, und die anderen verlieren die Geduld. Obwohl fünfzehn Jahre seit der Vereinigung vergangen sind, zerfällt Deutschland, ökonomisch betrachtet, noch immer in zwei Teile. Zwar gelten überall die gleichen marktwirtschaftlichen und sozialstaatlichen Regeln, doch während Westdeutschland sich auf dem Niveau von Frankreich oder Italien bewegt, spielt Ostdeutschland in einer Klasse mit Ungarn oder Polen. Slowenien hat die neuen Länder mittlerweile sogar überrundet – mit einem höheren Bruttoinlandsprodukt pro Kopf.[6] Auch Tschechien hat in den letzten zehn Jahren beträchtlich aufgeholt – gegenüber Ostdeutschland, aber auch gegenüber Westdeutschland. Denn die Malaise im Osten bremst auch das Vorankommen der Wirtschaft im Westen.

Führt der Aufbau Ost also zum Absturz West? So sehen es viele

Westdeutsche. Oder kommen die neuen Länder nur deshalb nicht auf die Beine, weil Deutschland Reformen verschlafen hat? So hätten es die Ostler gern. Tatsache ist: Der Elan in den neuen Ländern wird durch die schwache Wirtschaftsentwicklung in ganz Deutschland gebremst. Wäre die Großwetterlage besser, würde davon aber auch der Westen profitieren. Damit bliebe das Grundproblem bestehen: Wenn zwei parallel fahrende Züge in gleichem Maße beschleunigen, ändert sich an ihrem Abstand nichts.

Nicht der Aufbau Ost zieht den Westen hinab, sondern die fehlenden Fortschritte im Osten. Deshalb ist die anhaltende Rückständigkeit der neuen Ländern eine Schicksalsfrage für ganz Deutschland. Wer hilft uns aus diesem Dilemma?

Weil niemand Rat weiß, kann sich die Misere schnell zur Staatskrise ausweiten. Welche Energien sich dabei entladen, wurde bei den Montagsdemos gegen die Hartz-IV-Reform sichtbar. Über Wochen schien die Republik wie paralysiert, weil der Osten sich zu radikalisieren drohte wie nie zuvor. Womöglich war der heiße Protestsommer 2004 erst der Auftakt.

Spätestens im Jahr 2010, wenn Bremen die Einheitsfeier ausrichtet, gibt es ein böses Erwachen. Dann werden die Haushalte der ostdeutschen Länder, Städte und Gemeinden vor ihre härteste Bewährungsprobe gestellt. Nach 2008 setzt ein grausamer Mechanismus ein, dem die Finanzminister und Kämmerer in den neuen Ländern hilflos ausgeliefert sein werden. Laut Plan verringern sich die Gelder, die der Osten aus dem Solidarpakt erhält, in rasantem Umfang, Jahr um Jahr. 2005 werden noch rund 15 Milliarden Euro für den Aufbau Ost eingesetzt. 2015 wird es nur noch die Hälfte sein. Und danach geht es weiter nach unten, bis auf null Euro im Jahr 2020.

Das wäre nicht dramatisch, wenn sich die ostdeutsche Wirtschaft bis dahin so kräftig entwickelt hätte und damit die Steuereinnahmen der neuen Länder so stark gestiegen wären, wie die Schöpfer des Solidarpaktes es gern hätten. Da die Wirklichkeit nicht dem Modell folgt, brechen den Ost-Haushalten schlicht die

Einnahmen weg – und das in einem Umfang, der sich nicht mehr steuern lässt. Der Osten droht in einem Finanzchaos zu versinken. Der ökonomischen Not würde das Elend der Staatsfinanzen folgen. Das wiederum birgt sozialen Sprengstoff, weil Länder, Städte und Gemeinden kaum noch ihre gewohnten Aufgaben erfüllen könnten und weitgehend handlungsunfähig wären.

Aber was ist dann zu tun? Soll man trotzdem die Transfers wie geplant absenken und tatenlos zusehen, wie im Osten Kindergärten und Theater geschlossen und die Ausgaben für Straßen- und Brückenbau gegen null gefahren werden müssen? Soll also der ohnehin lahmenden Wirtschaft der Garaus gemacht werden, was wiederum das Heer der Arbeitslosen anschwellen lässt? Oder soll, um einer großen Depression vorzubeugen, ein weiteres Hilfsprogramm aufgelegt werden – während das alte noch läuft?

Woher die Milliarden nehmen und was mit ihnen gewinnen, da sich doch an den maroden ökonomischen Bedingungen in Ostdeutschland wenig ändern würde? Es ist ein Teufelskreislauf, der, einmal in Gang gekommen, nur schwer aufzuhalten ist: der Supergau Deutsche Einheit.

Mezzogiorno ohne Mafia

Alles wird gut – so lautet die schlichte Parole, wenn sich die politische Klasse in Deutschland zur Lage der wiedervereinigten Nation äußert. Kanzler Gerhard Schröder fährt im April 2004 nach Stralsund und kann nicht verstehen, warum die Fortschritte in Ostdeutschland öffentlich nicht gewürdigt werden: «Es gibt längst das, was immer verlangt wird – Wachstumskerne.» Dass die moderne Werft in der Hansestadt, der seine Stippvisite gilt, von einst 6000 auf 1300 Beschäftigte geschrumpft ist – kein Referent hat es ihm aufgeschrieben. Dass das Unternehmen ohne staatliche Stütze nicht gegen die koreanischen Dumpingpreise bestehen könnte – es bleibt unausgesprochen. Dass wütende Demonstranten ihn mit dem Ruf «Wir sind das Volk» empfangen – es wird ignoriert. Dafür fallen Sätze wie dieser: «Wer die Debatte um den Aufbau Ost nur negativ führt, bildet nicht ab, was im Osten geschieht.»

Das sieht Oppositionsführerin Angela Merkel ähnlich, die immerhin in Mecklenburg-Vorpommern, dem Ziel von Schröders Dienstreise, aufgewachsen ist und dort noch immer ihren Wahlkreis hat. Läuft etwas schief beim Aufbau Ost? «Fehler beim Strukturwandel», antwortete die CDU-Chefin ebenfalls im April 2004, «gab es bekanntlich auch im Ruhrgebiet.» Was soll der Vergleich dem Publikum sagen? Nordrhein-Westfalen mitsamt Ruhrgebiet hatte im Dezember 2004 eine Arbeitslosenquote von 10,4 Prozent – im Osten waren es 18,5 Prozent. Wie Bayern oder Baden-Württemberg ist NRW ein so genanntes Geberland und steuerte in den Jahren 2002 und 2003 fast 1,7 Milliarden Euro zum Finanzausgleich bei. Allein das größte deutsche Bundesland erwirtschaftet ein rund doppelt so großes Inlandsprodukt wie alle fünf neuen Länder zusammen.

Sich trotz erkennbarer Probleme das Erreichte nur nicht kleinreden lassen – das ist die aktuelle Notstrategie. Dabei gibt es frappierende deutsch-deutsche Kontinuitäten. Als DDR-Chefplaner Gerhard Schürer den Politbüro-Mitgliedern Ende Oktober 1989 ein Geheimpapier vorlegte, in dem der Staatsbankrott der DDR festgestellt worden war, lasen die SED-Genossen zuallererst: «Die Deutsche Demokratische Republik hat beim Aufbau der entwickelten sozialistischen Gesellschaft bedeutende Erfolge erreicht, die auch international anerkannt werden.» Seit der Wiedervereinigung sind in den neuen Ländern beachtliche Erfolge erzielt worden – diesen Satz würden sowohl Merkel als auch Schröder sofort unterschreiben. Die Oppositionsführerin bringt das auf diesen Nenner: «Die neuen Länder haben sich inzwischen zu einem leistungskräftigen Wirtschaftsstandort im Herzen Europas entwickelt.» Der Kanzler erklärt: «Wir sollten wirklich sagen, das Glas ist halb voll, nicht halb leer.» Über die Krise, in der das

Vereinigungsprojekt seit rund zehn Jahren steckt, schweigen beide eisern.

Die DDR-Führung schreckte nicht davor zurück, Statistiken zu fälschen, um die Wirtschaft besser aussehen zu lassen. Auch nach dem Untergang von Honeckers Republik frisiert man unangenehme Wahrheiten. Jedes Mal, wenn die Bundesregierung ihren «Jahresbericht zum Stand der Deutschen Einheit» vorstellt, wird der Osten zu einem Utopia verklärt, einer aufstrebenden Region voller Chancen und Perspektiven. Der Leser fühlt sich mitunter in die Welt von Daniel Düsentrieb versetzt – gleich neun «Hochtechnologieregionen» listet der jüngste Einheitsbericht auf. Selbst im Nordharz, wo die ostdeutsche Wirklichkeit besonders bedrückend ist, entdeckte man ein solches Tüftlerbiotop.

Verantwortlich für die Schönfälscherei ist der für den Aufbau Ost zuständige Minister Manfred Stolpe (SPD). Als er im September 2004 den Bericht vorstellte, behauptete Stolpe sogar, die Schere zwischen Ost und West habe sich 2003 «erstmals wieder leicht geschlossen». Ostdeutschland sei um 0,3 Prozentpunkte schneller gewachsen als Westdeutschland. Doch selbst dieser Minivorsprung kam nur dank eines plumpen Rechentricks zustande – das Ergebnis von Berlin war ausgeklammert worden. Wird die Wirtschaftsentwicklung der Hauptstadt, so wie allgemein üblich, den neuen Ländern zugeschlagen, hat der Osten um ein Zehntel Prozentpunkt schlechter abgeschnitten als der Westen.

Das Volk in Ost und West bewertet die Lage des Vereinigungsprozesses nüchterner. 88 Prozent der Ostdeutschen sahen den Aufbau Ost im Mai 2004 als gescheitert an. «Größtenteils gelungen» war er einer Emnid-Umfrage zufolge nur für eine erschreckend kleine Minderheit von elf Prozent. Auch dort, wo die eigene Anschauung fehlt, fiel die Einschätzung ganz ähnlich aus: 60 Prozent der Westdeutschen halten den Aufbau Ost für missglückt.[7] Das Urteil der Deutschen ist eindeutig – deshalb muten die frohen Botschaften der Politiker über einen angeblichen Aufholprozess auch so befremdlich an. Realitätsverlust? Oder Selbstbetrug?

In beiden Volksparteien regiert ein Kartell der Verschweiger. Geht es um die Deutsche Einheit und das Aufbauwerk im Osten, wird die Sprache wolkig, und die Realität wird verdrängt. Wenn Gregor Gysi erklärt, ausgerechnet für die PDS bestehe die große Chance, zur «Partei der deutschen Einheit» zu werden, dann hat er leider Recht – denn auch Grüne und FDP interessiert das Thema nur wenig. Das Dosenpfand oder die Regeln für den Zahnersatz scheinen ihnen weit mehr am Herzen zu liegen als der Aufbau Ost.

So hat der Zorn, der sich in sporadischen Abständen im Osten in Massenprotesten entlädt, auch mit der Arroganz zu tun, mit der Politiker der etablierten Parteien den Zustand in den neuen Ländern ausblenden. Nur wenige, wie Sachsen-Anhalts Ministerpräsident Wolfgang Böhmer, geben offen zu, worum es wirklich geht: «Wir verwalten Elend. Und es zu benennen heißt wenigstens, es zu erkennen. Es hat ja keinen Zweck, wenn man so tut, als ob man sich vor sich selbst verstecken könnte. Die Diagnose muss auf den Tisch, auch wenn sie wehtut.»[8]

Seit fünfzehn Jahren herrscht die Überzeugung, man müsse die neuen Länder mit möglichst viel Geld aus öffentlichen Kassen ausstatten, um dort die Wirtschaft in Gang zu bringen. Noch immer wird vom «ostdeutschen Fördergebiet» gesprochen – schon dieser Begriff offenbart ein grandioses Missverständnis, denn durch die Subventionen ist nur die Abhängigkeit des Ostens vom Westen verewigt worden.

Seit der Wiedervereinigung werden pro Jahr zwischen vier und fünf Prozent des gesamtdeutschen Bruttoinlandsproduktes für den Osten aufgewendet. So viel geben die Vereinigten Staaten für ihren Verteidigungshaushalt aus, der sie zur stärksten Militärmacht der Welt macht. Netto hat der Osten 2004 mindestens 85 Milliarden Euro erhalten.[9] Mit dieser Summe hätte man jedem Ostdeutschen, vom Kleinkind bis zum Greis, Monat für Monat rund 480 Euro überweisen können.

Und in der Tat: Von den Gesamtzahlungen landet der Großteil direkt bei den Bürgern. In Ländern wie Sachsen-Anhalt und

Mecklenburg-Vorpommern steuerte der Staat 2003 bereits jeden zweiten Euro zum Bruttoeinkommen der Privathaushalte bei – laut dem Statistischen Bundesamt ist das fast doppelt so viel wie im gesamtdeutschen Durchschnitt. Immer mehr Ostdeutsche müssen auf Staatskosten leben, Sozialleistungen verschlingen den Großteil der Zuwendungen für den Osten. Für das Vorankommen der lahmenden Wirtschaft werden nur rund 15 Prozent der Mittel eingesetzt – und die nicht immer effektiv.

Insgesamt ist jeder dritte Euro, den private oder öffentliche Haushalte im Osten ausgeben, nicht durch eigene Leistung erwirtschaftet worden. Die Transfers von West nach Ost sind höher als das gesamte Bruttoinlandsprodukt von Ungarn oder Tschechien, sie übertreffen das von Dänemark oder Griechenland um gut die Hälfte. Im letzten Jahrzehnt waren – abgesehen vom Jahr 2000 – diese Zuwendungen stets mehr als doppelt so hoch wie das Wachstum der gesamtdeutschen Wirtschaft – deshalb gehen sie an die Substanz.

Der Osten ist ein weltweit einzigartiger Zuschussbetrieb. Der Ökonom Hans-Werner Sinn hat für Ostdeutschland einen volkswirtschaftlichen Fehlbetrag von 45 Prozent ermittelt. Dabei sind zusätzlich Kredite aus dem Westen berücksichtigt. Gemessen an diesem Leistungsbilanzdefizit, wie es die Wirtschaftsfachleute nennen, steht der Mezzogiorno mit seinem Minus von 13 Prozent hervorragend da. Auch das auf permanente Unterstützung angewiesene Israel, das ohne Hilfe der Vereinigten Staaten nicht überleben könnte, kommt lediglich auf ein Defizit von etwa zwölf Prozent.[10] Wäre Ostdeutschland ein eigener Staat, müsste er umgehend seine Zahlungsunfähigkeit eingestehen – mit den vielen Zuwendungen wurde ein schreckliches Geschöpf in die Welt gesetzt, ein Homunkulus oeconomicus.

Doch die Erzeuger dieses Gebildes wollen nicht, dass über ihre missglückte Kreatur geredet wird. Kaum ein anderes der drängenden gesellschaftlichen Probleme ist mit einem vergleichbaren Tabu belegt wie das fulminante Scheitern im Osten.

Dass Schweigen Gold ist, gilt zumindest für die Politiker, die Ämter bekleiden. Umso mehr überraschte das Vorpreschen des dritthöchsten Repräsentanten im Staate, dessen Klartext fast einem Verrat gleichkam. Bundestagspräsident Wolfgang Thierse hatte 2001 «Fünf Thesen zur Vorbereitung eines Aktionsprogramms für Ostdeutschland» veröffentlicht. Schon der erste Satz traf voll ins Schwarze: «Eine ehrliche Bestandsaufnahme muss feststellen, dass die wirtschaftliche und soziale Lage auf der Kippe steht.» Die Reaktionen blieben nicht aus – «Miesmacherei» lautete der Vorwurf aus allen Parteien.

Auch Mitgenosse Gerhard Schröder, für den der Aufbau Ost «in Wirklichkeit eine nicht zu Ende gebrachte Erfolgsstory» ist, reagierte barsch. Er lehne jegliche Aktionsprogramme ab, teilte der Kanzler mit: «Die Einschätzung, Ostdeutschland befinde sich wirtschaftlich und sozial auf der Kippe, wird weder von mir geteilt, noch wird sie der eindrucksvollen Aufbauleistung der Menschen und der sehr differenzierten, in vielen Regionen und Sektoren außerordentlich dynamischen Entwicklung in Ostdeutschland gerecht.» Mochte der Osten noch so sehr kippen, der Kanzler wackelte nicht.

Bricht der Osten weg? Diese Möglichkeit scheint das Vorstellungsvermögen der verantwortlichen Politiker zu überfordern. Weil ein solcher Betriebsunfall nicht vorgesehen ist, will man sich mit ihm auch nicht beschäftigen. Allerdings hatte es sich Thierse selbst zuzuschreiben, dass seine Thesen im Polit-Establishment auf geschlossene Ablehnung stießen. Denn er hatte verlangt, die Regierung solle noch mehr Geld in die Hand nehmen. Und weil er auch noch eine fürsorglichere Politik gegenüber den Mitbürgern im Osten verlangte, um «Selbstwertgefühl, Bindung und Identifikation» zu stärken, bestätigte er rasch den Ruf als staatsgläubiger Jammerossi.

Über den Wirbel, den seine These ausgelöst hatte, schien Thierse selbst am meisten erschrocken. Er war ja immerhin stellvertretender SPD-Vorsitzender, und plötzlich lavierte und taktierte er: «‹Auf der Kippe stehen› heißt nicht, dass notwendigerweise ein Absturz bevorsteht – das Bild beschreibt nur eine gefährdete Lage, eine offene Situation.» Nun kippte Thierse. Bald darauf fasste er die von ihm ausgelöste Kontroverse in einem braven Buch mit dem staatstragenden Titel «Zukunft Ost» zusammen – der Tabubrecher war wieder eingenordet.

Den Altgenossen Klaus von Dohnanyi und Helmut Schmidt liegen solche Rücksichtnahmen fern – als Pensionäre haben sie ihre Parteikarriere hinter sich. Von Dohnanyi legte mit Gleichgesinnten das Reformpapier «Kurskorrektur beim Aufbau Ost» vor, in dem es heißt: «Auf dem bisherigen Weg ist das Ziel einer selbsttragenden Wirtschaft im Osten offenbar nicht zu erreichen.» Die Bundesregierung, die das Strategiekonzept in Auftrag gegeben hatte, strafte die unbotmäßigen Vorschläge mit Missachtung.

Helmut Schmidt verlangte von seinem Nachfolger Schröder, im Osten ein klares Zeichen zu setzen: «Es muss ein psychologischer Aufschwung hinzukommen, ein impulsives Projekt, das hohes Interesse, breite Diskussionen und eine weitere Beteiligung auslöst – und das zugleich den Aufholprozess wieder in Gang bringt.» Doch der Bundeskanzler empfand die Empfehlung seines Vorgängers offenbar als Zumutung – er schwieg.

Was ist, wenn sich tatsächlich nichts ändert? Für Helmut Schmidt ist klar: «Dann bekommen wir in der früheren DDR einen gemäßigten Mezzogiorno ohne Mafia.» Und er fügt hinzu: «Ökonomisch kann Deutschland das vielleicht verkraften, aber politisch? Da habe ich meine Zweifel.»

Es mag sein, dass ein Niedergangsszenario im Osten auch manche der aktiven Politiker plagt. Doch weil sie keinen Rat wissen und unkonventionelle Reformkonzepte schwer durchsetzbar wären, schauen sie lieber nicht so genau hin. Dafür ist die Sehnsucht allzu übermächtig, den Osten endlich als normalen Teil Deutschlands zu betrachten.

Deshalb wurde schon in der zweiten Hälfte der neunziger Jahre in der amtlichen Statistik die Trennung zwischen Ost und West zunehmend aufgegeben. Seit 2000 unterscheidet die Volkswirtschaftliche Gesamtrechnung nicht mehr zwischen altem und neuem Bundesgebiet, sondern nur noch nach einzelnen Bundesländern. Genaue Ost-West-Vergleiche, etwa beim Wachstum, sind damit kaum möglich.

Ebenfalls zehn Jahre nach der Wiedervereinigung liquidierte die Bundesregierung ein einzigartiges Forschungsprojekt. Für Berichte über «gesamtwirtschaftliche und unternehmerische Anpassungsfortschritte in Ostdeutschland», die drei wissenschaftliche Institute regelmäßig vorgelegt hatten, war nach 19 Folgen kein Geld mehr da. Aus Sicht der Regierung war dies nur konsequent: Wenn Fortschritte ausbleiben, dann lohnt sich auch keine Forschung mehr.

Wie die Westdeutschen die DDR-Wirklichkeit verdrängt haben

Bei der nächsten Vereinigung machen wir alles besser: Die Gründe dafür, dass die, mit der wir leben müssen, so missraten konnte, reichen weiter zurück als in jene Jahre des Anfangszaubers, der die Sinne benebelte. Wer nicht in den Geschichtskeller der alten Bundesrepublik hinuntersteigt, wird kaum verstehen können, warum die Westdeutschen dem Projekt der Wiedervereinigung so hilflos ausgeliefert waren.

Im Oktober 1989, als die Deutsche Demokratische Republik ihren vierzigsten und letzten Geburtstag feierte, war die erste sozialistische Gesellschaft auf deutschem Boden für die meisten Bundesdeutschen längst zur Terra incognita geworden, eine Grauzone mit Zwangsumtausch und HO-Kommandoton, ein fremder Planet. Die Zeiten, in denen man noch ernsthaft erwogen hatte, ob man «die Zone freikaufen» könnte, und grübelte, was wohl die Sowjetunion dafür verlangen würde, waren längst vorbei. Die Toskana kannte jeder, den Thüringer Wald kaum einer.

Vom Willen beseelt, die nationale und staatliche Einheit zu wahren, wie es die Präambel des Grundgesetzes voll Pathos forderte, waren die allerwenigsten. Das Einheitsgebot der Verfassungsväter («Das gesamte Deutsche Volk bleibt aufgefordert, in freier Selbstbestimmung die Einheit und Freiheit Deutschlands zu vollenden») erschien wie ein sperriges Relikt, das nicht mehr recht passen wollte. Einige hätten den Satz am liebsten gestrichen. Auf jeden Fall akzeptierten die Westdeutschen die Teilung des Landes als Selbstverständlichkeit, die nicht zu ändern war.

Als die Sowjetunion im Juli 1989 dann der Abschaffung der Breschnew-Doktrin zustimmte, die ihr das Recht auf militärische Intervention in den sozialistischen Bruderländern eingeräumt hatte, bekam die von den Supermächten zementierte Welt einen empfindlichen Riss. Nun konnten die Staaten des Warschauer Paktes in freier Selbstbestimmung über ihr Gesellschaftssystem entscheiden. In Polen wurde im August 1989 mit dem Solidarność-Politiker Tadeusz Mazowiecki erstmals ein nichtkommunistischer Ministerpräsident ernannt. In der Bundesrepublik aber sorgte das für wenig Freude – musste der Wandel im Ostblock doch über kurz oder lang die deutsch-deutschen Verhältnisse berühren.

«Das Wiedervereinigungsgebot im Grundgesetz wäre in seiner Konsequenz ein Unglück für das deutsche Volk», fürchtete damals der grüne Fraktionschef im hessischen Landtag – Joschka Fischer. Hessens Ministerpräsident Hans Eichel (SPD) warnte vor «Wiedervereinigungsgetöse». Sein niedersächsischer Amtskollege und Parteifreund Gerhard Schröder wollte im September 1989, kurz nachdem Ungarn seine Grenze für DDR-Bürger geöffnet und damit den Eisernen Vorhang gelüftet hatte, Vereinigungsgelüste im Keim ersticken: «Nach 40 Jahren Bundesrepublik sollte man eine neue Generation in Deutschland nicht über die Chancen einer Wiedervereinigung belügen. Es gibt sie nicht.» Und noch im Dezember 1989, als die Bundesregierung bereits ihr «Zehnpunkteprogramm zur schrittweisen Überwindung der Teilung Deutschlands und Europas» veröffentlicht hatte, rief der saarländische Ministerpräsident Oskar Lafontaine in Berlin den Delegierten des SPD-Parteitages zu: «Wiedervereinigung? Welch historischer Schwachsinn!»

Deutschland, einig Vaterland? Unter den Intellektuellen verwahrte sich Günter Grass in der schärfsten Form gegen eine solche Option. Immer wieder war der Schriftsteller gegen das «dumpfe» Einheitsgebot zu Felde gezogen. Als dann die Geschichte die Wiedervereinigung in die Nähe des Möglichen rückte, war er entsetzt und versuchte, die Entwicklung mit einem schrillen Argument aufzuhalten: «Wer gegenwärtig über Deutschland nachdenkt und Antworten sucht, muss Auschwitz mitdenken. Der Ort des Schreckens schließt einen zukünftigen deutschen Einheitsstaat aus.»

Da war Helmut Kohl, vordergründig betrachtet, aus anderem Holz geschnitzt. Bereits in der berühmten Tischrede vom 7. September 1987 anlässlich des Staatsbesuchs von Erich Honecker sorgten seine wenig diplomatischen Worte fast für einen Eklat. Gegenüber dem «Herrn Generalsekretär» stellte der Bundeskanzler unmissverständlich fest: «Das Bewusstsein für die Einheit der Nation ist wach wie eh und je, und ungebrochen ist der Wille, sie zu bewahren.» Schon in seiner ersten Regierungserklärung vom 13. Oktober 1982 hatte sich Kohl nach dem Machtwechsel in Bonn klar zum Ziel der «Einheit der Nation» bekannt. 1983 nahm er demonstrativ wieder den «Bericht zur Lage der Nation» auf, den Kurt Georg Kiesinger (CDU) 1968 eingeführt hatte und der später von der sozial-liberalen Koalition unter Willy Brandt (SPD) abgeschafft worden war.

In auffälligem Kontrast zu den symbolischen Einheitsgesten stand allerdings die praktische Regierungsarbeit, die sich wenig darum bemühte, die tatsächliche Lage der Nation auch jenseits der Mauer zu erkunden. Für Kohl mochte die Einheit nicht zuletzt aus persönlichen Gründen – er war mit einer Leipzigerin verheiratet – ein Herzensanliegen sein. Doch es lässt sich nicht leugnen:

Während seiner Ära als Kanzler der alten Bundesrepublik war das Wissen über den Nachbarstaat, mit dem man über eine 1381 Kilometer lange Grenze verbunden war, so sehr geschrumpft wie nie zuvor. «Die deutsche Frage bleibt offen, doch ihre Lösung steht zurzeit nicht auf der Tagesordnung der Weltgeschichte», hatte Kohl 1987 erklärt. Als im Januar 1990 die Demonstranten in Leipzig «Wir sind ein Volk» riefen, offenbarte sich in Bonn eine erschreckende Unkenntnis über die inneren Zustände im anderen Deutschland. Der Bundesregierung war völlig entgangen, dass die DDR spätestens seit 1987 dem Staatsbankrott entgegenraste.

Weder über das Ausmaß der Staatsverschuldung noch über die Höhe des Volksvermögens der DDR hatte die konservativ-liberale Regierung auch nur annähernd präzise Vorstellungen. Rückblickend räumte Finanzminister Theo Waigel (CSU) 1994 ein: «Wir hatten fast nichts in der Hand, was die ökonomische Lage der DDR betraf. Es gab alte Haushaltspläne. Wir waren darauf angewiesen, was uns das Finanzministerium der DDR sagte. Vieles war gefälscht, vieles war geschönt.»

Dabei gehörte Kohls Kabinetten stets ein eigener «DDR»-Minister an: Nacheinander führten Rainer Barzel (CDU), Heinrich Windelen (CSU) und Dorothee Wilms (CSU) das Bundesministerium für innerdeutsche Beziehungen. Zu diesem Ressort zählte das «Gesamtdeutsche Institut», eine Behörde mit rund 260 Mitarbeitern. Man konnte auf Erkenntnisse der Nachrichtendienste und der diplomatischen Vertretungen zurückgreifen. Trotz dieser Ressourcen verfügte das Ministerium insbesondere zur Lage der DDR-Wirtschaft kaum über brauchbare Informationen. Die wissenschaftliche Beobachtung der DDR sei «ein auch im Rückblick besonders schmerzliches Kapitel», gestand die letzte Ministerin Wilms 2001, über die wirtschaftlichen und strukturellen Verhältnisse der DDR sei die Bundesregierung «nicht sehr gut» informiert gewesen. Das war nicht immer so.

In den Jugendjahren der Bundesrepublik existierte ein eigener

Planungsstab, der im Auftrag der Bundesregierung Vorbereitungen für eine mögliche Wiedervereinigung treffen sollte. Dieser «Forschungsbeirat für Fragen der Wiedervereinigung Deutschlands» war im März 1952 unter Nachkriegskanzler Konrad Adenauer gegründet worden. In periodischen Abständen veröffentlichte der Beirat umfangreiche Tätigkeitsberichte und analysierte akribisch die Verhältnisse in der DDR. «Vorbereitung auf die Deutsche Einheit» lautete der Titel des vierten Berichts, in dem 1966 zu lesen war: «Es genügt nicht, allgemein die deutsche Einheit zu beschwören und die Wiedervereinigung zu fordern. Man muss konkret auf sie hinarbeiten und sie konkret vorbereiten.»

Die Wissenschaftler dokumentierten sämtliche Entwicklungen innerhalb der DDR, um «gestützt darauf Vorschläge und Empfehlungen für die wirtschaftliche und soziale Zusammenführung der beiden Teile Deutschlands in der Wiedervereinigung zu machen». Dem Beirat gehörten Persönlichkeiten des öffentlichen Lebens an, die ein breites Bündnis repräsentierten: CDU, SPD, FDP und CSU, der Deutsche Gewerkschaftsbund, der Bundesverband der Deutschen Industrie, der Deutsche Bauernverband, der Deutsche Städtetag – sie alle waren dabei.

In der Adenauer-Republik wurde die Bevölkerung auf Plakaten an Litfaßsäulen noch ermahnt, das «Päckchen nach drüben» nicht zu vergessen. So manch eine Familie stellte nachts Kerzen ins Fenster, um an die Schwestern und Brüder im Osten zu erinnern. Deshalb löste der deutsche Philosoph Karl Jaspers im August 1960 einen Sturm der Entrüstung aus, als er im Nord-Westdeutschen Fernsehen erkläre: «Nur die Freiheit – allein darauf kommt es an. Wiedervereinigung ist demgegenüber gleichgültig.»[11]

Knapp zehn Jahre später hatte sich die Stimmung verändert. Im Gefolge von Willy Brandts neuer Ost- und Deutschlandpolitik wurde der Blick, den man auf die DDR richtete, milder und unschärfer. Vieles wollte man nicht mehr so genau wissen. So gehörte es nicht zum guten Ton, Menschenrechtsverletzungen anzuprangern. Wer daran trotzdem erinnerte, wie der Fernsehjournalist Gerhard Löwenthal in seinem «ZDF-Magazin», galt schnell als Ewiggestriger und «kalter Krieger». Es war erst die ostdeutsche Bürgerrechtsbewegung, die nach 1989 das totalitäre SED-Regime kompromisslos als «zweite deutsche Diktatur» charakterisierte. Sie rief auch der westdeutschen Öffentlichkeit ins Bewusstsein, dass die DDR, bezogen auf ihre Einwohnerzahl, den größten Geheimdienst der Welt unterhielt. Zum Entstehen der Wahrnehmungslücken hatte nicht zuletzt die sozial-liberale Koalition beigetragen, von der auch der Forschungsbeirat abgewickelt wurde.

Die Arbeit dieser Leitstelle für eine Wiedervereinigung – aus Ostberliner Sicht eine von Kriegstreibern und Vertretern des westdeutschen Monopolkapitals besetzte Spionagezentrale, die den faschistischen Putsch vom 17. Juni 1953 zu verantworten hatte und einen neuen Tag «X» vorbereitete – erklärte Brandts innerdeutscher Minister Egon Franke (SPD) am 8. April 1975 «förmlich für beendet». Franke begründete: «Wir müssen und wollen uns, so weit und so gut es eben geht, auf ein zeitlich befristetes Nebeneinander der beiden deutschen Staaten einstellen.» Der Ressortchef kündigte an, die staatliche DDR-Förderung «zu überdenken, zu modifizieren und auf eine breitere Basis zu stellen».[12]

Welcher Kahlschlag mit dieser Entscheidung verbunden war, zeigt die Denkschrift «Die DDR nach 25 Jahren», die der Forschungsbeirat 1975 sozusagen als Abschiedsmanifest herausgab. Festgehalten sind Erkenntnisse, die später gänzlich fehlten. Präzise und empirisch fundiert wird die Schwäche der DDR-Wirtschaft und das zunehmende West-Ost-Gefälle ausgeleuchtet – bis in einzelne Wirtschaftszweige hinein. Der mit der universitären und außeruniversitären Forschung eng vernetzte Beirat wusste damals vermutlich mehr über die DDR-Wirtschaft als die SED-Planer, die ihre Statistiken ideologischen Zwecken unterordneten und begannen, an die eigenen Fiktionen zu glauben. Zu keiner Zeit habe man «einer vernebelten, getarnten oder statistisch verzerrten» Darstellung Ostberlins hilflos gegenübergestanden, rühmte sich die Einrichtung im Jahr ihrer Abschaffung. Lediglich eine kleine «Forschungsstelle» setzte in Bonn die Beobachtung der DDR-Verhältnisse fort.

Nun waren andere Analysen in Mode. Das Deutsche Institut für Wirtschaftsforschung (DIW), das mit der Abteilung «Osteuropa und DDR» eine führende Rolle bei der Beobachtung der ostdeutschen Wirtschaft hatte, wartete 1978 mit einem überraschenden Befund auf: «Das Wachstum des Sozialprodukts in der Bundesrepublik und der DDR war von 1960 bis 1976 annähernd gleich schnell.» Damit sei «die Hypothese von der sich weiter öffnenden Schere im west-ostdeutschen Leistungsvergleich widerlegt», behaupteten die Forscher. Wie das Institut zu der grandiosen Fehleinschätzung – die DDR war in Wahrheit gegenüber der Bundesrepublik beständig zurückgefallen – kommen konnte, bleibt ihr Geheimnis.

Die Entspannungspolitik, die auf gegenseitigen Respekt angelegt war, hatte offenkundig das Urteilsvermögen der Wissenschaftler getrübt. Das DIW hat auch später das Leistungsvermögen der DDR regelmäßig überschätzt. Noch im April 1990 ging das Institut davon aus, dass die Produktivität des ostdeutschen Staates bei 40 Prozent des West-Niveaus liegen würde. Tatsächlich erreichte sie nach einem halben Jahrhundert Planwirtschaft beim Pro-Kopf-Vergleich bestenfalls ein Drittel des bundesdeutschen Standes.[13]

Westdeutsche Illusionen über das Leistungsvermögen der DDR-Wirtschaft haben selbst in die Reiseliteratur Eingang gefunden. Ein 1990 neu aufgelegter «Baedeker» lobte am Reiseziel DDR «die beachtliche Wirtschaftskraft dieses Landes, das nach seiner Bevölkerungszahl erst an 41., nach seiner Fläche nur an 91. Stelle unter den Staaten der Erde steht, nach dem Umfang seiner industriellen Produktion jedoch zu den führenden Ländern der Welt zählt». Die DDR selbst ordnete sich auf Platz zehn ein. Von solchen Wunschvorstellungen ließ sich anfangs wohl auch die Regierung Kohl leiten. Über die Strukturen der Verwaltung oder des Wissenschaftssystems der DDR hatte sie ebenfalls nur oberflächliche Kenntnisse.

Um die Kosten der bevorstehenden Einheit abschätzen zu können, stellte das Finanzministerium hektisch eigene Modellberechnungen an. In das schlicht aufgebaute Rechenmodell[14] floss die Einwohnerzahl ein – die immerhin war bekannt. Doch schon beim Bruttosozialprodukt herrschte Unsicherheit, weshalb man auf allzu optimistische Schätzungen zurückgriff. Ohnehin lagen verwendbare Ergebnisse erst in der zweiten Hälfte des Jahres 1990 vor. Doch da war die Sache längst gelaufen.

Das Drama der Währungsunion

Die Reise ins Abenteuer der Wiedervereinigung glich einem Blindflug in dichtem Nebel, und das in einem Flugzeug, das über keine Navigationsinstrumente verfügte. Dabei gab es durchaus Orientierungshilfen – Bundeskanzler Kohl hätte sich einfach an die Empfehlungen des bekanntesten Wirtschaftspolitikers seiner Partei halten sollen. Am 12. September 1953 hatte Ludwig Erhard eine Blaupause zur Gestaltung des Einheitsprozesses unter dem Titel «Wirtschaftliche Probleme der Wiedervereinigung» vorgelegt. Statt Verfahrensschritte aufzulisten, entwarf er eine Philosophie für die «Wiedereingliederung des deutschen Ostens mit den Mitteln und nach den Grundsätzen der Marktwirtschaft».

Die Überlegungen des Altmeisters waren fast vier Jahrzehnte später immer noch auf überraschende Weise aktuell. Seinen Enkeln in der Partei hatte Erhard nämlich für den «Tag X» einen allgemeinen ordnungspolitischen Leitfaden hinterlassen, der alle wesentlichen Elemente enthielt, um den Aufbau Ost in erfolgreichere Bahnen zu lenken.

Auch in den Archiven der Sozialdemokratie findet sich ein hochinteressanter Einheitsbeitrag. Am 18. März 1959 veröffentlichte die Partei im Rahmen eines Deutschland-Plans das Konzept «Mögliche Stufen eines wirtschaftlichen und sozialen Wiedervereinigungs-Prozesses». Autor war der junge Bundestagsabgeordnete Helmut Schmidt. Im Gegensatz zu Erhards allgemein gehaltener Skizze hatte der Hanseat bereits eine konkrete Handlungsanweisung für das deutsch-deutsche Zusammenwachsen entwickelt. Die Lektüre sei Kohl-Nachfolger Gerhard Schröder wärmstens empfohlen – enthalten die fünfzehn Seiten doch mehr Anregungen zur Lösung der ökonomischen Einheitsprobleme als der zwölfmal so dicke Jahresbericht der Bundesregierung zum Stand der Deutschen Einheit.

Vor allem machen die Entwürfe von Erhard und Schmidt eines deutlich: Die offenkundigen Misserfolge beim Aufbau Ost sind nicht allein das Resultat schwieriger Rahmenbedingungen. Sie haben auch mit dem Versagen der politisch Handelnden zu tun. Weder dem Christdemokraten noch dem Sozialdemokraten wäre beispielsweise jener gravierende Fehler unterlaufen, den Kohl mit seiner überstürzten Währungsunion begangen hat. Anders als Kohl und Schröder hatten Erhard und Schmidt auch ein feines Gespür dafür entwickelt, dass der Aufholprozess mit Geld allein nicht gelingen kann, sondern der Osten dazu echte Wettbewerbsvorteile benötigt – die notfalls gegen Widerstände im Westen durchgesetzt werden müssen.

Der ebenso einfache wie bestechende Gedanke von Ludwig Erhard bestand darin, sämtliche Schritte zur «Wiedereingliederung der Sowjetzone» einem einzigen Ziel unterzuordnen: Die Produktivität der ostdeutschen Wirtschaft sollte «so rasch und so energisch» wie nur möglich gesteigert werden, um den Prozess der Leistungsangleichung zwischen Ost und West «zeitlich so kurz wie möglich» zu halten. Selbstverständlich sah Erhards Fahrplan erhebliche westdeutsche Hilfen für die schon damals in Rückstand geratene DDR vor. Sozialpolitische Programme finden hingegen keine Erwähnung. Ein höherer Wohlstand und eine bessere soziale Absicherung waren in Erhards Konzept eine Folge der Leistungsangleichung – und eben nicht ihre Voraussetzung, wie es jetzt der Fall zu sein scheint.

Als «erste Maßnahme» sah Erhards Einheitsplan eine «Währungsneuordnung in der Sowjetzone», das heißt eine Einbeziehung in das westliche Währungssystem vor. Sein Konzept hatte allerdings wenig mit Kohls späterer Währungs-, Wirtschafts- und Sozialunion gemein. Denn Erhard war klar, dass mit einer Währungsunion nicht automatisch die Wettbewerbsfähigkeit steigen würde, sondern zunächst der Konkurrenzdruck.

Erhards Variante sollte erst mal für Klarheit sorgen: «Mit diesem Prozess wird dann naturgemäß die wirtschaftliche Lage der Sowjetzone schonungslos offen gelegt, und es kann keinen Zweifel geben, dass das Resultat betrüblich, ja vielfach erschütternd sein wird.» Um den Schock aufzufangen, der der ostdeutschen Wirtschaft drohte, stellte Erhard «produktionsfördernde steuerliche Erleichterungen» in Aussicht. Das ehrgeizige Ziel: Die Ost-Betriebe sollten zu gleichartigen Startbedingungen in Wettbewerb mit ihren West-Konkurrenten treten können.

Helmut Schmidts Konzept sah eine stufenweise Zusammenführung der beiden deutschen Wirtschaftsräume vor. Für eine Übergangszeit sollte es zwei wirtschaftspolitisch autonome Regierungen geben. «Am Ende der dritten Stufe wird die Schwelle der Währungsunion erreicht», heißt es in dem Plan weiter, doch das wäre nach seiner Meinung frühestens nach fünf Jahren der Fall. Schmidts Modell setzte mit großem Weitblick auf eine nur behutsame Öffnung des DDR-Marktes, um einen Kollaps in Ostdeutschland zu vermeiden. Die Bundesrepublik hätte ihren Markt für Ost-Produkte sofort öffnen müssen, während es der DDR gestattet sein sollte, durch Handelsbeschränkungen ihre Industrie für eine Übergangszeit zu schützen.

Und Kohls Währungsunion? Sie sollte vor allem die Erwartungen seiner ostdeutschen Landsleute erfüllen und, ganz nebenbei, den nächsten Wahlsieg sichern.

Was sich die DDR-Bürger von der Währungsunion erhofften, war im Frühjahr 1990 unüberhörbar: «Kommt die D-Mark nicht nach hier, dann kommen wir zu ihr» und «Ohne 1:1 werden wir nicht eins», hallte es durch die Straßen. Solche Forderungen waren verständlich. Die Ostdeutschen hatten zur D-Mark ein noch innigeres Verhältnis als die Westdeutschen entwickelt, sie war der «Generalschlüssel für die einladende, aber verbotene Welt kapitalistischen Konsums»[15]. Wer über diesen Türöffner verfügte, bekam selbst den Trabant, der sonst erst zehn bis zwölf Jahre nach Bestellung ausgeliefert wurde, binnen weniger Tage – ohne aufwendige Formalitäten über den Katalog der Valuta-Handelsfirma Genex. Zuletzt verkaufte die DDR ihre Waren in die Bundesrepublik in einer Relation von etwas mehr als 1:4. Gegenüber den frühen achtziger Jahren, als 2,20 Ost-Mark einer D-Mark entsprachen, hatte die Währung damit fast die Hälfte ihres Wertes verloren. Zum Jahresbeginn 1990 wurde die Ost-Mark auf dem Schwarzmarkt im Verhältnis von 1:7 getauscht. Ihren Bürgern verlangte die DDR sogar mitunter einen noch ungünstigeren Kurs ab: Eine Dose Ananas, für die in gehobenen «Delikat»-Läden stolze 14 Mark auf den Tisch gelegt werden musste, kostete 1988 im Intershop 1,50 D-Mark. Das entsprach einem Verhältnis von 1:9,3.

Kohls Währungsunion war deshalb für die Ostdeutschen ein exzellentes Geschäft. Löhne und Gehälter wurden 1:1 umgestellt, die Renten neu berechnet und im Schnitt um 30 Prozent angehoben. Große Teile der Sparguthaben – je nach Alter ein Betrag zwischen zweitausend bis sechstausend Ost-Mark – konnten ebenfalls 1:1 umgetauscht werden.[16] Mit der Währungsumstellung waren die Ersparnisse und Bargeldbestände der DDR-Bürger von rund 198 Milliarden Ost-Mark satte 120 Milliarden D-Mark[17] wert, was einen beachtlichen Anstieg der Kaufkraft bedeutete und den westdeutschen Unternehmen einen Boom bescherte.

Dies nützte vor allem der Partei des Kanzlers. Mit dem schon am 7. Februar 1990 unterbreiteten Angebot, die D-Mark in den Osten zu exportieren, verbesserte die CDU schlagartig ihre eigentlich dürftigen Chancen bei der Volkskammerwahl am 18. März 1990. Die Union, die mit den verbündeten Parteien DSU und Demokratischer Aufbruch die Liste «Konservative Allianz» gebildet hatte, wurde mit einem Traumergebnis von 47,7 Prozent Wahlsieger. Der Bundeskanzler, dem Wahlforscher die Abwahl bei der Bundestagswahl 1990 vorhergesagt hatten, konnte wieder hoffen: Deutschland wurde um zwölf Millionen dankbare Wähler größer. Am 2. Dezember 1990, bei der ersten freien gesamtdeutschen Parlamentswahl seit 1933, errang das konservativ-liberale Bündnis von Kohl und Außenminister Hans-Dietrich Genscher mit 54,8 Prozent ein glänzendes Ergebnis.

Doch Kohls Vereinigungsstrategie basierte nicht allein auf Wahltaktik, sie folgte auch einem prägenden Mythos der alten Bundesrepublik. So wie die Währungsreform von 1948 den Aufschwung im Westen einleitete, sollte eine Währungsunion mit der DDR die brachliegenden Kräfte der ostdeutschen Wirtschaft entfesseln. Allerdings lag solchen Überlegungen ein doppelter Denkfehler zugrunde.

Zum einen handelte es sich nach dem Zweiten Weltkrieg im Gegensatz zur «weichen» Währungsunion von 1990 um einen drastisch harten Währungsschnitt – in Westdeutschland wurde die alte Reichsmark im Verhältnis von 10:1 auf die neue D-Mark umgestellt. Deshalb waren westdeutsche Produkte im Ausland vergleichsweise preiswert. Zum anderen wurden die Unternehmen damals keineswegs sofort der vollen Wucht der internationalen Konkurrenz ausgesetzt – hohe Einfuhrzölle und vorteilhafte Wechselkurse der D-Mark, die erst Anfang der siebziger Jahre freigegeben wurden, boten Schutz.

Demgegenüber wurden die ostdeutschen Unternehmen erst durch einzigartigen Aufwertungsschock nachhaltig geschwächt und anschließend schutzlos gegen übermächtige Wettbewerber in ein aussichtsloses Rennen geschickt. Sogar unnötige Zusatzlasten mussten sie schultern. Ihre Schulden wurden im Verhältnis 1:2 umgestellt, obwohl ökonomisch allenfalls ein Kurs 1:4 zu rechtfertigen gewesen wäre – die Ost-Betriebe hatten nicht den Hauch einer Chance. Im Juni 1991 erklärte Kohls damaliger Wirtschaftsminister Jürgen Möllemann (FDP) vor amerikanischen Gästen: «Wenn der Dollar um 300 bis 400 Prozent aufgewertet worden wäre, hätte auch eine ausgesprochen konkurrenzfähige Wirtschaft beträchtliche Rückschläge erlitten.» Für eine in der Substanz schon geschädigte Volkswirtschaft musste eine solche Aufwertung erst recht in eine Katastrophe münden. Das Aufwertungsdrama führte dazu, dass die meisten DDR-Produkte bald unverkäuflich waren. Damit verloren die Unternehmen ihre angestammten Absatzmärkte in Mittel- und Osteuropa. Ganze Industrien schrumpften auf klägliche Restbestände zusammen, in den meisten Branchen verschwanden neun von zehn Arbeitsplätzen.

Warum wurden 1990 bei der Währungsunion solch haarsträubende Fehler gemacht? Warum wurde die Geldumstellung von einer Sozialunion begleitet, deren Ausgestaltung die Ost-Wirtschaft auf Jahrzehnte überfordern wird? Auf diese Frage hat Kohl, der stoische Einheitskanzler, nie Auskunft gegeben. Er meißelt kräftig an seinem Denkmal: «Nicht überall, aber an vielen Stellen» gebe es blühende Landschaften, erklärte er noch im Oktober 2004, die Einführung der D-Mark sei ein Erfolg. In welchen Welten lebt dieser Mann? Ökonomisch wurde die Deutsche Einheit miserabel organisiert. «Helmut Kohl hat politisch alles richtig und wirtschaftlich alles falsch gemacht», stellte der langjährige Jenoptik-Chef Lothar Späth fest.

Ohnehin spielten volkswirtschaftliche Aspekte für den Einheitskanzler eine untergeordnete Rolle. Er war davon überzeugt, eine historische Mission erfüllen zu müssen – und die war politisch definiert. Da er bei dieser Aufgabe öffentliche Debatten für schädlich hielt, traf er einsame Entscheidungen und verzichtete auf externen Sachverstand. Warnungen etwa der Bundesbank oder des Sachverständigenrates vor einer überhasteten Währungsunion wurden ignoriert.

Diese Ignoranz muss das Land nun büßen.

Man gestaltete den Aufbau Ost als plumpen Nachbau West und behandelte damit Ungleiches gleich. Mit dem Vereinigungsvertrag wurde dem Beitrittsgebiet das überaus komplizierte West-Regelwerk übergestülpt, das nicht zur Wirklichkeit der rückständigen Ost-Wirtschaft passte. Dabei hatte Wolfgang Schäuble, der mit dem DDR-Unterhändler Günther Krause den Vertrag entwarf, einen anderen Weg favorisiert. Er wollte nur ausgewählte Gesetze des Westens übertragen und das einfachere DDR-Recht vorerst in Kraft lassen, nur «mit den Ausnahmen, die rechtsstaatlich notwendig sind». Doch diese Idee scheiterte in Kohls Kabinett – es wollte laut Schäuble «sofort möglichst gleiche Lebensbedingungen schaffen».[18]

Diese Gleichmacherei führte dazu, dass die Bürokratie im Osten wucherte wie im Westen. Das warf die ohnehin kaum wettbewerbsfähige Ost-Wirtschaft völlig aus der Bahn. Ihr wurden Standards auferlegt, die international Spitze waren. Einer der ärmsten Landstriche in der Europäischen Union musste fortan mit dem wohl teuersten Umweltrecht der Welt zurande kommen – etwa bei Kläranlagen oder Fabrikansiedlungen. Selbst Übergangsfristen halfen da nicht. Auch beim Betriebsverfassungs-, beim Planungs- oder beim Tarifrecht wurden irrwitzige Maßstäbe gesetzt.

Hätte sich die alte Bundesrepublik 1949 einem solchen Regelwahn unterworfen, wie er der früheren DDR ab 1990 zugemutet wurde – das westdeutsche Wirtschaftswunder wäre niemals zustande gekommen.

Das Erbe einer ruinierten Republik

Der versunkene Reichtum

In der Geschichte des westdeutschen Wirtschaftswunders wird ein Kapitel meist unterschlagen. Es handelt von den Ostdeutschen – ohne sie wäre der beeindruckende Aufstieg der altbundesdeutschen Nachkriegsgesellschaft kaum so überzeugend gelungen. Die tatkräftige Unterstützung der Zonenflüchtlinge war für die Westdeutschen bei ihrem Wiederaufbau eine feine Sache, legten doch nicht zuletzt die Brüder und Schwestern aus dem Osten das Fundament für den westlichen Wohlstand. Was der einen Seite zuwuchs, verlor die andere – in Deutschland wurde der Reichtum nach 1945 praktisch umverteilt.

Das desaströse Bild, das sich heute in den östlichen Bundesländern zeigt, hat mit genau dieser Umverteilung zu tun. Sich im Westen heute daran zu erinnern ist deshalb nicht allein für Geschichtsforscher interessant. Es relativiert die Bedeutung der enormen Finanzmittel, die von den Westdeutschen unter großen Kraftanstrengungen aufgebracht werden. Denn was der Westen durch die Jahrzehnte der Teilung gewonnen hat, wurde nach dem 3. Oktober 1990 keineswegs vollständig zurückgegeben. Das wäre auch kaum möglich. Gleichwohl erwächst aus dieser besonderen Episode der deutsch-deutschen Vergangenheit eine Verpflichtung: Soll die Einheit gelingen, müssen die Weichen umgelegt werden – und zwar so, dass der Osten die Chance erhält, zumindest einen Teil von dem wiederzuerlangen, was er einst durch die Umstände verlor.

Am Anfang wurde noch Zwang ausgeübt. *We take the brain*, ließen die Amerikaner in der Universitätsstadt Jena verlauten, nachdem sie diese am 13. April 1945 erobert hatten. Zeit blieb ihnen dafür allerdings wenig, denn nach der Übereinkunft der alliierten Siegermächte fiel Thüringen unter das Kommando der sowjetischen Besatzungsmacht. Kurz bevor die US-Truppen ihren Rückzug antraten, statteten sie zwei weltberühmten Konzernen einen Besuch ab. Bei Carl Zeiss und dem Glaswerk Schott & Genossen überreichten sie jeweils eine Liste. Auf der einen waren 84, auf der anderen 41 Namen verzeichnet, allesamt *very important persons*. Den Spezialisten – Managern, Ingenieuren und Konstrukteuren – wurde per Ultimatum mitgeteilt, dass sie Jena mit den abziehenden Truppen zu verlassen hätten und in die amerikanische Besatzungszone evakuiert werden sollten. Alle Proteste waren vergeblich: Am 24. Juni 1945 ging die Reise der Jenaer auf Armeelastwagen gen Westen. Im württembergischen Oberkochen und in Mainz bauten die Verschleppten ihre Unternehmen einfach ein weiteres Mal auf. Die Kopien sollten bald mehr glänzen als die Originale.

Das Vorgehen der Amerikaner war glimpflich im Vergleich zu dem, was die sowjetischen Besatzer anstellten. Sie rekrutierten schätzungsweise 3500 ostdeutsche Führungskräfte, die man in die UdSSR verschleppte und dort in der Regel für mindestens fünf Jahre «dienstverpflichtete». In die Operation «Ossakim» einbezogen waren beispielsweise das AEG-Werk in Oberschöneweide, der Lokomotivbauer Henschel in Staßfurt und der Flugzeughersteller Junkers in Dessau. Und erneut das Jenaer Glaswerk Schott & Genossen. Deren Mitarbeiter wurden in den Morgenstunden des 22. Oktober 1946 aus dem Schlaf gerissen und mussten binnen weniger Stunden ihre Koffer packen. Mit den Beschäftigten wurde gleich der gesamte Betrieb verlagert.

Bald aber waren es nicht mehr die Alliierten allein, die mit dem Recht des Siegers die Wirtschafts- und Wissenschaftselite aus der

45

Heimat verbannten – die Leistungsträger gingen aus eigenem Antrieb. Ihnen schlossen sich Arbeiter und Angestellte, Handwerker und Kleingewerbetreibende, Künstler und Intellektuelle an. Ihr Ziel war stets dasselbe: Westdeutschland und Westberlin. 46,2 Millionen Menschen lebten 1946 in den drei westlichen Besatzungszonen, am 3. Oktober 1990 wurden 63,5 Millionen Bundesbürger gezählt.

Die Sowjetische Besatzungszone (SBZ) und dann die DDR bluteten aus. Der SBZ hatten bis Ende 1948 schon 732 000 Menschen den Rücken gekehrt. Von Anfang 1949 bis zum 13. August 1961 machten weitere 2 687 000 Bewohner «rüber». Doch auch die von Ulbricht errichtete Mauer blieb durchlässig: Bis Ende 1988 musste die DDR nochmals 673 000 Bürger aus ihrer Staatsbürgerschaft entlassen. Als der Eiserne Vorhang fiel, gab es dann kein Halten mehr: Allein 1989 und 1990 suchten 784 000 Übersiedler ihr Glück im Westen. Damit hatten vom Kriegsende bis zum 31. Dezember 1990 fast fünf Millionen Menschen Ostdeutschland verlassen. Am Ende lebten in der DDR nur noch 16,1 Millionen Einwohner.

Nach dem Zweiten Weltkrieg gab es in den drei westlichen Besatzungszonen bekanntlich den Marshallplan, ein Milliarden Dollar schweres Hilfsprogramm, mit dem das Wiederaufbauwerk in Gang gesetzt werden konnte. Auf der anderen Seite, im Osten, mussten die Arbeiter eigenhändig ihre Fabriken zerlegen, die von Fliegerbomben und Panzerbeschuss verschont gebliebenen Werkzeugmaschinen und Betriebseinrichtungen in Kisten verpacken, auf Güterwagen verladen und zusehen, wie das wertvolle Produktionskapital in Richtung Sowjetunion rollte. Doch darin liegt nicht die Hauptursache für das ökonomische Ost-West-Gefälle, das sich nach 1945 rasch herausbildete und beständig vergrößerte.

Denn noch so große Verwüstungen können einer Volkswirtschaft keinen dauerhaften Schaden zufügen, wie schon der englische Nationalökonom John Stuart Mill (1806–1873) beobachtet hatte. Für ihn war der «Faktor Mensch» entscheidend: «Die Fähigkeit, schwere Zerstörungen schnell zu überwinden, hängt wesentlich davon ab, ob ein Land sich entvölkert hatte. Wenn seine tätige Bevölkerung nicht ausgerottet wurde und nicht verhungert ist, dann werden die Menschen, mit der gleichen Tüchtigkeit und dem Wissen, das sie vorher besaßen, mit ihrem Land und seiner unbeschädigten Kultivation nahezu alle Mittel in der Hand haben, um das frühere Quantum an Produktion zu erzeugen.»[19]

Die Einwohner auf dem Gebiet der SBZ/DDR waren weder verhungert noch ausgerottet, sie hatten auch ihre Tüchtigkeit und ihr Wissen nicht eingebüßt – doch sie kehrten dem System sowjetischer Prägung unablässig und millionenfach den Rücken. Die Kommunisten schlugen die von ihnen beherrschte Bevölkerung regelrecht in die Flucht. Nicht die Zerstörungen durch den Weltkrieg, nicht die Demontagen, sondern die Vertreibung bewirkte den größten Schaden.

Noch 1939 war die Region, aus der zehn Jahre später die DDR entstand, dem Westen in beeindruckender Weise überlegen. Die Industrieproduktion je Einwohner lag bei 725 Reichsmark – auf dem Gebiet der drei späteren westlichen Besatzungszonen waren es nur 609 Reichsmark. Die deutschen Ostgebiete, die nach 1945 zum polnischen Westen wurden, waren mit 249 Reichsmark am rückständigsten.[20] Ostdeutschland übertraf demzufolge den westdeutschen Durchschnittswert um fast ein Fünftel. Damit war Mitteldeutschland vor 1945 das ökonomische Kraftzentrum des Reiches, dessen Mittelpunkt wiederum Sachsen als Wiege der deutschen Industrialisierung bildete.[21]

Chemnitz galt wegen seiner vielen Fabriken als «Manchester on Continent», und Dresden beheimatete unter anderem eine bedeutende Kamera- sowie Zigarettenproduktion. Leipzig war ein bedeutendes Zentrum des Welthandels. Die sächsische Großstadt verzeichnete zwischen 1850 und 1939 – da stieg die Einwohnerzahl von 62 400 um über 1100 Prozent auf 702 600 Menschen – das noch vor Berlin prozentual höchste Bevölkerungswachstum aller deutschen Großstädte.[22] Ein fruchtbares Zusammenspiel von

Wirtschaft, Wissenschaft und Kultur machte Leipzig und ganz Sachsen zum bevorzugten Ziel für Einwanderer. Vor dem Ersten Weltkrieg wurde in Sachsen und dem benachbarten Böhmen die höchste Pro-Kopf-Wertschöpfung Europas erzielt.

Doch der nach 1945 ungehemmt einsetzende Elitenverlust verwüstete die traditionsreichen und leistungsstarken Industriereviere. Der Landstrich verlor das, was einst seinen Reichtum begründet hatte: ein oft über Generationen hinweg gewachsenes Wissen, das ungebremst nach Westdeutschland verschwand. Der Dresdner Hermann Golle, der die beeindruckenden Wurzeln der Industrialisierung ostdeutscher Regionen offen gelegt und ihr Absterben nach dem Zweiten Weltkrieg beschrieben hat, kommt zum Urteil: «Nie zuvor in der 200-jährigen Industriegeschichte Deutschlands, wahrscheinlich nie vorher in der Industriegeschichte der ganzen Welt, hat es einen so gewaltigen Technologietransfer gegeben, einen Transfer von Ost nach West.»[23]

Auch nach der Wiedervereinigung ließ sich dieser Verlust nicht ausgleichen. Weder Schott noch Carl Zeiss haben ihren Hauptsitz Jena wieder eingenommen, obwohl dieser einst im Stiftungsstatut der beiden Schwesterunternehmen festgeschrieben war.[24] Die Dresdner Bank residiert in Frankfurt am Main und unterhält in der Geburtsstadt an der Elbe eine bescheidene Bezirksfiliale. Die Alte Leipziger, vor dem Weltkrieg ein bedeutender Feuerversicherer, ist mit der Halleschen Nationale zusammengegangen und betreibt ihre Finanzgeschäfte vom hessischen Oberursel aus. Die Auto-Union («Audi») ist von Zwickau nach Ingolstadt abgewandert. Der frühere Flugzeugmotorenhersteller BMW hat seine Fahrzeugfertigung, die vor dem Krieg in Eisenach beheimatet war, zum größten Teil in Bayern konzentriert.

Der Weltmarktführer Wella, der Haarkosmetik und Düfte in über 150 Ländern verkauft, wird von Darmstadt aus gesteuert – im sächsischen Rothenkirchen, wo der Friseur Franz Ströher 1880 den Grundstein für das Imperium legte, blieb ein bescheidenes Tochterunternehmen mit der Marke «Londa» übrig. Der ehemalige Ostberliner Bremssystem-Lieferant Knorr Bremse ist in München zu Hause. Der bayerischen Landeshauptstadt ebenfalls fest verbunden ist Gisecke & Devrient, der größte Banknotendrucker der Welt. Im alten Leipziger Stammhaus, das die Bayern nach der Wende zurückerworben haben, arbeitet heute ein Bruchteil der Konzernbeschäftigten.

Für die fatale Abwanderung von Kompetenz, die seit der Wiedervereinigung auch den Westen alarmieren müsste, weil ihre Folgen inzwischen ganz Deutschland auf die Füße fallen, steht Leipzig geradezu exemplarisch. Mit der Teilung hat Leipzig nicht nur den Deutschen Fußball-Bund (heute in Frankfurt), das Reichsgericht (als Bundesgerichtshof in Karlsruhe) und die Deutsche Bücherei (sie wird von der Deutschen Bibliothek in Frankfurt am Main aus geleitet) verloren. Auch in der Verlagsbranche sind die Einbußen unwiederbringlich. Bibliographisches Institut (heute Mannheim), F. A. Brockhaus (Berlin/München), Insel (Frankfurt am Main) und Reclam (Stuttgart) sind dabei nur die bekannteren Namen.

Mit den Verlegern, Lektoren und Vertriebsspezialisten wanderte die nachgelagerte Wertschöpfungskette ab: die stolze polygraphische Industrie, die für Papierschnitt oder Buchbindung zuständig ist. Mit diesen Anbietern wiederum verschwanden hoch spezialisierte Maschinenbaubetriebe oder wurden vom technischen Fortschritt abgekoppelt. Dabei beheimatete die Messestadt allein fünf der knapp zwanzig bedeutendsten polygraphischen Maschinenbauhersteller, die es vor rund hundert Jahren in Deutschland gab: die Leipziger Schnellpressenfabrik (1868 gegründet), Schelter & Giesecke (1880), Karl Krause (1883), Kleim & Ungerer (1891) und die Maschinenfabrik Georg Spieß (1900).[25]

Ein Dominoeffekt mit durchschlagender Wirkung, nicht nur in diesem Zweig. Das Leipziger Rauchwarengewerbe, das einst berühmte Verkaufslokale am Brühl sowie in der Hainstraße unterhielt und in seinen besten Zeiten so viele Menschen beschäftigte wie die gesamte Industrie der Stadt, setzte sich nach 1945 vor allem nach Frankfurt am Main ab. Der wirtschaftliche Schwerpunkt der Duftstoff- und Aromaindustrie, deren wissenschaftliche Grundlagen in der sächsischen Metropole im 19. Jahrhundert entwickelt und mit einem Nobelpreis bedacht worden waren, verlagerte sich ins westfälische Holzminden. Dort allerdings konnte der Zweig seine Vormachtstellung gegenüber der wachsenden Konkurrenz aus den Vereinigten Staaten nicht halten. In Hannover hingegen etablierte man die größte Industriemesse der Welt: Sie wurde auf Befehl der britischen Besatzungsmacht gegründet und von Leipziger Messespezialisten zum Erfolg geführt.

Zehntausendfach gingen dem Osten nach 1945 mit den Menschen zugleich Forschergeist und Marketingwissen sowie Geschäftsideen und Firmenkonzepte verloren, die anschließend im Westen neu zur Entfaltung kamen. Dank dieses geballten Potenzials, das auch mit der Vertreibung aus Polen und der Tschechoslowakei transportiert wurde, sind der Bundesrepublik nach der «Stunde null» vermutlich 360 000 Unternehmen und Gewerbe[26] zugewachsen. Ohne die Zuwanderung hätte die Industrieproduktion im Westen 1975 um etwa 18 Prozent[27] niedriger gelegen – wobei in diesem Wert nicht einmal die zwischen 1945 bis 1950 angekommenen Flüchtlinge und Aussiedler berücksichtigt sind.

Angesichts dieses Aderlasses standen die in der DDR verbliebenen Menschen auf verlorenem Posten, auch wenn viele das nicht wahrhaben wollten. Walter Ulbricht zählte zu ihnen. Der Staatschef wusste genau, dass der Wettkampf der politischen Systeme nicht zuletzt ein Wettkampf um wirtschaftlichen Erfolg war. Um die Arbeitsmoral zu erhöhen, wurden regelrechte Agitprop-Kampagnen inszeniert, die erste und legendärste um Adolf Hennecke. Der Hauer im sächsischen Steinkohlebergbau um Zwickau und Oelsnitz legte am 13. Oktober 1948 eine Sonderschicht ein, bei der er das Tagessoll angeblich um sagenhafte 387 Prozent übererfüllte.

Doch trotz der dröhnenden Propagierung von Bestleistungen

glaubten viele Ostdeutsche nicht an die Überlegenheit einer Planwirtschaft sowjetischer Prägung. Die «sozialistische Menschengemeinschaft» schrumpfte weiter, bis nur ein einziger Ausweg blieb – die Mauer. Nun beklagte Ulbricht, die Bundesrepublik habe sich bereichert. Wegen der Fluchtbewegung forderte seine Regierung 1962 von Bonn eine Entschädigung in Höhe von 100 Milliarden D-Mark. Der gigantische Betrag würde heute 164 Milliarden Euro entsprechen. Das ist etwa so viel wie das Volumen, das Ostdeutschland mit dem Solidarpakt II von 2005 bis 2020 erhält. Doch was schon damals zutraf, gilt auch heute: Mit noch so viel Geld lässt sich der eingetretene Verlust nicht wettmachen.

Staatsbankrott als geheime Verschlusssache

Es ist paradox: Die Ostdeutschen erwarten viel von ihrem Staat, und doch scheint er ihnen im Grunde gleichgültig zu sein. Werden ihre Erwartungen nicht erfüllt, reagieren sie trotzig, und die Distanz wird stärker – was sich unter anderem in Protestwahlen ausdrückt. Der ostdeutsche Schriftsteller Jens Sparschuh erinnert daran, dass solche Verhaltensweisen DDR-erprobt seien. Damals habe man direkt an den Landesherrn appelliert, um eigene Forderungen durchzusetzen, und dabei zu Druckmitteln wie Eingaben oder Ausreiseanträgen gegriffen. «Bürger und Partei befanden sich in einem unauflösbaren gegenseitigen Erpressungsverhältnis», schreibt Sparschuh, «und das war kein Zustand, mit dem Staat gemacht werden konnte.»[28]

Ein Grund für den ökonomischen Niedergang der DDR lag auch in diesem gesellschaftlichen Nötigungsverhältnis. Die Staatsführung bestand auf Anerkennung, das Staatsvolk auf einem gewissen Wohlstand. Jede Seite gewährte der anderen das Geforderte, jeweils misstrauisch auf den eigenen Vorteil bedacht, ohne dabei Rücksicht auf den Zustand des Gemeinwesens zu nehmen.

Die meisten DDR-Bürger hatten sich arrangiert und nahmen mit stoischem Gleichmut hin, wie die wirtschaftliche Basis im real existierenden Sozialismus ausgehöhlt wurde. Gesellschaftliche Bewegungen, die versucht hätten, die Fehlentwicklungen zu stoppen, gab es nicht. Erst im Herbst 1989 wollte eine breitere Schicht der Bevölkerung tief greifende Reformen durchsetzen. Doch der Versuch, die DDR zu erneuern, kam zu spät – zu diesem Zeitpunkt war sie längst pleite und konnte ohne fremde Hilfe nicht mehr überleben.

Die Folgen jahrzehntelanger Misswirtschaft waren weitaus katastrophaler, als damals von der Öffentlichkeit angenommen wurde. Mit diesem Desaster befasste man sich nach dem Zusammenbruch nur am Rande – die rasche Wiedervereinigung lenkte den Blick schnell nach vorn. Daraus wiederum erklärt sich auch das Phänomen der Ostalgie – der Blick wird mitunter verklärend in die Vergangenheit gerichtet.

Doch die DDR war «kein Kuschelstaat mit Zukunftsoption», wie die Schriftstellerin Claudia Rusch schreibt, sondern ein zynisches System der organisierten Verantwortungslosigkeit. Das zeigt der bis zuletzt vertuschte Staatsbankrott. Seine Ursache reichte weit in die DDR-Geschichte zurück und lag in der «Hauptaufgabe» des Sozialismus, über die fast jedes Schulkind eine Klassenarbeit schreiben musste – in der «Einheit von Wirtschafts- und Sozialpolitik».

Wenn man die letzten zwei Jahrzehnte vor 1989 genauer betrachtet, dann wird klar, dass am Absturz der DDR beide beteiligt waren – die ostdeutsche Bevölkerung, die sich mit Staatsgeschenken ruhig stellen ließ, und eine skrupellose Führungsclique, die das Land in den Ruin führte. Und alles mit freundlicher Unterstützung der Bundesregierung.

SED-Parteichef Erich Honecker hatte die «Einheit von Wirtschafts- und Sozialpolitik» kurz nach dem Sturz seines Vorgängers Ulbricht auf dem VIII. Parteitag der SED zum neuen Leitbild der Politik erklärt. Das war im Juni 1971. Der unter Ulbricht noch in die etwas fernere Zukunft verschobene Übergang des Sozialismus zum Kommunismus schien damals plötzlich greifbar nahe. Man müsse «alles für das Glück des Volkes» tun, forderte Honecker. Selbst früher Verpöntes war nun zu haben: Im November 1971 verkaufte der staatliche Handel binnen vier Tagen 150 000 importierte Blue Jeans der Marke «Levi's». Unter Ulbricht hatten die «Niethosen» als Ausweis westlicher Dekadenz gegolten. Im Oktober 1972 beschloss das Sekretariat des Zentralkomitees der SED ein Milliardenprogramm, um die Produktion von Konsumgütern anzukurbeln.

Honeckers «Einheit von Wirtschafts- und Sozialpolitik» beendete das «Neue Ökonomische System der Planung und Leitung», das mit Reformen die Effizienz und Dynamik der Volkswirtschaft steigern wollte. Damit änderte sich das Verständnis von Wirtschaft im real existierenden Sozialismus grundsätzlich. Sie wurde nicht länger als das Exerzierfeld im Systemwettbewerb verstanden, bei dem es galt, der «ersten wissenschaftlichen Weltanschauung» zum Sieg zu verhelfen.

Stattdessen rückten die Bedürfnisse der Bevölkerung in den Mittelpunkt, Honecker rief den «Wohlfahrtssozialismus» aus. Mieten wurden gesenkt, Arbeitszeiten verkürzt, Krankenfürsorge und Kinderbetreuung ausgebaut. Der «Ehe-Start mit Rückenwind» gelang nun mit einem Kredit: «Mit blanken 7000 Märkern von Vater Staat», wie in Zeitungsanzeigen geworben wurde. Bis 1990 sollte die «Wohnungsfrage» gelöst sein und jeder Bürger eine angemessene Unterkunft erhalten.

Fest stand: Um die das Volk beglückenden Wohltaten zu finanzieren, musste die Wirtschaft effektiver werden. Ziel des Fünfjahrplans 1971 bis 1975 war es deshalb, Wachstum und Arbeitsproduktivität zu verdoppeln. «Planmäßig produzieren – klug rationalisieren – uns allen zum Nutzen!» lautete die «Wettbewerbsinitiative». Gleichzeitig wollte man die Deviseneinnahmen steigern. Dazu war geplant, zunächst in großem Stil westliche Maschinen zu importieren. Mit ihnen sollten dann jene Produkte hergestellt werden, die man anschließend in das «nicht sozialistische Ausland» (NSW) verkaufen wollte.

Das Konzept ging nicht auf. Von einer «Einheit» konnte bei Honeckers wirtschafts- und sozialpolitischer Zäsur nie die Rede sein: Während das eine – also die Segnungen der Sozialpolitik – zu wirken begann, ließ das andere – die Erfolge der Wirtschaftspolitik – auf sich warten.

Trotz aller Schwierigkeiten leitete Honeckers Kurswechsel eine Phase der Stabilität ein. Die Beziehungen zwischen politischer Klasse und Bevölkerung wurden auf eine veränderte Grundlage gestellt. Ein neuer Gesellschaftsvertrag trat in Kraft: Das Volk respektierte fortan den Herrschaftsanspruch der SED, die ihrerseits diese Loyalität mit einem Wohlstandsversprechen honorierte. Mit der «Einheit von Wirtschafts- und Sozialpolitik», die nicht zuletzt ein Reflex auf den Prager Frühling 1968 und die Arbeiterunruhen in Polen 1970 darstellte, verschaffte sich die Staats- und Parteiführung ein bis dahin ungekanntes Maß an Zustimmung.

Selbst als die DDR-Führung 1972 rund 11 400 Privatbetriebe verstaatlichte, löste dies keine nennenswerten Proteste aus. Das war erstaunlich, denn der Privatsektor steuerte rund elf Prozent zur Industrieproduktion bei und stellte sogar knapp 40 Prozent aller Konsumgüter her.[29] Es war ein glorreicher Sieg der Ideologie – zu Lasten der Volkswirtschaft.

Mit geradezu fatalistischer Gleichgültigkeit nahm die Ostberliner Führung hin, dass die DDR finanziell ausblutete. Bereits 1971 musste das Land seine Deviseneinnahmen fast vollständig für den Schuldendienst aufwenden und konnte Exportgüter nur noch auf Pump kaufen.[30]

Der für Wirtschaft zuständige ZK-Sekretär Günter Mittag peitschte die Vorgaben seines Generalsekretärs gegen alle Widerstände durch. Mit seinem barschen Gehabe gegenüber den Kombinatsleitungen war Mittag das personifizierte Symbol der Kommandowirtschaft. Um Erfolge vorweisen zu können, ließ er die Statistik frisieren – Melkmaschinen wurden als Industrieroboter erfasst. Erich Honecker, der von Wirtschaft nichts verstand, vertraute seinem Fachmann bedingungslos. Und der schrieb Werke mit Titeln wie «Die Hauptaufgabe wird zielstrebig verwirklicht» (1978), «Konsequent auf dem Kurs der Hauptaufgabe» (1986) oder «Kurs der Hauptaufgabe prägt Arbeit der Partei und Handeln der Massen» (1987).[31] Wer auf die organisierte Verantwortungslosigkeit hinwies, verschwand wie der überzeugte Marxist Rudolf Bahro im Zuchthaus. In seinem Buch «Die Alternative» hatte der Abteilungsleiter beim VEB Gummikombinat 1978 das Verhalten von sozialistischen Führungskadern getadelt, «die aus Gründen der Machterhaltung in jedem Fünfjahrplan besseres Brot und bessere Spiele versprechen müssen». Bahros «neue Predigt (...) des Maßes» wurde als Provokation gewertet. Dabei gab es zum Maßhalten eigentlich keine Alternative. Honecker hatte im November 1977 auf einer Tagung mit SED-Führungskräften durchblicken lassen: «Produktivität reicht nicht aus – Devisenbilanz ein schweres Problem (Zinsen und Kredite wie lösen). Die Katastrophe schon für Mitte nächsten Jahres vorprogrammiert.»[32]

Schon im November 1979 notierte der linientreue Wirtschaftshistoriker Jürgen Kuczynski in sein Tagebuch: «Auf keinem Gebiet haben wir eine Konzeption. Wir leben von der verwelkten Hand in den zahnlosen Mund.»

Mindestens dreimal, nämlich 1978, 1983 und 1988, stand die DDR kurz vor der Zahlungsunfähigkeit. Je mehr die «Einheit von Wirtschafts- und Sozialpolitik» voranschritt, desto parasitärere Züge nahm sie an, desto hemmungsloser wurde auf Kosten der Substanz gelebt, desto skrupelloser verschleierte man das Ausmaß der Misere.

Die Ermahnung Lenins, wonach «alle unsere radikalen Reformen zum Scheitern verurteilt sind, wenn wir in der Finanzpolitik keine Erfolge haben», beherzigte in Ostberlin keiner mehr. Längst huldigte die SED-Führung dem Fetisch der «Ware Geld» (Karl Marx) in Form von Valutamark. Ihre Devisenkasse wurde nicht zuletzt von der Bundesregierung gefüllt.

Zur Pflege der innerdeutschen Beziehungen war Bonn immer wieder bereit, Ostberlin auf den verschiedensten Gebieten großzügig entgegenzukommen. Für Baumaßnahmen an den Autobahn-Transitstrecken verpflichtete sich die Bundesrepublik allein von 1975 bis 1980 zu Zahlungen von 2,2 Milliarden D-Mark. Hinzu kam die jährliche Transitpauschale, die sich zwischen 1976 und 1989 zum stattlichen Betrag von 6,9 Milliarden D-Mark addierte.[33] Auch für die «Abgeltung der Straßennutzungsgebühren» oder wegen «gestiegener Verkehrsmengen und erhöhter Tarife bei der Deutschen Reichsbahn» griff Bonn ebenso selbstverständlich in die eigene Tasche wie für die Briefbeförderung oder den West-Ost-Fernsprechverkehr «in automatischer Betriebsweise».[34]

Bonn zahlte unablässig politische Preise, ohne äquivalente Leistungen zu erhalten – die freundliche Unterstützung sicherte das Überleben des Ostberliner Regimes. In den siebziger, spätestens aber in den achtziger Jahren wäre der DDR-Staatshaushalt ohne den Milliardenzufluss aus der Bundesrepublik zusammengebrochen. Man habe aus humanitären Gründen geholfen, wird noch immer behauptet. Die Wirklichkeit sah oft anders aus.

Angesichts der immer größeren Abhängigkeit der DDR von den Devisen blühte ein besonderer Wirtschaftszweig auf – der Menschenhandel. Die «Entwertung des Bürgers zum Exportgut»[35] begann schon im Sommer 1963, als nach langen Verhandlungen die ersten acht Gefangenen die DDR über den Ostberliner Bahnhof Friedrichstraße verlassen durften. Das Ticket für die Acht kostete 340 000 D-Mark in bar – jeder Häftling war also 42 500 D-Mark wert. 1977 verlangte Ostberlin schon mehr als das Doppelte.

Immer wenn sich die Kassen des Staates leerten, füllten sich die Gefängnisse, klagte der Schriftsteller Jürgen Fuchs – der Westen hatte das Geld, weshalb der Osten die Ware beschaffte. «Du bist Fleisch, bekommst einen Stempel und gehst über die Theke», beschrieb ein freigekaufter Häftling seine Erfahrungen mit der menschenverachtenden Geschäftspraxis.

Etwa 3,4 Milliarden D-Mark – mehr als das Dreifache des berühmten, von Franz Josef Strauß Mitte 1983 eingefädelten Milliardenkredits für die DDR – bezahlte die Bundesrepublik für den Freikauf von rund 33 000 Häftlingen. Auch die Bewilligung von einer Viertelmillion Ausreiseanträgen kostete. Bonn zahlte auf ein «Mielke»-Konto (Nummer 0528) und auf ein «Sonderkonto Erich Honecker» (Nummer 0628), die beim Außenhandelsimperium Kommerzielle Koordination (KoKo) geführt wurden. Alle Zugeständnisse der DDR – wie die Abschaffung des Zwangsumtauschs für Jugendliche unter 14 Jahren oder die Beseitigung der Selbstschussanlagen an der innerdeutschen Grenze – hatten ihren festen Preis, bezahlbar in frei konvertierbarer West-Währung.

Auch das KoKo-Schattenreich des Stasi-Obersts Alexander Schalck-Golodkowski verlängerte die Existenz der DDR. Die geheimnisumwitterte Sonderbehörde verkaufte enteignete Antiquitäten, verscherbelte Kulturgut selbst aus Museen und trieb einen schwunghaften Handel mit Militaria sowie NS-Relikten. Embargobestimmungen wurden mit im westlichen Ausland eingerichteten Tarnfirmen unterlaufen, Waffen und Munition in Krisengebiete geliefert – im Irak-Iran-Konflikt gleich an beide Seiten. Über Strohmänner in der Schweiz und Liechtenstein schleuste man die Gelder nach Ostberlin. Bis zu 25 Milliarden D-Mark soll die KoKo erwirtschaftet haben.[36] Doch selbst das konnte die «Einheit von Wirtschafts- und Sozialpolitik» nicht retten.

Trotz erkennbarer Krisensymptome regte sich im Apparat so gut wie kein Widerstand. Nur Gerhard Schürer, der dem Politbüro angehörte, versuchte Honecker zu vergleichsweise harmlosen Korrekturen zu bewegen und die allerschlimmsten Auswüchse einzudämmen. Er legte dem SED-Chef im April 1988, als der

Staatsbankrott schon nicht mehr aufzuhalten war, ein 13-seitiges Papier vor, das Einsparpotenziale und Effizienzreserven auflistete. So schlug er vor, stark bebaute Gebiete vor der außerordentlich teuren Umsiedlung und Überbaggerung durch die Braunkohleindustrie zu verschonen oder die beschlossene Eigenproduktion von Videorecordern wegen unvertretbar hoher Kosten abzusagen.[37]

Der im sächsischen Zwickau geborene Schürer hatte 1951 seine politische Laufbahn bei der Staatlichen Plankommission (SPK) begonnen, deren Chef er schließlich wurde. Wegen dieser Funktion erhielt Schürer (der nach der Wende dem Dienstleistungskonzern Dussmann half, den Osteuropa-Markt zu erschließen) den Spitznamen «Bilanzfälscher der Republik». Die Plankommission beschäftigte 25 000 Menschen und steuerte die Volkswirtschaft vom Neubau eines Stahlwerks bis zur Herstellung einer Rolle Klopapier – deshalb war Schürer wie kein anderer mit real existierenden Missständen vertraut.

In der Sitzung des Politbüros vom 4. Mai 1988 stampfte Honecker-Gefolgsmann Mittag das Schürer-Papier in Grund und Boden.[38] Mit vollem Tempo schlitterte man in die Katastrophe, selbst pragmatische Abweichungen vom einmal vorgegebenen Kurs ließ der ideologisch verbohrte SED-Apparat nicht zu. Der Wohlfahrtssozialismus, der selbst Blumen mit 450 Millionen Ost-Mark im Jahr subventionierte, blieb unantastbar. Egon Krenz unterstrich im Mai 1989 erneut die Notwendigkeit, den profanen Volksbeglückungskurs fortzusetzen. Die Einheit von Wirtschafts- und Sozialpolitik dürfe nicht aufgegeben werden – «denn sie ist ja der Sozialismus in der DDR».[39]

Die versprochene «Erhöhung des materiellen und kulturellen Lebensniveaus» blieb allerdings immer mehr aus. Nur in einem Bereich erreichte die DDR tatsächlich Weltniveau: 1989 trank jeder DDR-Bürger durchschnittlich 10,9 Liter reinen Alkohol, was 146 Liter Bier und 15,5 Liter Schnaps entsprach.[40] Ansonsten sah es trübe aus. Weil etliche Sortimente im Handel nicht kontinuierlich angeboten werden konnten, kam es zu Hamsterkäufen. Beim Ministerium für Handel und Versorgung häuften sich Eingaben, in denen Bürger ihren Unmut ausdrückten. Im Herbst 1989 kündigte das Volk den 1971 geschlossenen Gesellschaftsvertrag – da die andere Seite die im Kontrakt vereinbarten Pflichten nicht erfüllte, war die Geschäftsgrundlage entfallen.

Jetzt ging es Schlag auf Schlag. Am 9. Oktober versammelten sich zur Leipziger Montagsdemo mehr als 70 000 Menschen, obwohl eine blutige Niederschlagung des Protests nach dem in Peking praktizierten Modell der chinesischen Lösung befürchtet werden musste. Eine Woche später, am 16. Oktober, kamen rund 100 000 Menschen.

Tags darauf zwang das Politbüro bei seiner wöchentlichen Zusammenkunft den völlig ahnungslosen Honecker zum Rücktritt. Am 23. Oktober waren in Leipzig bereits 300 000 Menschen auf der Straße. Wiederum einen Tag später beauftragte der neue SED-Chef Egon Krenz eine fünfköpfige Gruppe um Planungschef Schürer, eine ungeschminkte Bilanz der wirtschaftlichen Lage des Landes vorzulegen.[41] Erst jetzt begann man die lange verdrängte Realität zur Kenntnis zu nehmen.

Die «Analyse der ökonomischen Lage der DDR mit Schlussfolgerungen», die den Mitgliedern des Politbüros daraufhin in der Sitzung vom 30. Oktober 1989 präsentiert wurde, enthielt das umfassende Eingeständnis eines vollständigen Scheiterns. Über dem Dossier war vermerkt:

Geheime Verschlusssache b 5 – 1158/89
37. Ausf. Seiten 1–22
Vernichtung 31.12.1989
Geheimhaltungsgrad darf nicht verändert werden

Was der klandestine Bericht an «Hauptfakten» auflistete, passte so gar nicht zur offiziellen Propaganda.

Die Bilanz nach zwei Dekaden Wohlfahrtssozialismus war bedrückend. Für Investitionen hatte das Geld gefehlt: Sie waren bis

1988 auf dramatisch geringe 9,9 (1970: 16,1) Prozent abgesackt. Mehr als die Hälfte der Industrieanlagen musste als Schrott eingestuft werden – 53,8 Prozent der Maschinen waren abgeschrieben und nur mit einem unvertretbaren Reparaturbedarf einsatzfähig. Der Zustand des Verkehrwesens war verheerend, die Infrastruktur galt zu 52,1 Prozent als verrottet.

Die Autoren räumten ein, dass die Arbeitsproduktivität in der DDR um 40 Prozent hinter dem bundesrepublikanischen Niveau lag. Beklagt wurden bürokratische Wasserköpfe und haarsträubende Verschwendung. Im typischen DDR-Jargon heißt es: «Im Einsatz gesellschaftlichen Arbeitsvermögens sowie der zur Verfügung stehenden Ressourcen besteht ein Missverhältnis zwischen dem gesellschaftlichen Oberbau und der Produktionsbasis.»

Seit Verkündung der «Hauptaufgabe» waren innere und äußere Verschuldung aus dem Ruder gelaufen. Im Binnenverhältnis hatte sich die Verschuldung des Staates von 12 Milliarden Mark im Jahr 1970 auf 123 Milliarden Mark im Jahr 1988 erhöht – eine Zunahme von über tausend Prozent. Die Politbürogenossen erfuhren, dass die eigene Währung permanent an Wert eingebüßt hatte, weil die Reallohnsteigerungen fortgesetzt höher gewesen waren als das Wachstum des Nationaleinkommens. Gehaltszuwächse waren also mit der Gelddruckmaschine finanziert worden. Als wahre Katastrophe betrachteten die Autoren des Schürer-Papiers jedoch die Verschuldung bei kapitalistischen Staaten und Banken: Das Kreditvolumen war nach ihren Angaben von zwei Milliarden Valutamark im Jahr 1970 bis 1989 auf 49 Milliarden Valutamark ausgeweitet worden – eine Steigerung von 2450 Prozent.

Die galoppierende Verschuldung ließ sich selbst unter größten Anstrengungen nicht mehr kontrollieren. Um das zu verdeutlichen, war für die gut zwei Dutzend Mitglieder des innersten Machtzirkels ein fiktives Szenario entworfen worden, bei dem man astronomische Steigerungen der Exportüberschüsse unterstellt hatte. Eine Rechnung wurde aufgemacht, nach der der Außenhandel mit dem «nicht sozialistischen Ausland» schon 1990 einen Gewinn von zwei Milliarden abwerfen sollte:

Fiktives Szenario für das Politbüro zur Staatskrise

(in Mrd. Valuta-Mark)	1990	1991	1992	1993	1994	1995
Erforderliche Exportüberschüsse	2,0	4,6	6,7	9,2	10,2	11,3
Entwicklung der Verschuldung	55,5	62,0	63,0	62,0	60,0	57,0

Die Größenordnung war völlig unrealistisch: Denn die DDR exportierte – ohne innerdeutschen Handel – insgesamt nur Waren im Wert von 5,5 Milliarden D-Mark in westliche Länder. Das entsprach gerade einem Prozent des westdeutschen Exportvolumens.[42] Trotzdem unterstellte man schon für 1995 einen hypothetischen Gewinn von mehr als elf Milliarden Valutamark. Selbst unter dieser Voraussetzung wäre die Verschuldung bis 1992 auf 63 Milliarden Valutamark angestiegen. Die gesamte Planung sei illusorisch, hieß es: «Für einen solchen Exportüberschuss bestehen jedoch unter jetzigen Bedingungen keine realen Voraussetzungen.»

Was drohte, war damit glasklar – die Preisgabe der Souveränität. «Die Konsequenzen der unmittelbar bevorstehenden Zahlungsunfähigkeit wäre ein Moratorium (Umschuldung), bei dem der Internationale Währungsfonds bestimmen würde, was in der DDR zu geschehen hat», erklärten die Verfasser. Verbunden sei das «mit der Forderung auf den Verzicht des Staates, in die Wirtschaft einzugreifen, der Reprivatisierung von Unternehmen, der Einschränkung der Subventionen mit dem Ziel, sie gänzlich abzuschaffen, dem Verzicht des Staates, die Importpolitik zu bestimmen» – ein Albtraum für die ostdeutschen Kommunisten.

Die Empfehlung in der Lagebeschreibung lautete deshalb: «Es ist notwendig, alles zu tun, damit dieser Weg vermieden wird.» Doch wie? Darauf wusste auch die fünfköpfige Arbeitsgruppe keine Antwort. Ein Plan B fehlte. Zwar präsentierten die SED-

Wirtschaftsstrategen einige halbherzige Reformvorschläge, an die sie allerdings selbst nicht glaubten. Auch «in hoher Dringlichkeit und Qualität durchgeführt», könnten sie nicht den erwünschten Erfolg bringen. Dafür sei es endgültig zu spät: «1985 wäre das noch mit großen Anstrengungen möglich gewesen. Heute besteht diese Chance nicht mehr. Allein ein Stoppen der Verschuldung würde im Jahre 1990 eine Senkung des Lebensstandards um 25–30 Prozent erfordern und die DDR unregierbar machen.» Selten in der Weltgeschichte ist ein Land auf vergleichbare Weise abgewirtschaftet worden.

Fiel die Beschreibung der Lage schon düster genug aus, so erfuhren die Angehörigen des Politbüros die volle Wahrheit nicht. Sie war in der *Geheimen Kommandosache b 5 – 1156/89* enthalten, einer dreiseitigen Zusatzinformation, in die nur Generalsekretär Egon Krenz und Willi Stoph Einsicht nehmen durften. Dem Kassiber konnten die Spitzenfunktionäre entnehmen, dass die DDR «weitestgehend von kapitalistischen Kreditgebern abhängig» war: «Die jährliche Kreditaufnahme liegt bei 8–10 Mrd. VM. Das ist für ein Land wie die DDR eine außerordentlich hohe Summe, die bei ca. 400 Banken jeweils mobilisiert werden muss.»

Eingeweiht wurden Krenz und Stoph nun auch in kriminell anmutende Machenschaften. Mit geschickter Wechselreiterei hatte man nicht vorhandene Liquidität vorgetäuscht. Die DDR hatte beträchtliche Beträge auf Auslandskonten stehen lassen, obwohl sie deshalb gezwungen war, für fällige Verbindlichkeiten Hochzinskredite aufzunehmen. Die Geldgeber wurden arglistig hinters Licht geführt. Das sei für die Kreditwürdigkeit sehr positiv, stand in der Geheimen Kommandosache, bleibe «für die tatsächliche Verschuldung jedoch wirkungslos».

Ganz offen wurde im Politbüro nun über letzte Dinge nachgedacht. Zur Sicherung der Zahlungsfähigkeit im Jahr 1991 sei es «unerlässlich, zum gegebenen Zeitpunkt mit der Regierung der BRD über Finanzkredite in Höhe von 23 Mrd. VM über bisherige Kreditlinien hinaus» zu verhandeln. Doch was dafür bieten? Belastbare Sicherheiten fehlten. Sogar die Bonner Zusagen für die Transitpauschale bis Ende 1995 waren schon zu Geld gemacht, das man ausgegeben hatte. Deshalb sah der Kreis um Schürer nur ein Pfund, mit dem man wuchern konnte: Warum nicht die «Staatsgrenze West», also die Mauer, zu Geld machen? «Um der BRD den ernsthaften Willen der DDR zu unseren Vorschlägen bewusst zu machen, ist zu erklären, dass (...) noch in diesem Jahrhundert solche Bedingungen geschaffen werden könnten, die heute existierende Grenze zwischen beiden deutschen Staaten überflüssig zu machen», steht allen Ernstes im Schürer-Papier. Ein Dreivierteljahr zuvor hatte Honecker erklärt, die Mauer werde «so lange bleiben, wie die Bedingungen nicht geändert werden, die zu ihrer Errichtung geführt haben. Sie wird in fünfzig und auch in hundert Jahren noch bestehen bleiben, wenn die dazu vorhandenen Gründe nicht beseitigt sind.»

Maueröffnung aus Gründen des Machterhalts: Wie ein Ertrinkender klammerte sich die SED-Riege an den letzten Halm, der sich bot. Dabei ließ man weder ideologische Prinzipien noch moralische Skrupel erkennen, legte aber bemerkenswerte Energien an den Tag, um die Spuren der Planspiele zu verwischen. Jene Passage im Schürer-Papier, in dem der Vorschlag unterbreitet wurde, die Staatsgrenze für neue Kredite zu opfern, blieb in der Reinschrift des Politbüro-Protokolls unerwähnt. Zum Glück fand sich ein Original in den Archiven.

Ende Oktober 1989 billigte das Politbüro die Schürer-Vorlage ohne längere Aussprache und beschloss, die Inhalte der Parteiöffentlichkeit lediglich in «ausgewogener Form» mitzuteilen. Die Verantwortung für den verheerenden Ausgang des Experiments von der «Einheit der Wirtschafts- und Sozialpolitik» wollte keiner der Anwesenden auf sich nehmen. Am 1. November 1989, einen Tag nach der Krisensitzung, unternahm Egon Krenz in Moskau einen allerletzten Versuch, noch zu retten, was nicht mehr zu retten war. Doch Michail Gorbatschow war nicht mehr bereit, der DDR zu helfen.

1991 erklärte Honeckers oberster Planwirtschaftler Günter Mittag: «Ohne die Wiedervereinigung wäre die DDR einer ökonomischen Katastrophe mit unabsehbaren sozialen Folgen entgegengegangen, weil sie auf Dauer allein nicht überlebensfähig war.»[43] Für die Sanierung der DDR mussten nun andere aufkommen.

Zweiter Teil

Abstieg Ost

Die große und die kleine Wiedervereinigung

Die Wiedervereinigung traf die Westdeutschen wie ein Blitz aus heiterem Himmel. Die vielen Fehler, die nach dem 3. Oktober 1990 gemacht wurden, waren deshalb zwangsläufig – so etwa lautet die gängige These. Sie ist nur die halbe Wahrheit. Denn die alte Bundesrepublik hatte schon lange vor dem Umsturz in der DDR das Wiedervereinigen geübt. Sie konnte deshalb ausgiebig die Folgen studieren. Man wusste also ganz genau, welche langfristigen Risiken und Gefahren mit einem solchen Schritt verbunden waren. Oder besser gesagt: Man hätte es wissen können.

Am 1. Januar 1957 trat das Saarland als elftes Bundesland der Bundesrepublik bei. Die mit dieser «kleinen Wiedervereinigung» gesammelten Erfahrungen gaben 1990 keineswegs Anlass zu übertriebener Zuversicht. Im Gegenteil, Ende der fünfziger Jahre ging der Probelauf für die «große Wiedervereinigung» gründlich schief. Das Beispiel des Saarlandes hatte gezeigt, dass sich ökonomische Nachteile als Folge einer vorübergehenden staatlichen Teilung kaum wieder wettmachen ließen. Obwohl die «kleine Wiedervereinigung» in der Boomphase des westdeutschen Wirtschaftswunders stattfand, zählt sie zu den unrühmlichen Kapiteln der erfolgsverwöhnten Bundesrepublik.

Die Deutsche Demokratische Republik war 1990 eines der am dichtesten besiedelten Länder Europas. Hier lebten mehr Menschen als heute in Irland, Litauen, Lettland, Estland, Zypern, Luxemburg und Malta zusammen. Wäre Ostdeutschland noch immer ein eigenständiger Staat, würde er mit seinen knapp 15 Millionen Einwohnern unter den gut zwei Dutzend Mitgliedsländern der Europäischen Union einen beachtlichen achten Rang einnehmen – hinter den Niederlanden, vor Griechenland, Belgien und Tschechien. Im Gegensatz dazu war das Saarland eine Miniatur auf der europäischen Landkarte. Mit 2570 Quadratkilometern hatte die Region zwischen Lothringen und Luxemburg gerade 2,4 Prozent der Fläche der DDR. Zur Bundesrepublik kamen mit ihrem Beitritt 960 000 Saarländer hinzu. Die «kleine Wiedervereinigung» war damit ein überschaubares Ereignis. Anders als im Falle Ostdeutschlands bestanden beim Saarland auch deshalb viel günstigere Voraussetzungen bei der Wiedereingliederung, weil weder das Privateigentum noch das freie Unternehmertum zerstört worden waren.

In einer Hinsicht allerdings glichen sich die beiden deutschen Teilgebilde: Das Saarland, faktisch ein französisches Halbprotektorat, und die DDR, ein von der Sowjetunion dominierter und abhängiger Staat, waren formal selbständig. Das Saarland hatte eine eigene Verfassung, eine eigene Flagge, eine eigene Hymne und eine eigene Währung: «Un Mark» stand auf der einen Seite der kleinste Geldnote, «Eine Mark» auf der anderen. Das Land leistete sich sogar eine eigene Olympiadelegation. Und eine eigene Fußballnationalmannschaft, die das «Wunder von Bern» hätte vereiteln können, das der westdeutschen Nachkriegsgesellschaft ihren Stolz wiedergab. Doch in der Qualifikation zur Fußballweltmeisterschaft in der Schweiz 1954 unterlagen die Saar-Kicker der Elf von Sepp Herberger sowohl im Hin- als auch im Rückspiel.

Bundeskanzler Konrad Adenauer hatte die Saarregion, die schon einmal mit dem Versailler Vertrag vom 28. Juni 1919 aus der deutschen Republik herausgelöst worden war, ebenso abgeschrieben wie die Sowjetzone. Die Zweiteilung im Westen sollte mit den Pariser Verträgen von 1954, die er mit seinem französischen Amtskollegen Pierre Mendès-France aushandelte, bekräftigt werden. Das darin vereinbarte «Saarstatut» lief letztlich auf eine Europäisierung der Region hinaus, sie sollte bis zum Abschluss eines Friedensvertrages mit Deutschland einem Kommissar der Westeuropäischen Union unterstellt werden.

Weder Adenauer noch Mendès-France hatten den geringsten Zweifel, dass die Saarländer dem Saarstatut zustimmen würden. Doch es kam anders: In dem am 23. Oktober 1955 abgehaltenen Referendum sprachen sich 67,7 Prozent der Saarländer gegen das aus, was Bonn und Paris über ihre Köpfe hinweg vereinbart hatten. Damit votierten sie für «ein erstes und echtes Stück Wiedervereinigung», wie es Außenminister Heinrich von Brentano nannte. Am 14. Dezember 1956 erklärte das saarländische Parlament gemäß Artikel 23 des Grundgesetzes den Beitritt des Landes zur Bundesrepublik zum anstehenden Jahreswechsel. Den gleichen Schritt vollzog die DDR-Volkskammer in ihrer historischen Sondersitzung am 23. August 1990.

Dass beide Beitritte möglich wurden, war jeweils kein Verdienst der amtierenden Bundesregierungen. Auch das ist eine interessante Parallele: Sowohl im Saarland als auch in der DDR waren es die Menschen, die das durchsetzten, was sie empfanden: «Wir sind ein Volk.» Der völlig überraschte Adenauer vollzog prompt eine Kehrtwende und bezeichnete den 1. Januar 1957 als einen «Tag der Freude auch für die Menschen in der Sowjetzone, die daraus Vertrauen für eine Regelung im Osten» schöpfen könnten.

Politisch war damit die «Saarfrage» gelöst, ökonomisch keineswegs. Denn der wirtschaftliche Anschluss erfolgte erst nach einer Übergangsfrist am 6. Juli 1959 und sollte alles andere als reibungslos verlaufen. Das Saarland, ein leistungsstarkes Revier der Montanindustrie, war nach Kriegsende durch eine Währungs- und Zollunion eng an Frankreich gebunden. Die jahrelange Koppelung der Saar-Mark an den Franc sowie die Übernahme des französischen Steuer- und Lohnsystems erwiesen sich für die «kleine Wiedervereinigung» als schwere Hypothek. Die bedeutenden Kohlegruben waren französischer Verwaltung unterstellt. Weil das zu einer Abschottung vom restlichen Deutschland, dem traditionellen Hauptabnehmer der Saar-Produkte, geführt hatte, ließ die Wirtschaftskraft des Saarlandes spürbar nach. Die Industrie litt während des französischen Regiments unter starkem Kapitalmangel, hoher Steuerbelastung sowie einer mangelnden Versorgung mit Ersatzteilen und Maschinen.

Schon 1954 schrieb ein Zeitgenosse: «Der ursprüngliche Reichtum des Landes, das Steinkohlevorkommen und die auf ihm beruhende Bergbau- und Hüttenindustrie, hat sich unverkennbar zu einer Quelle wirtschaftlicher Gefahren entwickelt.»[44] Ohne Entlassungen von Personal müssten Gruben und Hütten Verluste ausweisen, weil sie ihre Konkurrenzfähigkeit eingebüßt hätten. Nach dem Beitritt zur Bundesrepublik stellte ein Saarland-Forscher 1958 fest: «Nur ein ausgeklügeltes System (...) von Subventionen ermöglicht es der saarländischen Produktion, auf dem Weltmarkt in Erscheinung zu treten.»[45]

Von dem Schock der verspäteten Wiedereingliederung hat sich das Saarland bis heute nicht erholt. Das jüngste westdeutsche Bundesland hängt seit fast einem halben Jahrhundert am Tropf. Schon Ende der Fünfziger gab es spezielle Wiedereingliederungshilfen. Seitdem erhält Saarbrücken regelmäßig hohe Leistungen aus dem Länderfinanzausgleich. Trotzdem geriet das Bundesland 1994 in einen Haushaltsnotstand und war anschließend zehn Jahre lang auf Sanierungshilfen des Bundes angewiesen. Gemeinsam mit Schleswig-Holstein leidet das Saarland unter der höchsten Pro-Kopf-Verschuldung aller westdeutschen Flächenländer. Auch in demographischer Hinsicht hinterließ der verspätete Beitritt seine Spuren: Das Saarland hat die älteste Bevölkerung Westdeutschlands.

Würde man alle Leistungen auflisten, die das Saarland in den bald fünf Jahrzehnten seit der Wiedervereinigung erhalten hat, kämen beeindruckende Summen zusammen. Dennoch konnten die Strukturprobleme nicht überwunden werden. Wie soll das erst im viel größeren Ostdeutschland gelingen? Muss dort nicht mit ganz anderen Summen und viel längeren Zeiträumen kalkuliert werden?

Wohl gibt es beachtliche Beispiele für geglückte Aufholjagden unterentwickelter Staaten. Dazu zählt Irland, das Mitte der sechziger Jahre eines der Armenhäuser Europas war und in den achtziger Jahren erst das Wirtschaftsniveau Griechenlands erreicht hatte. In den Neunzigern waren Wachstumsraten von über acht Prozent die Regel. Inzwischen weist der «keltische Tiger», von der Rating-Agentur Moody's als «stärkste Volkswirtschaft West-Europas» geadelt, nach dem Herzogtum Luxemburg die zweithöchste Wirtschaftsleistung pro Einwohner in der EU auf.[46] Wie ein Magnet zieht Irland dank niedrigerer Gewinnsteuern ausländisches Kapital an.

Allerdings hat sich erwiesen, dass rückständige Regionen innerhalb eines Staatsgefüges selten erfolgreich aufschließen. Wenn überhaupt, stellen sich Fortschritte nur zäh und erst nach extrem langer Zeit ein. Nach dem Sezessionskrieg in den Vereinigten Staaten benötigten die Südstaaten mehr als 130 Jahre, um wirtschaftlich den Anschluss zum Norden zu finden. Trotz jahrzehntelanger Unterstützung aus Brüssel ist es dem südportugiesischen Alentejo nicht gelungen, den Abstand zum leistungsstarken Norden entscheidend zu verringern. In Spanien stehen Galicien und die Estremadura für fehlgeschlagene Integration.

Der italienische Nationalstaat wiederum plagt sich seit mehr als 130 Jahren mit einer historischen Erblast, die nicht leichter werden will: Das Gefälle zwischen dem unterentwickelten Süden und dem prosperierenden Norden ist seit der Einigung des Landes im Jahr 1870 eine feste Konstante. Die schwelende «Südfrage» führte häufig zu einem inneritalienischen Rassismus und drohte mehrfach das Staatsgefüge zu sprengen. Noch so viele Subventionen konnten den Gegensatz nicht auflösen. «Am Ende der achtziger Jahre erzeugte die Regierung durch Lohn- und Transferzahlungen zirka 50 Prozent des verfügbaren Einkommens der südlichen Haushalte gegenüber 36 Prozent in 1970», stellte die EU-Kommission 1998 fest. Auch wenn die hohen Zuwendungen, die nach der Überzeugung vieler Beobachter die Unterentwicklung gefestigt

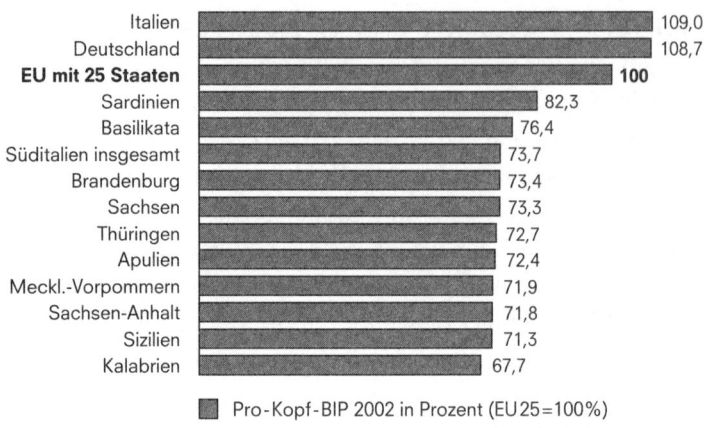

Italien	109,0
Deutschland	108,7
EU mit 25 Staaten	**100**
Sardinien	82,3
Basilikata	76,4
Süditalien insgesamt	73,7
Brandenburg	73,4
Sachsen	73,3
Thüringen	72,7
Apulien	72,4
Meckl.-Vorpommern	71,9
Sachsen-Anhalt	71,8
Sizilien	71,3
Kalabrien	67,7

■ Pro-Kopf-BIP 2002 in Prozent (EU25=100%)

Abb. 1 Die Wirtschaftskraft Süditaliens und der Ost-Länder
Quelle: Eurostat

haben, längst wieder gesenkt wurden – der Mezzogiorno ist das Musterbeispiel für misslungene Angleichung. Doch Vergleiche zwischen dem Mezzogiorno und Ostdeutschland werden hierzulande oft als Zumutung empfunden. Welch ein Hochmut: Der Mezzogiorno hat relativ mehr Industriebeschäftigte als Ostdeutschland. Bei der Wirtschaftskraft[47] gibt es zwischen Sachsen-Anhalt und Sizilien so gut wie keinen Unterschied, Sardinien steht besser da als Sachsen (Abb. 1). Ganz abgesehen davon verfügt Italien über reichhaltige Erfahrungen mit verschiedenartigen Versuchen, ein wirtschaftliches Gefälle einzuebnen. Schon 1950 wurde eine «Südkasse» genannte Entwicklungsfördergesellschaft, die *Cassa per il Mezzogiorno*, eingerichtet. Es folgte ein mehr als drei Jahrzehnte währender Kraftakt.

Dabei wurden bereits alle Konzepte und Instrumente ausprobiert, über deren Sinn heute in den neuen Ländern hitzig gestritten wird – ob nun Investitionszuschüsse oder Steuererleichterungen, ob der staatlich forcierte Ausbau der Infrastruktur, ob flächendeckende Förderung oder gezielte Unterstützung von

Wachstumspolen. Ab 1957 verpflichtete Rom sogar Staatskonzerne, sechzig Prozent ihrer Neuinvestitionen im Süden zu tätigen.

Bis 1984 flossen über die Südkasse umgerechnet 244 Milliarden D-Mark in die Region – die *contributi a pioggia*, der Regen an Zuschüssen, hat am Niveauunterschied zum Norden wenig geändert. Deutschland könnte also viel von Italien lernen. Trotzdem wird hierzulande behauptet, die fehlgeschlagene Entwicklung des Mezzogiorno und der noch in vollem Gang begriffene Aufbau Ost seien unvergleichbar. Anders als die Süditaliener verfügten die Menschen in den neuen Ländern schließlich über ausgeprägte Erfahrungen mit einer Industrie- und Wissensgesellschaft und hätten außerdem den Fleiß in den Fingerspitzen. Traf das 1957 nicht auch auf die Saarländer zu?

Zusammenbruch und Hoffnung:
Der künstliche Bauboom

Auf kuriose Weise wurde Joseph Schumpeter zum Paten der Wiedervereinigung. Das Denkmodell, das der berühmte Nationalökonom vor fast hundert Jahren ersann, schien perfekt auf die neuen Länder zu passen: Schumpeter glaubte, dass erst durch «einen Prozess der schöpferischen Zerstörung» die Wirtschaft ihre vorwärts treibende Dynamik erhält. Er dachte dabei aber an eine kreative Veränderung von innen heraus – und nicht an das Plattmachen einer ganzen Wirtschaft.

Die Einheitspolitiker des Jahres 1990 verstanden Schumpeter leider völlig falsch. Es schien so logisch: Musste nicht erst alles Alte untergehen, damit das Neue prächtig zur Entfaltung kommen konnte? Warum sich mit einem industriellen Schrotthaufen plagen – war es da nicht sinnvoller, marode Fabriken dem Erdboden gleichzumachen, um sie auf der grünen Wiese wieder hochproduktiv entstehen zu lassen?

Nach 15 Jahren fällt das Ergebnis verheerend aus. Zerstört

wurde zwar viel, aber entstanden ist viel zu wenig. Hätte man sich nicht doch stärker bemühen müssen, vorhandene Strukturen zu bewahren? Glich es nicht einem Wahnsinn, eine Volkswirtschaft fast komplett abzuwickeln, um sie dann mehr oder weniger von Grund auf wieder aufzurichten? War der Preis für das radikale Abräumen nicht viel zu hoch? Schumpeter jedenfalls hätte wohl jede Verantwortung für dieses Ergebnis abgelehnt.

Betrachtet man ostdeutsche Realität seit der Wiedervereinigung im Zeitraffer, so fällt ein ständig wiederkehrendes Motiv auf: Die Hoffnung auf Besserung endete stets im Katzenjammer. 1990 waren die Erwartungen hochfliegend – doch nach einem kurzen wärmenden Strohfeuer erlosch schon Mitte der neunziger Jahre jegliche Energie. In der Endphase von Helmut Kohls Regierungszeit wurde deshalb ein «Bündnis Ost» ins Leben gerufen – es erreichte das Gegenteil der verkündeten Ziele. Dann kam Gerhard Schröder und versprach vollmundig, den Aufbau Ost zur «Chefsache» zu machen – alles wurde nur noch schlimmer.

Jetzt soll der Solidarpakt II die Wende bringen. Doch warum sollte fortan gelingen, was in der Vergangenheit regelmäßig danebenging? Vielleicht hätte man sich vor der Verabschiedung des neuen Paktes gründlicher mit den Erfahrungen der letzten 15 Jahre auseinander setzen sollen. Es wäre eine lohnende Beschäftigung gewesen.

Mit dem Untergang der DDR landeten auch die berüchtigten Fünfjahrpläne, die ein riesiger Bürokratenapparat erstellt hatte, um eine gesamte Volkswirtschaft bis hin zur Produktion der letzten Gewindeschraube zu steuern, auf dem Müllhaufen der Geschichte. Doch auch wenn danach die ostdeutsche Ökonomie ganz anderen Gesetzmäßigkeiten unterworfen war, hielt sich ihre Entwicklung im Großen und Ganzen an den gewohnten Rhythmus. Die Nachwendezeit lässt sich also in drei etwa gleich lange Phasen aufteilen: die Jahre des Zusammenbruchs und der Hoffnung (1991 bis 1995), die Jahre der Stagnation und Ernüchterung

(1996 bis 2000) sowie die Jahre des Niedergangs und der Selbsttäuschung (2001 bis 2005). Die erste Phase sollte sich als die turbulenteste erweisen – und die folgenreichste für den Einheitsprozess. Der Arbeiter-und-Bauern-Staat verabschiedete sich mit einem Paukenschlag. Mit dem Wechsel von der Kommando- zur Marktwirtschaft brachen Beschäftigung und Produktion in einem Umfang ein, der in der jüngeren Wirtschaftsgeschichte ohne Beispiel ist. Zwischen 1989 und 1991 sank die Zahl der Erwerbstätigen in Ostdeutschland um fast ein Drittel von 9,64 auf 6,52 Millionen. Gleichzeitig schrumpfte das Bruttoinlandsprodukt, also der Wert aller produzierten Waren und Dienstleistungen, um rund 40 Prozent.

Kein anderes postkommunistisches Land in Europa musste für das Eintrittsbillett ins kapitalistische Zeitalter einen ähnlich hohen Preis entrichten. Was war geschehen? Zum einen forderte nun das sozialistische Experiment seinen Tribut. Die meisten Fabrikmaschinen stammten aus den fünfziger Jahren, manche gar aus der Weimarer Republik oder der Kaiserzeit. Wettbewerb war mit diesen Museumsstücken nicht möglich. Die DDR war eine Wirtschaft von vorgestern. Auch in den früheren Bruderstaaten war nicht modernisiert worden, doch in Ostdeutschland kam eine fatale Lohnspirale hinzu. Sie ließ die Wirtschaft endgültig auf die schiefe Bahn geraten.

Anfang 1990 erhielt ein DDR-Industriearbeiter pro Stunde dürftige 7,4 Prozent vom vergleichbaren Lohn seines Kollegen in der Bundesrepublik – jedenfalls wenn die niedrigen Lebenshaltungskosten im Osten unberücksichtigt bleiben. Bis Ende 1990, nach Währungsunion und Wiedervereinigung, hatte sich der Stundenlohn in der Ost-Industrie bereits auf 36,8 Prozent verteuert. Mitte 1991 wurde schon die 50-Prozent-Marke genommen. Ein wahres Wirtschaftswunder: Bei den Stundenlöhnen überholten die neuen Bundesländer 1990 Griechenland, 1991 Irland und 1992 die USA.[48] Doch die Produktivität kam nicht hinterher. Das lag nicht etwa am mangelnden Leistungswillen der

Ostdeutschen. Ihnen fehlten nur die Voraussetzungen, um so schnell zu den Einkommen in den alten Ländern aufzuschließen. Die Telekommunikation war auf dem Stand eines Entwicklungslandes. Ein Viertel der Fernmeldetechnik stammte noch aus den dreißiger Jahren, ein Drittel war weitgehend unbrauchbar. Die wenigen Ost-West-Leitungen waren permanent überlastet, selbst mit dem C-Funk-Netz, damals letzter Schrei, gelang es nur in Ausnahmefällen, einen westlichen Geschäftspartner zu erreichen. Erst in der zweiten Hälfte der neunziger Jahre war der Telefonnotstand behoben. Doch nicht nur bei der Technik haperte es. Kaum jemand wusste, wie eine moderne Marktwirtschaft funktioniert.

Der Ausschluss vom Wettbewerb, die Abschottung von den Weltmärkten und die Zerstörung von Managementwissen zeigten Wirkung. Die Verständigung war schwierig. Nicht von Marketing, Steuerrecht und Managementmethoden redete der Ost-Ökonom, sondern von Akkumulationskosten, Typung und Schichtnutzungskoeffizienten. Um die innerdeutsche Sprachbarriere zu überwinden, gab es ein «Deutsch-deutsches Wörterbuch für Wirtschaft und Management».

Die Erneuerung des Maschinenparks hielt ebenfalls nicht mit dem rasanten Lohntempo Schritt. Doch Gewerkschaften und Arbeitgeber, beide von westdeutschen Funktionären dominiert, befürchteten, es könne im eigenen Land eine Billiglohnkonkurrenz entstehen – das hätte den Westen Aufträge und damit Arbeitsplätze kosten können. Der Staat hielt sich aus der Lohnfindung vornehm heraus. Die ostdeutsche Bevölkerung wiederum verstand eine schnelle Angleichung der Einkommen als ein schlichtes Gebot der Gerechtigkeit. Selbst die CDU plakatierte in Wahlkämpfen den populistischen Slogan «Gleicher Lohn für gleiche Arbeit». Doch gleich – gleich effektiv und profitabel – war die Arbeit in West und Ost eben nicht. «Die Schnellanpassung der Löhne», notierte der frühere Wirtschaftsminister Karl Schiller, bedeutete «einfach flächendeckende Arbeitsplatzvernichtung».

Aufschlussreich ist ein Vergleich mit Schleswig-Holstein. Das strukturschwache Bundesland mit geringen Industrieanteilen war, gemessen an Ostdeutschland, fast ein Wirtschaftsgigant. 1991 wurden mehr Waren hergestellt und Dienstleistungen erbracht als in den traditionsreichen Wirtschaftsregionen Sachsen-Anhalt und Thüringen zusammen – und zwar mit halb so vielen Einwohnern. Zu Schleswig-Holstein schlossen die neuen Länder mit erheblicher Schlagseite auf: Bei den Lohnkosten je Beschäftigtem, den so genannten Arbeitnehmerentgelten, waren 1995 bereits gut 82 Prozent des schleswig-holsteinischen Niveaus erreicht, bei der Leistungskraft hingegen erst rund 46 Prozent.[49] 82 zu 46: Mit dieser Relation war der Standort Ost zum Siechtum verurteilt.

Das Leipziger Arbeitsamt, erst am 1. Juli 1990 eröffnet, registrierte Woche für Woche tausend neue Arbeitslose. «Für das restliche Jahr haben Betriebe 11 000 zusätzliche Entlassungen angekündigt, und das ist bestimmt noch nicht die ganze Wahrheit», berichtete Arbeitsamtsdirektor Lothar Meyer im August. Die Arbeitgeber hatten ihm mitgeteilt, dass sie zusätzlich mindestens 57 000 Beschäftigte in Kurzarbeit schicken würden. Nur 1575 offene Stellen waren gemeldet. Neue Arbeitsplätze schufen allein die Arbeitsämter selbst. Und auch das war schwierig. In Leipzig konnten 215 von bewilligten 630 Planstellen nicht besetzt werden – es fehlten Büroräume.

Schon im März 1991 lebte in Leipzig die Montagsdemonstration wieder auf, bis zu 60 000 Teilnehmer gingen auf die Straße. Statt «Helmut nimm uns an die Hand und führ uns ins Wirtschaftswunderland» stand nun auf den Transparenten: «Von Honecker belogen, von Kohl betrogen». 1991 wurden in Ostdeutschland durchschnittlich 1,5 Millionen Arbeitslose gezählt. Außerdem sammelten 1,67 Millionen Menschen erste Erfahrungen mit der «Kurzarbeit null». Eine Mogelpackung: Nur pro forma standen die Werktätigen noch auf der Gehaltsliste der Betriebe, die nun kapitalistischen Prinzipien unterworfen waren und Personal loswerden wollten.

Spektakuläre Pleiten sorgten für Schlagzeilen in der Boulevardpresse. Die reißerischen Darstellungen, die es zu DDR-Zeiten nicht gegeben hatte, jagten den Ostdeutschen einen gehörigen Schrecken ein. Der Dresdner Kamerahersteller Pentacon mit 5000 Beschäftigen war einer der ersten großen Industriebetriebe, der «abgewickelt» wurde, wie das Stilllegen von Fabriken hieß. Das Unternehmen hatte Kameras der Marke «Praktica» montiert, die vor der Wende auch im Ausland begehrt waren. Dort hielt man im Segment der Spiegelreflexkameras hohe Marktanteile – in den Niederlanden 30, in Großbritannien 24, in Frankreich zwölf und in der Bundesrepublik fünf Prozent. Im Vergleich zu den meisten Ost-Unternehmen, deren oft minderwertige Erzeugnisse kaum jemand kannte, hatte Pentacon ein international eingeführtes Produkt im Angebot.

Das traditionsreiche Unternehmen, ein Symbol für sächsischen Fleiß und Erfindungsreichtum, verfügte über ein positives Image: 1936 war die erste Spiegelreflexkamera, 1949 die erste Spiegelreflex-Kleinbildkamera der Welt entwickelt worden. Doch es half nichts: Die Produktion, die zu DDR-Zeiten in erheblichem Umfang subventioniert worden war, um Devisen einzunehmen, hatte unter Marktbedingungen keine Chance. Die Herstellungskosten bei dem für 400 D-Mark angebotenen Spitzenfabrikat «Praktica BMS» übertrafen die Erlöse deutlich. Kein Wunder: Von 800 Teilen einer Kamera wurden 720 Artikel in 58 eigenen Betriebsstätten hergestellt – das entsprach einer so genannten Fertigungstiefe von 90 Prozent. International üblich waren zehn Prozent. Ende 1990 riss der Film: Pentacon wurde geschlossen.

Selbst lange gewachsene Handelsbeziehungen ließen sich nicht in die Zukunft retten. Da Hartwährung den Transferrubel ablöste, brach der Warenaustausch mit den postsozialistischen Staaten fast vollständig zusammen. Dorthin gingen 1988 annähernd 60 Prozent der DDR-Industrieexporte.

Weil der Aufschwung Ost ausblieb, wurde immer häufiger der Aufstand Ost geprobt: Betriebsbesetzungen kamen in Mode, und die Krise drohte auszuufern. Doch es sollte anders kommen.

Plötzlich tuckerte der Konjunkturmotor, gezündet von der Bauwirtschaft. Steuergeschenke hatten die Branche förmlich in einen Rauschzustand versetzt. Dank Sonderabschreibungen («Sonder-Afa Ost»), mit denen vornehmlich «Besserverdienende» (Uniprofessoren, Zahnärzte, Handwerksmeister) aus Westdeutschland ihre Steuern erheblich mindern konnten und die den Staat Milliarden kosteten, flossen gigantische Investitionen in den Ost-Bau. Von diesem Strom profitierten auch Finanzdienstleister, Makler, Fondsspezialisten und Notare, die in den neuen Ländern überall neue Filialen eröffneten.

Über der Leipziger Innenstadt drehten sich bald mehr als 200 Kräne. Trotz bedrückender Arbeitslosigkeit in Ostdeutschland reisten Wanderarbeiter aus Portugal, Irland und Polen an, um sich auf den wie Pilze aus dem Boden schießenden Baustellen für wenig Geld zu verdingen. Europaweit einmalig: Von 1992 bis 1995 hatte das Baugewerbe ein durchschnittliches Wachstum von 18,4 Prozent. Damit konnte der Verfall der ostdeutschen Städte gestoppt werden, und sie erwachten zu neuem Leben.

Die gesamte ostdeutsche Wirtschaft expandierte in den Jahren 1993 und 1994 mit Traumraten von 11,9 und 11,4 Prozent. Plötzlich konnte die Treuhandanstalt, die als weltweit größte Staatsholding für marode Ost-Betriebe neue Eigentümer finden musste, Investoren mit dem Versprechen locken, sie würden sich in «der am schnellsten wachsenden Region Europas» engagieren. Flugs ernannte sich Leipzig zur «Boomtown» und «Wachstumshauptstadt Deutschlands». In ihrer Standortwerbung verglich sich die Kommune ganz ungeniert mit asiatischen Tigerstaaten. Doch der Dünger, der die Landschaften schnell erblühen ließ, war vergiftet.

Errichtet wurden Büroräume und Wohnungen, die heute leer stehen, weil es für sie keine Mieter gibt. Damit wurden nicht nur die Immobilienmärkte für Jahrzehnte aus dem Gleichgewicht gebracht. In den ostdeutschen Städten veröden ganze Wohnbezirke. Was erst mit Steuergeldern errichtet wurde, muss nun mit Fördergeldern wieder abgerissen werden. Von dem Nationalökonomen

John Maynard Keynes (1883–1946), einem Zeitgenossen Schumpeters, stammt das berühmte «Flaschenmodell». Um die Wirtschaft wieder zum Laufen zu bringen, soll der Staat danach Arbeiter beauftragen, ein Loch auszuheben, darin Flaschen zu vergraben und es anschließend wieder zuzuschütten. Diese unnütze, aber bezahlte Beschäftigung sei aus ökonomischer Sicht besser, als nichts zu tun. In Ostdeutschland bestand das Modell seinen Praxistest leider nicht – verbuddelt wurde nur das Geld der Steuerzahler. Der Bau boomte künstlich, und das verarbeitende Gewerbe dümpelte vor sich hin. In Leipzig, der größten Stadt Ostdeutschlands, hatten von einst hunderttausend Industriearbeitern weniger als 15 000 noch einen Job, später wurde sogar ein Tiefststand von weniger als zehntausend Beschäftigten erreicht. Gegen Ende des ersten Jahrfünfts wurde dann auch noch der Bauboom durch eine Pleitewelle gestoppt – sie sollte bis weit ins neue Jahrtausend wüten.

In Konkurs ging auch das Unternehmen eines Mannes, der den Banken Milliarden schuldete: Der Immobilientycoon Jürgen Schneider hatte nach der Wiedervereinigung den Osten entdeckt und verschiedenen Finanzinstituten mit gefälschten Dokumenten immer neue Kredite abgeschwatzt. Doch der Schaden war geringer als befürchtet. Die Banken führten fast alle Bauvorhaben, die Schneider begonnen hatte, zu Ende, um einen Totalausfall ihrer Kredit-Engagements zu verhindern.

Von Jürgen Schneiders Gaunereien profitierte vor allem die Leipziger Innenstadt – er wurde trotz Konkurs zum Medienstar. Andere Pleitiers verließen die Bühne geräuschlos. Etwa Hans Ritter. Der Thüringer Bauernsohn hatte 1990 einen kleinen Baubetrieb mit 40 Mitarbeitern eröffnet. Gut zwei Jahre später standen 2700 Beschäftigte auf seiner Gehaltsliste. Von der Klitsche zum Imperium: In Ostdeutschland ging ein amerikanischer Traum in Erfüllung, der nicht vom Tellerwaschen handelte, sondern von Kelle und Mörtel. Und von harter Arbeit. Von der großen weiten Welt hatte sich Ritter nach dem Mauerfall gerade einmal fünf Tage

Urlaub in Österreich gegönnt. Selbst als der Umsatz längst die zweistellige Millionenhöhe erreicht hatte, fuhr er noch einen Gebrauchtwagen der Marke «Wartburg».

Um den Konzern voranzubringen, beteiligte er eine französische Bank mit 25 Prozent an seiner Baugruppe, in der er ganz bewusst auf ostdeutsche Führungskräfte setzte: «Sie sind kreativer, lernwilliger, unkomplizierter, pragmatischer.» Die rund 20 Gesellschaften des Unternehmers operierten in Thüringen, Sachsen, Brandenburg und sogar in Polen. Ritters steiler Aufstieg erfüllte viele Ostdeutsche mit Stolz: Einer von ihnen hatte es geschafft. Doch die Eigenkapitaldecke war dünn. Trotzdem wollte Ritter expandieren. Er setzte sich 1993 gegen britische und österreichische Konkurrenten durch und erhielt von der Treuhandanstalt den Zuschlag für eine Leipziger Bauaktiengesellschaft, die zweistellige Millionenverluste machte. Die Sanierung der Gesellschaft fiel ausgerechnet in die Phase des Bauabschwungs. Was tun, wenn ein von der Regierung angefachtes Strohfeuer verglimmt? Einer der größten Arbeitgeber der neuen Länder, zudem von ostdeutscher Herkunft, war mit der Sanierung überfordert. 1995 kam mit der Flaute der Absturz. Schicksale wie die von Ritter hat es damals in den neuen Ländern gleich zehntausendfach gegeben, auch wenn oft nur fünfzehn oder fünf Menschen dadurch ihre Arbeit verloren.

Stagnation und Ernüchterung:
Die abgeräumte Industrie

Mit dem Eintauchen in das zweite Jahrfünft von 1996 bis 2000 verbreitete sich unter den Ostdeutschen zunehmend Frust. Man war zum Neubeginn entschlossen, hatte gezeigt, dass man sich verändern wollte – alles umsonst. Statt von «Europas Wachstumsregion Nummer eins» war immer häufiger von «einem der rückständigsten Gebiete der EU» die Rede. Die neuen Länder und Ostberlin trugen kümmerliche drei Prozent zu den Exporten von

Deutschland bei, die Steuerkraft je Bürger erreichte erst 31 Prozent des West-Niveaus. Deprimierend war vor allem der Verlauf der Wachstumskurve, die ihre Richtung gewechselt hatte und so lange an Höhe verlor, bis sie unter das West-Niveau fiel. Den Skeptikern versicherte Kanzler Kohl, das Ausland würde den Deutschen die Bewältigung der Einheit auf wirtschaftlichem Gebiet selbstverständlich zutrauen. Das war wenig beruhigend, denn es gab Fakten, die auch Optimisten schlecht ignorieren konnten. Als der Freistaat Sachsen 1996 seinen Jahreswirtschaftsbericht vorstellte, zeigte sich, dass die gesamte Wirtschaftskraft des Landes gerade mal dem Konzernumsatz von Daimler-Benz entsprach. In Sachsen lebten 1,95 Millionen Erwerbstätige, der schwäbische Autohersteller zählte 104 000 Mitarbeiter. War das nicht logische Folge der radikalen Schrumpfkur? Im Zeitraffer waren ganze Wirtschaftszweige eingedampft worden.

Besonders arg gebeutelt hatte es die Schuhindustrie. Die Branche wurde zu DDR-Zeiten vom Stammkombinat «Banner des Friedens» gesteuert, das in der traditionsreichen sachsen-anhaltinischen Schuhmetropole Weißenfels seinen Sitz hatte und in dem 48 000 Menschen ihrer Arbeit nachgingen. Weil viel zu tun war, wurden Vietnamesen ins Land geholt. Nun beschäftigte die Branche, die nur noch aus ein paar Splitterbetrieben bestand, weniger als 2000 Menschen. Rund 96 Prozent aller Arbeitsplätze waren verloren. Und selbst für den spärlichen Rest der Schuhmachergilde traf zu, was auch für alle anderen Branchen galt: Das rettende Ufer war nicht erreicht.

Die selbst gebastelte Theorie der schöpferischen Zerstörung zerschellte an der Wirklichkeit. Tatsächlich wurde eines der größten Deindustrialisierungsprogramme der Geschichte abgespult.

Im Mai 1997 rief Kanzler Kohl das «Bündnis Ost» ins Leben. Der runde Tisch, an dem Vertreter von Bund, Ländern, Gewerkschaften, Banken und Industrie Platz nahmen, startete die «Gemeinsame Initiative für mehr Arbeitsplätze in Ostdeutschland». Von 1998 an hoffte man, mit der konzertierten Aktion jährlich

100 000 neue Jobs zu schaffen. SPD und CDU bildeten sogar eine große Koalition, um gemeinsam den Absatz von Ostprodukten zu fördern, die in den Sortimenten des Westhandels lediglich mit einem Anteil von drei Prozent vertreten waren. Zuvor schon hatte sich die Kreditwirtschaft das Versprechen abringen lassen, eine Milliarde D-Mark in den neuen Ländern für solche Betriebe auszugeben, die immer noch keinen privaten Eigentümer hatten.

Das «Bündnis Ost» war ein Fehlschlag: Anders als geplant verringerte sich die Zahl der Erwerbstätigen in der zweiten Hälfte der neunziger Jahre gegenüber Ende 1991 um fast 600 000 auf 5,95 Millionen Menschen. Gleichzeitig pendelte sich die Zahl der Arbeitslosen auf ein ständig höheres Niveau ein. Die Angelsachsen haben das entsprechende Sprichwort dazu: *Economics takes revenge* – die Ökonomie rächt sich stets für eine falsche Politik.

Derweil setzten die Gewerkschaften unbeirrt ihre Politik der aggressiven Lohnerhöhungen fort. Man wollte das westdeutsche Tarifniveau erreichen. In der Metall- und Elektroindustrie war es 1996 schließlich so weit: Bei einer um drei Stunden längeren Wochenarbeitszeit wurden hundert Prozent des Tariflohns West gezahlt. Die magische «100» war knapp drei Jahre zuvor von der Industriegewerkschaft Metall mit dem ersten Streik erkämpft worden, der in Ostdeutschland seit mehr als sechs Jahrzehnten geführt worden war.

Als Folge trat ein Tarifvertrag in Kraft, «der ökonomisch nie zu begründen war und aus politischen Gründen unterschrieben wurde», wie der ostdeutsche IG-Metall-Funktionär Hasso Düvel eingeräumt hatte.[50] Die Stundenlöhne in der gesamten Ost-Industrie, die in Westdeutschland bei 26,36 D-Mark lagen, stiegen 1997 auf 18,57 D-Mark. Sie übertrafen damit sogar die von Frankreich um zwei Mark.

Deutlich niedriger waren sie in Tschechien – das Land hatte mit niedrigen Löhnen und einer konsequenten Abwertungspolitik seine Wettbewerbsposition stärken können. Deshalb kam es dort zu einem Beschäftigungswunder, die Arbeitslosenquote lag sogar unter der in Westdeutschland. Zu diesem Zeitpunkt gab es in Ostdeutschland kein einziges Unternehmen mehr, in dem über 10 000 Mitarbeiter angestellt waren.

Die Politik blieb ebenfalls auf Kurs. Statt den neuen Ländern echte Wettbewerbsvorteile gegenüber dem Westen einzuräumen, wurde so viel Geld wie nie zuvor in die Hand genommen und nicht selten planlos ausgegeben. Überall machten sich Bürgermeister daran, neue Gewerbegebiete zu erschließen. Als das Gewerbe nicht kam, blieben sie auf enormen Folgekosten sitzen und besaßen nun beleuchtete Äcker. Die Landschaften blühten nicht, aber in der Nacht strahlten sie mitunter. Das war der Grundstein für die «Ökonomie des Spaßbades» – sinnlose Investitionen in eine überflüssige Infrastruktur.

Das Auslaufen der Steuervergünstigungen Ende 1997 versetzte der Baukonjunktur nochmals einen kräftigen Schub Richtung Abgrund. Ohnehin war der Nachholbedarf nahezu gesättigt. Der Osten hatte bei Hotelbetten, Büroräumen und Neubauwohnungen fast mit dem Westen gleichgezogen. Vieles von dem, was entstanden war, kündete in seiner Großzügigkeit von geradezu amerikanischer Modernität und ließ die West-Länder manchmal alt und schmuddelig erscheinen. Die futuristischen Tankstellen etwa. Oder der zum piekfeinen Superkaufhaus umgebaute Hauptbahnhof in Leipzig. Die glitzernden Einkaufsparks in der Peripherie großer Städte. Oder die imposant hergerichteten Gründerzeitquartiere im ostsächsischen Görlitz. Warum sollte es nicht anderswo glitzern oder funkeln?

Tatsächlich gab es in Ostdeutschland bald hochmoderne Fabriken – endlich ein Lichtblick bei der Industrie. Das Hüttenwerk von Eko Stahl an der polnischen Grenze in Eisenhüttenstadt, die Werften an der Ostseeküste, die sächsischen und brandenburgischen Standorte des Waggonbaus sowie die Kraftwerke im ganzen Land wurden runderneuert. In Dresden hatte die Siemens-Tochter Infineon eine Halbleiterfabrik eröffnet, der Pharmakonzern Bayer verlagerte seine «Aspirin»-Herstellung von Leverkusen

84

nach Bitterfeld, der französische Mineralölkonzern Elf Aquitaine baute in Leuna nach mehr als zwei Jahrzehnten Europas erste Raffinerie.

Besonders die auf der grünen Wiese errichteten Betriebe waren in aller Regel die produktivsten der Welt. Wo so viel Kapital eingesetzt wurde, spielten selbst relativ hohe Arbeitskosten kaum eine Rolle. Rund um die High-Tech-Inseln siedelten sich wie erhofft Zulieferer an. Von 1996 bis 2000 wuchs das Verarbeitende Gewerbe um gut sieben Prozent. Doch in gleichem Umfang schrumpfte das Baugewerbe. Da dieses einen höheren Anteil an der Wertschöpfung hatte, fiel das Gesamtergebnis negativ aus.

Die damalige Annahme, dass die neuen Länder mit den superneuen Industrieansiedlungen zum moderneren Teil Deutschlands würden aufsteigen können, war am Ende reines Wunschdenken. Das hatte vor allem zwei Gründe: Die imposanten Fertigungsstätten waren meistens als Tochterunternehmen organisiert. Bedeutende Funktionen – Leitung, Marketing, Forschung, Vertrieb, Beteiligungen – verblieben in auswärtigen Konzernzentralen. Dort saß das hoch qualifizierte Personal. Wenn ein solches Know-how fehlt, auf dem der Wohlstand hoch entwickelter Volkswirtschaften beruht, kann auch kein anspruchsvoller Dienstleistungssektor entstehen. Deshalb hat im «Land der verlängerten Werkbänke» bis heute kaum eine namhafte Werbeagentur, PR-Beratung oder Wirtschaftsprüffirma ihren Sitz – in einer Gesellschaft der Glatzen gibt es für Friseure nichts zu tun.

Zum anderen verstellten die stolzen High-Tech-Fabriken den Blick für Relationen. Die Chemieindustrie, mit der Autoindustrie eine der ostdeutschen Musterbranchen, streifte schnell ihr «Plaste-und-Elaste»-Image ab. Nach vollzogener Modernisierung und einem schmerzlichen Abbau der Arbeitsplätze wuchs der Zweig eindrucksvoll (Abb. 2). Doch er war in der zweiten Hälfte der neunziger Jahre nur mit knapp vier Prozent am gesamten Chemieumsatz von Deutschland beteiligt. Im ersten Quartal 2004 waren es immerhin acht Prozent (mit Berlin zehn Prozent). Gemessen

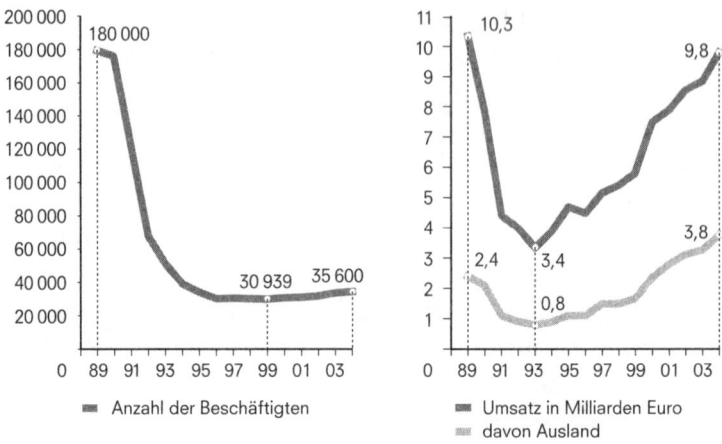

Abb. 2 Die Entwicklung der ostdeutschen Chemie
Quelle: Nordostchemie

am Bevölkerungsanteil müssten es aber gut 18 Prozent (mit Berlin 21 Prozent) sein.

Um zumindest in dieser aufstrebenden Branche mit dem Westen gleichzuziehen, müsste der Osten die Erlöse mehr als verdoppeln. Doch wie soll das gehen? Noch immer liegt der Chemieumsatz in den neuen Ländern unter dem des Jahres 1989, der vielleicht im Jahr 2007 erreicht wird. Das heißt: Erst 17 Jahre nach der Wiedervereinigung erreicht der Osten wieder DDR-Niveau!

Niedergang und Selbsttäuschung:
Die Jobmisere

Als der dritte und bisher letzte Abschnitt des Einheitsprozesses begann, die Jahre des Niedergangs und der Selbsttäuschung, sorgte die unerledigte «Chefsache» für bissigen Spott. Der Kanzler hatte mehr versprochen, als er halten konnte. Gerhard Schröder war schon bald nach Amtsantritt zu Sommerreisen in den nahen Osten aufgebrochen, hatte die ihm unbekannte Welt zwischen Kap Arkona und Fichtelberg erforscht und war auf seinen Stationen oft wie ein Heilsbringer empfangen worden.

Er wolle sich «besonders hier» an den Erfolgen beim Abbau der Arbeitslosigkeit messen lassen, hatte er damals den Menschen auf den Marktplätzen zugerufen. Wenn sich dabei keine Fortschritte einstellten, verdiene er es nicht, ein zweites Mal gewählt zu werden. Den Osten hatte der Kanzler mit einer Arbeitslosenquote von 15,7 Prozent übernommen. Fortan wurde dieser Wert immer wieder überschritten.

Das ganze Land war in Katerstimmung. Die Leichtigkeit der New Economy, die auch die Gesetze der Betriebswirtschaft außer Kraft zu setzen schien und die Lust der Deutschen am Spekulieren geweckt hatte, war verflogen. Die Ökonomie galt wieder als pure Notwendigkeit, nicht als Spaß. Dabei hatte die neue Form des Wirtschaftens auch in Ostdeutschland einen anderen Typ von Unternehmer hervorgebracht. Auf diesen Entrepreneuren ruhten große Hoffnungen – erwartete man doch, sie könnten den empfindlichen Mangel an bedeutenden und eigenständigen Unternehmen in den neuen Ländern abmildern.

Stephan Schambach war so einer, dem man viel zutraute. Seine Softwarefirma für Verkaufssysteme im Internet, aus dem Nichts aufgebaut und nach den früheren DDR-Devisenläden auf den Namen «Intershop» getauft, war bald ein Liebling der Börsenanalysten. Mehr als drei Milliarden D-Mark war die Gesellschaft des blondschopfigen Thüringers in ihren besten Zeiten wert. Sie beschäftigte bis zu 1200 Mitarbeiter und war international ausgerichtet wie kein anderes Ost-Unternehmen. Das Büronetz zog sich von Sydney über Hongkong, Paris, London, New York bis nach São Paulo. Das Hauptquartier war in San Francisco, die Entwicklungsabteilung in Jena, das Finanzzentrum in Hamburg. Als das angesehene Magazin «Business Week» im Januar 2000 das bevorstehende Jahr mit einer Titelstory zum «Year of the Net» erkor, schmückte Schambach das Cover. «Wir haben das Potenzial, so etwas wie Microsoft aus Deutschland zu werden», erklärten Intershop-Manager.

Auch Hans Dieter Lindemeyer stieß in eine Dimension vor, die für den Osten neu war. Der in Leuna geborene Mathematiker hatte seine kapitalistische Karriere noch zu DDR-Zeiten begonnen: Mit geborgten 50 000 Ost-Mark stieg er im März 1990 in den Computerhandel ein. Bald fing er an, selbst Rechner zu bauen. Aus dem Händler wurde ein Hersteller. Bereits am 7. September 1998 wurde die Lintec AG am «Neuen Markt» notiert. Lindemeyer war damit der erste Ostdeutsche, der den Gang an die Börse ohne Kapitalgeber und ohne Mitgesellschafter aus Westdeutschland gewagt hatte.

Dem klein gewachsenen Mann, der sein gelichtetes Haupt mit einem Vollbart kompensiert, eilte der Ruf voraus, ein «Bill Gates aus Sachsen» zu sein. Bis zu zehn seiner Gesellschaften wollte der Tausendsassa, der etliche Anteile an Kleinstfirmen mit viel versprechenden Technologieentwicklungen erworben hatte, fit für die Börse machen. Sein Aktienvermögen war zeitweilig mehr als eine halbe Milliarde wert. Mit der New Economy schien alles möglich. «Eine Riesenchance für Ostdeutschland», erklärte Lindemeyer, «heute dauert es keine hundert Jahre mehr, bis ein Weltkonzern entsteht.»

Doch Intershop und Lintec stürzten ab, ebenso wie EM.TV oder Kinowelt, die westdeutschen Stars der New Economy. Schambach und Lindemeyer haben die Führung ihrer mehrfach vom Konkurs bedrohten Gesellschaften längst in andere Hände gelegt. Potente Konzerne, die der Osten so dringend benötigt hätte, sind beide Unternehmen nicht – sie beschäftigen inzwischen zusammen lediglich rund 200 Mitarbeiter.

Der Niedergang der New Economy zog auch die Old Economy in Mitleidenschaft. Kappen, kürzen, konsolidieren: Unter solchen Umständen war nicht an einen Abbau der Arbeitslosigkeit zu denken. In den neuen Ländern schrumpfte die Wirtschaft 2001 erstmalig. Zwar war das Minus mit 0,2 Prozent gering, doch psychologisch war das Signal verheerend: schrumpfen statt aufholen. Zwischen 2001 und 2003 gab es nur ein Nullwachstum, Berlin eingerechnet sogar ein Minus von 0,3 Prozent.

Jetzt zeigte sich ein weiterer Nachteil des Standortes: Als die westdeutsche Wirtschaft brummte und die Fabriken ausgelastet waren, wurden nicht mehr zu bewältigende Aufträge an den Osten gegeben. Nun wurden sie wieder abgezogen. Um diese Abhängigkeit zu durchbrechen, hätten die neuen Ländern mehr wettbewerbsfähige Endprodukte herstellen und auf dem Weltmarkt absetzen müssen.

Zwar hatte sich 2001 die ostdeutsche Exportquote seit 1996 verdoppelt. Doch dieses Tempo bei den Ausfuhren wird nicht anhalten, denn die Investitionen, die über künftige Leistungskraft entscheiden, gehen kontinuierlich zurück. Noch 1995 wurden im Osten 4900 Euro je Einwohner in den Ausbau der Wirtschaft gesteckt – 1900 Euro waren es im Westen. Schon 1997 fielen die so genannten Ausrüstungsinvestitionen nach nur drei Jahren Vorsprung wieder unter das Westniveau, 2003 büßte der Osten auch noch seinen einstigen Vorsprung bei den Bauinvestitionen ein.[51]

Der Rückgang der Investitionen hat auch etwas mit einer starken Konkurrenz zu tun – die Staaten in Mittel- und Osteuropa locken ausländische Konzerne mit billigen Löhnen, qualifizierten Facharbeitern und beachtlichen Steuervorteilen. Eine Kombination, der viele nicht widerstehen konnten. In den Reformländern bauten beispielsweise die Autohersteller eine Industrie auf, die jene in den neuen Ländern weit in den Schatten stellt.

Auch deutsche Produzenten – Audi, Porsche, VW, Opel – setzen auf die östlichen Standorte. Audi Hungaria in der ungarischen Industriestadt Györ beschäftigt inzwischen 5000 Mitarbeiter, die jährlich 1,3 Millionen Motoren und 21 000 Sportwagen montieren. Für die 1993 erfolgte Ansiedlung war zunächst auch Magdeburg im Gespräch. Opel, die krisengeschüttelte Tochter des US-Herstellers General Motors, hat dem schlesischen Gleiwitz ein kleines Wirtschaftswunder beschert. In der Stadt sind nur elf Prozent der Menschen arbeitslos – das gibt es nirgendwo in Ostdeutschland. Rund 2000 Beschäftigte hat das polnische Opel-Werk. Weil demnächst mit dem Minivan «Zafira» ein zweites Modell von den Bändern läuft, wird das Personal um einige hundert Mitarbeiter aufgestockt. Opel Eisenach mit nur gut 1800 Arbeitern und Angestellten muss derweil wegen Unterauslastung Freischichten einlegen, in Bochum und Rüsselsheim werden Tausende Mitarbeiter entlassen.

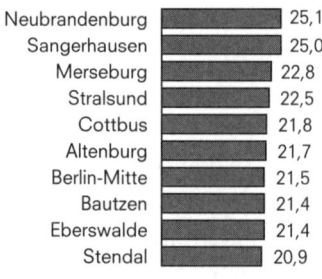

Meckl.-Vorpom.	21,5
Sachsen-Anhalt	20,7
Brandenburg	18,7
Sachsen	18,0
Thüringen	17,1
Berlin	17,0

Arbeitslosigkeit nach Ländern
Stand: Dezember 2004
(Quoten in Prozent)

Arbeitslose		
	in Millionen	in Prozent
West	2,86	8,7
Ost	1,60	18,5
Gesamt	4,46	10,8

Eckdaten des Arbeitsmarktes
Stand: Dezember 2004

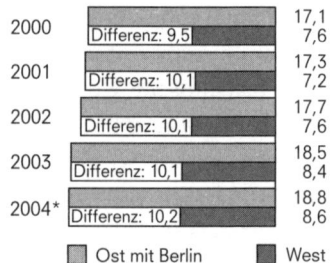

Neubrandenburg	25,1
Sangerhausen	25,0
Merseburg	22,8
Stralsund	22,5
Cottbus	21,8
Altenburg	21,7
Berlin-Mitte	21,5
Bautzen	21,4
Eberswalde	21,4
Stendal	20,9

Deutschlands Arbeitslosenhochburgen
Jahresdurchschnitt 2004
(Quoten in Prozent)

2000	Differenz: 9,5	17,1 / 7,6
2001	Differenz: 10,1	17,3 / 7,2
2002	Differenz: 10,1	17,7 / 7,6
2003	Differenz: 10,1	18,5 / 8,4
2004*	Differenz: 10,2	18,8 / 8,6

☐ Ost mit Berlin ■ West

Arbeitslosenquoten im Ost-West-Vergleich
*erfasst wie in den Vorjahren
(Quoten in Prozent)

Abb. 3 Der ostdeutsche Arbeitsmarkt
Angaben bezogen auf alle zivilen Erwerbspersonen   Quelle: Bundesagentur

«Stück für Stück», so der «Autopapst» Ferdinand Dudenhöffer, werde mit der EU-Osterweiterung der Automobilstandort Deutschland geschwächt. Im Westen wie im Osten. Allein die 1300 Zulieferer hätten 500 Produktionsstätten in Mittel- und Osteuropa errichtet und in den letzten Jahren 100 000 Arbeitsplätze verlagert, so der Chef des Center Automotive Research in Gelsenkirchen: «Es ist kein Grund erkennbar, der diesen Trend stoppen könnte.» Der Rat des Autoexperten ist gefragt – zum Beispiel in Leipzig. Die sächsische Kommune plagt ein Problem: Zwar haben sich Porsche und BMW niedergelassen, doch die erhoffte Sogwirkung bleibt aus. Das Ziel, mit beiden Fabriken 30 000 Jobs zu schaffen, scheint unerreichbar. Dudenhöffers unkonventioneller Vorschlag: Die Stadt solle einen Niedriglohnsektor einrichten und mit einer «Auto-Regio-Green-Card» billige Arbeitskräfte aus Tschechien und Polen nach Leipzig holen. Nur so werde ein echter Anreiz für erwünschte Ansiedlungen geschaffen. Doch davon wollte niemand etwas wissen – also wird weiterhin anderswo investiert.

Statt in Deutschland aktiv zu werden, hat sich Renault für Slowenien und Rumänien entschieden. Fiat, Toyota und Daewoo sind in Polen. Hyundai-Kia hat in der Nähe der slowakischen Hauptstadt Bratislava den Grundstein für sein erstes europäisches Werk gelegt. Der PSA-Konzern (Peugeot, Citroën) baute in Trnava für 700 Millionen Euro eine Fabrik, die 3500 Menschen Arbeit bietet. Zuvor war gemeinsam mit Toyota in der Nähe von Prag ein Kleinwagenwerk auf die grüne Weise gesetzt worden, das 3000 Menschen beschäftigt. Um beide Projekte hatten sich gleich mehrere ostdeutsche Städte bemüht. Vergeblich.

Derweil schwillt die Zahl der Arbeitslosen immer mehr an (Abb. 3). 1991 hatte der Belgier André Leysen, der dem Verwaltungsrat der Treuhandanstalt angehörte, seine ganz eigene Prognose zum ostdeutschen Arbeitsmarkt: «Persönlich gehe ich davon aus, dass im Jahr 1995 dort Arbeitskräftemangel herrscht.» Tatsächlich lagen 2004 die 30 deutschen Arbeitsmarktregionen mit der höchsten Arbeitslosigkeit ausnahmslos im Osten. In

Neubrandenburg und Sangerhausen war die Lage mit Quoten von rund 25 Prozent besonders trostlos.

Mit jeder Krise hat sich in den neuen Ländern das Überangebot auf dem Markt der Arbeitskräfte erhöht. 2001 lag die ostdeutsche Arbeitslosenquote mit 17,3 Prozent erstmals zehn Punkte über der West-Rate von 7,2 Prozent. An dem nunmehr vergrößerten Abstand hat sich seitdem nichts geändert – jedenfalls wenn von der Umstellung in der Statistik abgesehen wird, die der Gesetzgeber Anfang 2004 einführte. Seitdem gelten Arbeitslose, die an Trainingsmaßnahmen des Arbeitsamtes teilnehmen, prinzipiell nicht mehr als arbeitslos. Der Effekt: Die Quoten im Osten sinken überproportional. Im Dezember 2004 wurde dort eine Arbeitslosigkeit von 18,5 Prozent ausgewiesen, nach der alten Erfassungsmethode wären es 18,8 Prozent gewesen.

Trotzdem entfallen auf die neuen Länder und Berlin annähernd 40 Prozent aller offiziell registrierten Arbeitslosen, obwohl dort nur jeder fünfte Deutsche wohnt. Dabei wird die Statistik zusätzlich durch gut 300 000 Auspendler entlastet, die im Westen arbeiten.

Wie die Arbeitsmärkte auseinander driften, zeigt die Entwicklung bei den sozialversicherungspflichtigen Jobs. Ihre Zahl ging 2004 im Osten um gut 110 000 zurück, während sie im Westen um fast 320 000 stieg. In Ostdeutschland bleiben damit das «Zugangsrisiko» (die Gefahr, arbeitslos zu werden) und das «Verbleibsrisiko» (die Gefahr, arbeitslos zu bleiben) ungleich höher als im Westen. Das hat seinen Preis. 18,5 Milliarden Euro musste die Nürnberger Bundesagentur 2003 im Osten ausgeben – eingenommen wurden von den dortigen Beitragszahlern aber nur 6,1 Milliarden Euro. Die Differenz in Höhe von 12,4 Milliarden Euro ist gewaltig – die Summe hätte ausgereicht, um jedem Ostdeutschen monatlich 70 Euro zu überweisen.

Die Bundesregierung unternimmt wenig gegen die Job-Misere im Osten – selbst dort, wo man direkt Einfluss nehmen könnte. Hier offenbart sich, wie zynisch Politik funktioniert. Schröder verspricht den Ostdeutschen erst das Blaue vom Himmel und schert sich dann nicht um die Massenarbeitslosigkeit. Würde er seine Richtlinienkompetenz ausüben – in den neuen Ländern könnten Tausende Jobs entstehen. So ließ sein Verteidigungsminister Peter Struck (SPD) im November 2004 zum letzten Zapfenstreich antreten – er verkündete, es würden 105 Bundeswehrstandorte geschlossen. Das Ergebnis: Auf zehn Quadratkilometern westdeutschem Boden sind künftig fast zehn Soldaten stationiert – der Osten kommt auf nur fünf Bundeswehrangehörige. Liegt in den alten Ländern eine besondere militärische Bedrohungslage vor?

Auch wenn nicht die Fläche, sondern die Bevölkerung als Maßstab gewählt wird, ist der Osten stark benachteiligt – beim Militärpersonal erreicht er nicht einmal 90 Prozent des Westniveaus. In Sachsen, schon vor dem neuen Stationierungsplan eine fast entmilitarisierte Zone, werden nochmals 4500 von 9200 Dienstposten abgezogen. Bei Bundesbehörden ist der Rückstand des Ostens viel ausgeprägter. Die Bundesregierung denkt nicht daran, dieses Missverhältnis zu korrigieren – sie hat den Osten abgeschrieben.

Besonders schlimm ist die Lage bei den Langzeitarbeitslosen – knapp 44 Prozent aller Arbeitslosen fielen 2004 im Osten in diese Kategorie. Im Westen waren es nur 35 Prozent. Dass ein Land an solchen Ungleichheiten zerreißen kann, zeigte sich im Juli 2004. Im Bundesrat stimmten alle westdeutschen Ministerpräsidenten für das Arbeitsmarktgesetz «Hartz IV». Die ostdeutschen Länderchefs votierten geschlossen dagegen.

Nie zuvor bei einer zentralen Frage der Innenpolitik war es zu einer solchen Ost-West-Spaltung gekommen. Dass der Osten in der Länderkammer einfach vom Westen überstimmt wurde, zeigt, wie miserabel es um die innere Einheit in Wahrheit bestellt ist. Bald darauf hieß es «Immer wieder montags», wobei die Protestaktionen wenig gemein hatten mit den Ereignissen im Herbst 1989. Auf erschreckende Weise entlud sich auf der Straße purer Hass – gegen das westdeutsche System, gegen die Demokratie, gegen die Repräsentanten des Staates. Es war eine mitunter beängstigende Szenerie. Politiker warnten vor der «Radikalisierung des Ostens» – Schuld hatten natürlich die anderen. Wirtschaftsminister Wolfgang Clement machte «die Kommunisten» für die hohe Arbeitslosigkeit in den neuen Ländern verantwortlich. Die Menschen waren wütend, weil ihnen schmerzlich bewusst wurde, dass die Zeit des fürsorglichen Staates abgelaufen war. Zu der Arbeitsmarktreform gab es im Prinzip keine Alternative – sie erhöht den Anreiz, eine zumutbare Arbeit anzunehmen. An den Realitäten des Ostens geht das Gesetz trotzdem weitgehend vorbei. Denn was nützt es, die Menschen zur Arbeit zu zwingen, wenn fast keine Arbeit da ist?

Die demographische Katastrophe

Das Schicksal von Zekiwa

Ze für Zeitz, *ki* für Kinder, *wa* für Wagen: Zekiwa ist keine exotische Südfrucht, sondern eine traditionsreiche Kinderwagenfabrik. Die sechs Buchstaben sind eng verbunden mit einem Kapitel deutscher Industriegeschichte: In Zeitz, einer sachsen-anhaltinischen Kleinstadt an der Weißen Elster, steht die Wiege der europäischen Kinderwagenherstellung. Ihre Erfolgsgeschichte begann vor mehr als 150 Jahren. Weil der Kinderreichtum die Bevölkerung schnell wachsen ließ, kannte die Branche keine Krisen. Das änderte sich erst nach der Wiedervereinigung: Plötzlich gab es immer weniger Bedarf, und Zekiwa musste seine Produktion einstellen. Ein fatales Omen für Ostdeutschland.

Vermutlich wäre Ernst Albert Naether über die Entwicklung äußerst erstaunt. Der Zeitzer hatte nach langer Wanderschaft die väterliche Stellmacherei übernommen und 1846 als Erster einen «Stuhlwagen für Kinder» konstruiert. Der Prototyp verfügte über eine Deichsel und erinnerte an einen Leiterwagen. Ohnehin wurde anfangs gezogen und nicht geschoben. Damit mussten die Kleinkinder nicht mehr in ihren Wiegen durch die Gegend transportiert werden. Eine überzeugende Idee, und so kam Naethers Erfindung richtig ins Rollen: Zeitz hatte 1885 bereits 13 Kinderwagenfabriken. Die Mobile für die Kleinsten eroberten selbst die Gunst der Familien in Übersee und wurden bis nach Brasilien verschifft. Um die Jahrhundertwende beschäftigte die Industrie in der Stadt etwa zweitausend Arbeiter und Angestellte. Eine Zahl, die über Jahrzehnte stabil bleiben sollte.

Nach 1945 ordnete die sowjetische Besatzungsmacht die Verstaatlichung an. Anfang 1950 schlossen sich neun volkseigene Betriebe zusammen, und so entstand 1970 das Kombinat VEB Kinderfahrzeuge Zekiwa. Im April 1972 lief der sechsmillionste Wagen vom Band. Da war Zekiwa längst größter Kinderwagenproduzent Europas. Jetzt wurden siebzehnmal mehr Kinderwagen montiert als 1950 – das entsprach 4000 Stück pro Arbeitstag. Man exportierte in zwanzig Länder, immerhin ein Fünftel der Produktion war für den Binnenmarkt reserviert. Und dort ließ die Nachfrage kaum zu wünschen übrig, denn in der DDR wurden mehr Kinder geboren als in der Bundesrepublik.

1980 brachte jede ostdeutsche Frau durchschnittlich fast zwei Babys auf die Welt, bei ihren Schwestern im Westen waren es rechnerisch nur 1,4. Das war die höchste Geburtenziffer, die im letzten Vierteljahrhundert in Deutschland überhaupt registriert wurde. Doch dann kam die Wende und ein Geburtenknick ohne Beispiel. Er machte nicht nur Hebammen arbeitslos, sondern gab auch die angestammte Industrie dem Siechtum preis. Im Februar 1998 rollte Zekiwa in die Pleite. Der Klapperstorch als Schutzpatron hatte die Region verlassen.

Riesige Brachen im Stadtzentrum erinnern an die einstige Glanzzeit. Zunächst hatte Zewika noch versucht, mit der Ausdehnung der Puppenwagenproduktion über die Runden zu kommen. Kein zukunftsträchtiges Geschäftsmodell – denn aus den Kindern wurden Jugendliche. Ein kleiner Betrieb mit einer Hand voll Mitarbeitern hat den Firmennamen gerettet. Er vertreibt jetzt Kinderwagen und entwirft Modelle, die von Arbeitern in Südostasien montiert werden. Geblieben ist Zeitz ein beeindruckendes Kinderwagenmuseum, das die Stadtväter unlängst mit dem Zusatz «Deutsches» versehen haben.

Wo ein kompletter Wirtschaftszweig einfach im Museum verschwindet, obwohl seine Erzeugnisse noch konkurrenzfähig sind – da läuft etwas grundsätzlich schief. Der Niedergang von Zekiwa steht nicht nur für das Verschwinden einer Traditionsindustrie. Er sagt auch etwas über die Erosion einer Gesellschaft, die im Gegensatz zu einem Unternehmen nicht Insolvenz anmelden kann. Das Schicksal von Zekiwa symbolisiert einen Wandel, der besonders in Ostdeutschland dramatische Ausmaße angenommen hat. In keinem anderen Staat der Welt sind nach 1990 so wenige Kinder geboren worden wie in den neuen Ländern, kaum anderswo altert die Bevölkerung deshalb so rasant. Das hat langfristige Folgen. Die demographische Revolution in Ostdeutschland ist – neben der desolaten Lage der meisten öffentlichen Haushalte und dem verheerenden Kahlschlag in der Firmenlandschaft – einer der Gründe, warum der Aufbau Ost auf absehbare Zeit zum Scheitern verurteilt ist. Denn der Sog des Bevölkerungswandels erfasst alle Lebensbereiche: die Arbeit wie den Alltag, das Geld – und sogar die Liebe.

Der Osten als Jungbrunnen des Westens

Als Mitte der neunziger Jahre zwei Forscher der Berliner Humboldt-Universität davor warnten, dass Ostdeutschland «ausbluten» und «vergreisen» könnte, war Sachsens Ministerpräsident Kurt Biedenkopf erzürnt. Nach der Prognose sollten im Jahr 2010 nur noch 12,9 Millionen Einwohner im Osten der Republik leben. Wenn diese Vorhersage stimmte, dann würde die Bevölkerung innerhalb von 15 Jahren um mehr als 2,5 Millionen Menschen schrumpfen! Biedenkopf zerpflückte die Studie in der Luft, sie sei schlampig erstellt worden. Er war sich damals sicher: «Es wird eine Zuwanderung von Jüngeren geben, die hier unternehmerisch aktiv werden wollen. (…) Hier gibt es Freiräume. Und von hier aus können die Menschen am Aufbau Osteuropas teilhaben.»[52]
Der Osten, ein Eldorado für Unternehmer, der Traum junger Eliten?
Im November 1995 gab auch das Institut für Wirtschaftsforschung Halle (IWH) Entwarnung. Die Forscher aus der Saalestadt erklärten, 2010 würden noch knapp 15,3 Millionen Menschen im

Osten wohnen. Damit wäre die Bevölkerungszahl annähernd stabil geblieben. Der Baby-Crash nach der Wende galt als Sondersituation. Die Abwanderung wiederum sollte im Jahr 2000 fast zum Stillstand kommen. Die Wirklichkeit in jenem Jahr sah freilich anders aus – über sechzigtausend Menschen kehrten den neuen Ländern und Berlin den Rücken.

Heute wissen wir, dass sowohl Biedenkopf als auch die Hallenser Experten die ostdeutsche Zukunft grandios verklärten. Denn allein die alten Bundesländer profitierten: Sie konnten plötzlich auf ein riesiges Reservoir an Menschen zugreifen. Gut ausgebildete, flexible und junge Fachkräfte, die zuvor schwer zu bekommen waren, standen auf einmal in Massen zur Verfügung, weil sie in der Heimat ihren Arbeitsplatz verloren hatten und kein neuer in Sicht war. Auch manche Lehrstelle, für die im Westen früher geeignete Bewerber selten zu finden waren, ließ sich nun besetzen.

Die Arbeitsämter in bayerischen oder schwäbischen Boomregionen machten sich in Sachsen und Thüringen gezielt auf die Suche, um qualifiziertes Personal anzuwerben. Eigens geschulte Sachbearbeiter sorgten sich um das Wohl der Neubundesbürger. Mit Wegzugsprämien wurde den Ostdeutschen die Ankunft im Westen versüßt. Die Arbeitsverwaltungen spendierten bis zu 5000 D-Mark, später bis zu 2500 Euro. Da fiel es leicht, den Möbelwagen zu bestellen.

Mit der deutschen Einheit füllten die alten Länder aber nicht nur bestehende Lücken im Arbeitsmarkt. Auch sonst war dies ein einzigartiger Glücksfall: Der Osten diente dem Westen als Jungbrunnen. Das vitale Bad zeigte verblüffende Wirkungen: Das Tempo der Überalterung, unter der die Bundesrepublik wie fast alle westlichen Industrienationen leidet, verlangsamte sich. Die Einwanderer aus der ehemaligen DDR mehrten also nicht nur Wirtschaftskraft und Wohlstand, sie halfen der westdeutschen Gesellschaft auch noch, einen Teil ihrer demographischen Probleme zu lösen.

Das Beste an dieser Frischzellenkur: Sie war gratis. Allerdings ging sie zu Lasten des Ostens.

Go West – dieser Schlachtruf ließ die jungen Länder ganz rasch alt aussehen. Die Ostdeutschen waren zu Beginn der neunziger Jahre im Durchschnitt deutlich jünger als die Menschen im Westteil. Die Mecklenburger und Vorpommer hatten 1990 ein Durchschnittsalter von 35,8 Jahren – mit Abstand die jüngste Bevölkerung aller deutschen Bundesländer. Anfang der Achtziger hatte ihre Geburtenrate um ein Fünftel über dem ohnehin vergleichsweise hohen DDR-Durchschnitt gelegen. Deshalb lebten in dem Ostseeland die meisten Jugendlichen und die wenigsten Pensionäre. Ein Paradies für die Rentenversicherung – viele zahlen Beiträge ein, wenige beziehen Rente.

Doch mit der Wiedervereinigung alterte die Bevölkerung rasant – bis Ende 2003 um 6,5 auf durchschnittlich 42,3 Jahre. Damit rutschte Mecklenburg-Vorpommern unter den sechzehn Bundesländern vom ersten auf den zehnten Rang ab (Abb. 4).

Das Durchschnittsalter der Sachsen erhöhte sich im gleichen Zeitraum um 4,7 auf 44,1 Jahre. Der Freistaat, 1990 das sechstjüngste Bundesland, hat heute die älteste Bevölkerung Deutschlands. Das zeigt sich übrigens auch in der Kriminalstatistik – seit einiger Zeit steigt die Zahl der Tatverdächtigen ab 60 Jahren spürbar. Meist werden ihnen Delikte wie Sachbeschädigung, Beleidigung oder Diebstahl vorgeworfen. Das gewohnte Bild von den gütigen und lieben Großeltern ist erschüttert: Wurden 1998 erst 6600 ältere Damen und Herren einer Straftat bezichtigt, waren es 2003 bereits 8600. Das Phänomen der Alterskriminalität beschäftigt auch die Länder Sachsen-Anhalt, Thüringen und Brandenburg, die ebenfalls merklich grauer geworden sind. Der Osten, einstmals der Jugendklub der wiedervereinten Republik, repräsentiert inzwischen das alte Deutschland.

Durchweg günstiger war der Trend in den westdeutschen Ländern – deren Bevölkerungen alterten im Durchschnitt nur um 0,2 bis 2,8 Jahre. Mittlerweile führen Baden-Württemberg, Bayern

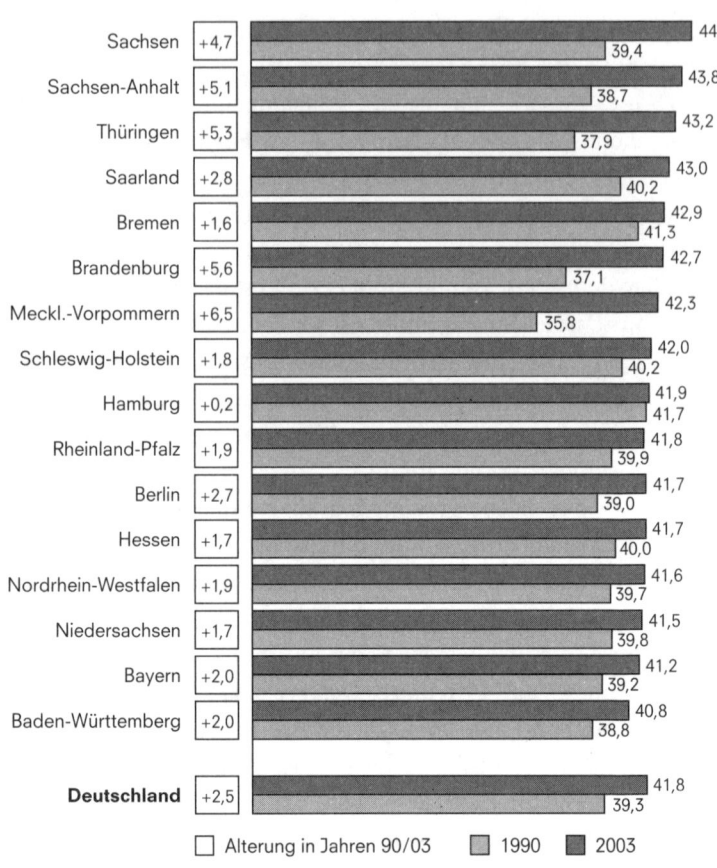

		1990	2003
Sachsen	+4,7	39,4	44,1
Sachsen-Anhalt	+5,1	38,7	43,8
Thüringen	+5,3	37,9	43,2
Saarland	+2,8	40,2	43,0
Bremen	+1,6	41,3	42,9
Brandenburg	+5,6	37,1	42,7
Meckl.-Vorpommern	+6,5	35,8	42,3
Schleswig-Holstein	+1,8	40,2	42,0
Hamburg	+0,2	41,7	41,9
Rheinland-Pfalz	+1,9	39,9	41,8
Berlin	+2,7	39,0	41,7
Hessen	+1,7	40,0	41,7
Nordrhein-Westfalen	+1,9	39,7	41,6
Niedersachsen	+1,7	39,8	41,5
Bayern	+2,0	39,2	41,2
Baden-Württemberg	+2,0	38,8	40,8
Deutschland	+2,5	39,3	41,8

☐ Alterung in Jahren 90/03   ▨ 1990   ■ 2003

Abb. 4 Entwicklung des Durchschnittsalters

Quelle: Destatis / Eigene Berechnungen

und Niedersachsen die Charts in Sachen Jugendlichkeit an. 1990 standen sie auf dem fünften, sechsten und achten Platz. Die einstigen Spitzenreiter hingegen wurden allesamt nach ganz hinten durchgereicht – in Nachbarschaft zu Saarland und Bremen.

In den letzten fünfzehn Jahren wurde der Osten aber nicht nur älter – er ist mancherorts regelrecht verwaist. Vor der Öffnung der

Mauer war Sachsen, nach Nordrhein-Westfalen und dem Saarland, noch so dicht besiedelt wie kein anderes westdeutsches Flächenland. 2003 sank der Freistaat etwa auf den gesamtdeutschen Durchschnitt herab. In Mecklenburg-Vorpommern, der einwohnerärmsten Region Deutschlands überhaupt, ist die Bevölkerungsdichte von 83 auf 75 Personen je Quadratkilometer zurückgegangen. Viel Platz für wenige Menschen.

Größter Verlierer des Umbruchs ist Sachsen-Anhalt. Das einst hoch industrialisierte Land mit dem mitteldeutschen Chemiedreieck hat jeden achten Bewohner verloren. Das ist selbst im Osten eine erschreckende Zahl. In Thüringen war es immerhin jeder elfte. Dort sind 2001 fast zwölftausend Menschen abgewandert, davon allein zehntausend im Alter von 15 bis unter 45 Jahren. Darunter wiederum waren sechstausend Frauen.[53] Sie haben noch geringere Aussichten auf Arbeit als ihre männlichen Kollegen. Der Frauenanteil Thüringens lag 1990 bei 52,3 Prozent – bis Ende 2003 sank er auf 50,9 Prozent.

In manchen Altersgruppen Thüringens ist das Verhältnis zwischen den Geschlechtern völlig aus dem Lot geraten. «Insgesamt gibt es in Thüringen auf 100 Männer im Alter zwischen 18 und 30 nur noch 85 Frauen – ein historisch beispielloses Defizit», hat das «Berlin-Institut für Weltbevölkerung und globale Entwicklung» herausgefunden. Nur in den Universitätsstädten Weimar und Jena gelten die Geschlechterrelationen als ausgeglichen. Mit einem Verhältnis von 100 Männern zu 86 Frauen in dieser Altersgruppe war 2001 der Frauenmangel nur in Mecklenburg-Vorpommern ähnlich auffällig. In solchen Männerrepubliken sind die Chancen auf dem Heiratsmarkt ungleich verteilt. Während im Osten Frauen fehlen, sind im Westen mancherorts Männer rar. In Heidelberg kommen 122 junge Frauen auf 100 junge Männer. Auch Köln, Münster, Hannover oder München sind solche Frauenhochburgen.[54]

In Mecklenburg-Vorpommern rief man die Agentur «mv4you» («Mecklenburg-Vorpommern für Dich») ins Leben, die den über ganz Deutschland verstreuten Landeskindern die Rückkehr erleichtern sollte. Ihr Slogan: «Wandern und Wiederkehren». Bislang geht vor allem der erste Teil in Erfüllung: Wahrscheinlich wird ein Drittel des Jahrgangs 1985 abwandern, weshalb das Durchschnittsalter in Mecklenburg-Vorpommern bis 2040 voraussichtlich auf 57 Jahre steigt.[55]

Es fällt schwer, sich diese Zukunft auszumalen. Im «ältesten» Dorf Mecklenburg-Vorpommerns, Hohenbollentin im Landkreis Demmin, liegt heute der Altersdurchschnitt bei 50 Jahren. Was bedeutet es, wenn dieser Wert im gesamten Land um sieben Jahre steigt? Ein heute 57-jähriger Mecklenburger hat in aller Regel keinen Job mehr – er wurde meist in den Vorruhestand geschickt, weil seine Chancen auf dem Arbeitsmarkt nahezu aussichtslos sind. In Zukunft werden die Menschen viel länger arbeiten müssen.

Nach dem Exodus einer Vielzahl der Besten bleiben in Ostdeutschland die weniger Mobilen zurück – Sozialhilfeempfänger, Arbeitslose und Alte. Diese Entwicklung wird oft mit einer gehörigen Portion Zynismus beschrieben. Der «Spiegel» meldete etwa, «dass die dümmsten Rekruten des Landes aus dem Osten kommen», und bezog sich dabei auf Ulf Matthiesen vom Brandenburger Institut für Regionalentwicklung und Strukturplanung. In einigen Kommunen der neuen Länder bestehe die Gefahr, dass sie künftig hauptsächlich von «arbeitslosen Stadtdeppen ohne Chance auf Paarbindung» bevölkert würden, so der Professor.

Verdummt der Osten? Dem Historiker Arnulf Baring liegt jede Denunziation fern, doch der Mangel an Wacheren und Begabteren sei nun einmal «eine unabweisbare Tatsache: Wenn man sie nicht benennt, wird man nicht verstehen, warum die Transferleistungen von West- nach Ostdeutschland keine Früchte tragen können.»[56] 2003 verließen elftausend Brandenburger mit fertiger Lehre oder abgeschlossenem Studium ihr Land. Kommentar eines ratlos wirkenden Ministerpräsidenten Matthias Platzeck (SPD): «Jeder von ihnen schleppt einen Rucksack voll Geld in den Westen – eine Ausbildung kostet nämlich zwischen fünfzig- und hunderttausend Euro. Das muss auch mal gesagt werden, denn sonst ist ja immer nur die Rede von all dem schönen Geld, das von West nach Ost fließt. Aber sollen wir jetzt mit dem Ausbilden aufhören?»[57] Unaufhaltsam wandern diejenigen ab, die in der Lage wären, Neues anzuregen und Initiativen zu ergreifen – trübe Aussichten für die Zukunft Ost.

Langzeitwirkungen eines Bebens

Demographische Entwicklungen folgen einer gnadenlosen Logik: Sie stärken die Starken und schwächen die Schwachen. In Deutschland haben die Regionen mit den höchsten Löhnen die niedrigste Arbeitslosigkeit und die höchste Zuwanderung. Umgekehrt gilt das Gleiche.[58] Jetzt wächst zusammen, was zusammengehört: Dass sich die Deutschen vor allem im Westen vereinigen würde, hatte sich vor fünfzehn Jahren niemand träumen lassen. Ebenso wenig erwartete man einen anhaltenden Geburtenschock im Osten. Die Wiedervereinigung war eine politische Weltpremiere mit weltweit beispiellosen Folgen: In Ostdeutschland wütet ein demographisches Beben, das die Gesellschaft heftig erschüttert.

Dort gibt es seit 1996 weniger junge und seit 1999 auch mehr alte Menschen als in Westdeutschland, jeweils im Verhältnis zur Gesamtbevölkerung. Zu Beginn des Jahrzehnts war es genau andersherum: Damals war im Osten der Anteil der unter 15-Jährigen deutlich größer und der Anteil der über 64-Jährigen entschieden kleiner als im Westen (Abb. 5). Sowohl in der jüngsten als auch in der ältesten Bevölkerungsgruppe der beiden deutschen Teilgebiete haben sich damit die Verhältnisse auf den Kopf gestellt. Eine derart schiefe Entwicklung in solch kurzer Zeit verblüfft selbst routinierte Bevölkerungsforscher – so etwas gab es noch nie.

Gleichzeitig hat im Osten eine Auszehrung der Mitte eingesetzt: Den neuen Ländern fällt es schwer, die 20- bis 40-Jährigen in der Heimat zu halten. Dabei sind die Angehörigen dieser Altersgruppe,

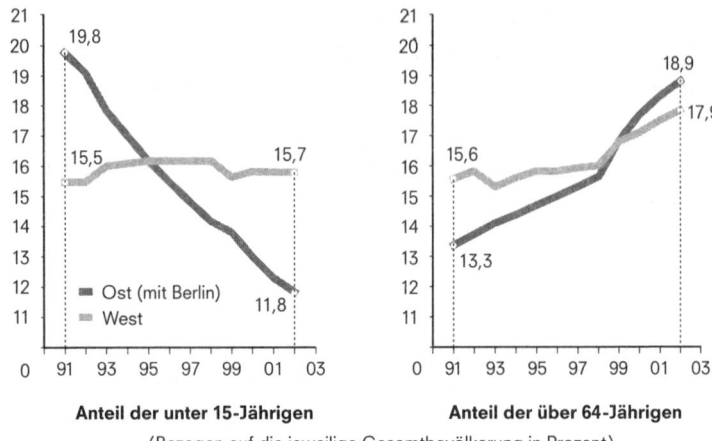

Anteil der unter 15-Jährigen   **Anteil der über 64-Jährigen**
(Bezogen auf die jeweilige Gesamtbevölkerung in Prozent)

Abb. 5 Die Vergreisung des Ostens
Quelle: Destatis

die deutschlandweit pro Jahr um eine halbe Million schrumpft, besonders begehrt. Ihnen können die alten Länder oftmals mehr bieten: Nach wie vor deckt der Westen einen Teil seines Arbeitskräftebedarfs mit Menschen aus dem Osten. Damit verlieren die neuen Länder das Wertvollste, was sie besitzen – die klugen Köpfe.

Bis vor einigen Jahren konnte eine Stadt wie Görlitz damit werben, überdurchschnittlich viele gut ausgebildete Fachkräfte im Maschinenbau zu haben. Dieser Standortvorteil ist verschwunden. Logisch, dass sich kaum Investoren finden. Damit fehlen dauerhaft Arbeitsplätze und Einkommen, was wiederum die Abwanderung verstärkt. «Why do people still live in East Germany?», fragt die Migrationsexpertin Jennifer Hunt ganz im Ernst – wieso leben überhaupt noch Menschen in Ostdeutschland?

Üblicherweise sind demographische Entwicklungen äußerst träge – der normale Beobachter nimmt Veränderungen an dem Gebilde, das als Bevölkerungspyramide bezeichnet wird, kaum wahr. In Ostdeutschland ist das anders. Hier vollzieht sich die

Entwicklung im Zeitraffer und wird zum Alltagsphänomen. Innenstädte, die selbst an verkaufsoffenen Samstagen verwaist wirken, Kindergärten und Schulen, die mangels Nachfrage gleich reihenweise schließen, Bahnstrecken, für deren Aufrechterhaltung es nicht genügend Kunden gibt, komplette Wohnquartiere, die wegen fehlender Mieter abgerissen werden – allesamt Zeichen, die von einem radikalen Wandel künden.

Wann gab es zuletzt solche Bevölkerungsverluste in großen Regionen Deutschlands? Im Dreißigjährigen Krieg? Während der Pestepidemien im Mittelalter? Jedenfalls haben der Erste und der Zweite Weltkrieg im Gegensatz zur Wiedervereinigung eher harmlose Einschnitte in der ostdeutschen Bevölkerungspyramide hinterlassen. Diese gleicht längst einem Pilz.

Die Bevölkerung in Deutschland wurde praktisch umverteilt. Von 1990 bis 2003 haben die zehn alten Bundesländer rund vier Millionen Einwohner hinzugewonnen, vor allem durch ausländische Zuwanderung. Ein knappes Drittel davon aber ging zu Lasten der fünf neuen Länder, deren Einwohnerzahl um rund acht Prozent (mit Berlin: sieben Prozent) abgenommen hat (Abb. 6). Die größten Nutznießer waren Baden-Württemberg und Bayern.

Welche Folgen hätte es für Stuttgart oder München, wenn dort über Nacht alle ostdeutschen Zuwanderer abgezogen würden? Am Ausgang des Gedankenexperiments kann kein Zweifel bestehen: Das öffentliche Leben wäre empfindlich gestört, Unternehmen, Restaurants und Krankenhäuser hätten Schwierigkeiten, ihren Betrieb aufrechtzuerhalten.

Vermutlich leben nirgendwo so viele Sachsen außerhalb Sachsens wie in München. Das interessiert sogar die Ethnologen. So lud das Institut für Völkerkunde der Münchner Ludwig-Maximilians-Universität seine Studenten unter dem Titel «Bayerisch Sachsen. Oder: Warum und wie die Sachsen in München leben» zu empirischer Feldforschung ein. «Ob in der U-Bahn oder im Restaurant, beim Bäcker oder Metzger, beim Zahnarzt oder im Kindergarten – man begegnet ihnen in München überall», hieß es.

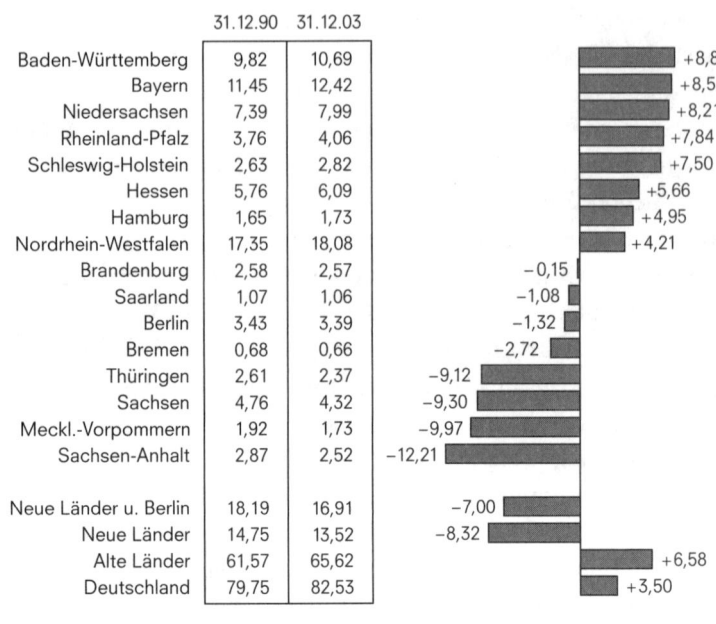

	31.12.90	31.12.03	
Baden-Württemberg	9,82	10,69	+8,86
Bayern	11,45	12,42	+8,51
Niedersachsen	7,39	7,99	+8,21
Rheinland-Pfalz	3,76	4,06	+7,84
Schleswig-Holstein	2,63	2,82	+7,50
Hessen	5,76	6,09	+5,66
Hamburg	1,65	1,73	+4,95
Nordrhein-Westfalen	17,35	18,08	+4,21
Brandenburg	2,58	2,57	−0,15
Saarland	1,07	1,06	−1,08
Berlin	3,43	3,39	−1,32
Bremen	0,68	0,66	−2,72
Thüringen	2,61	2,37	−9,12
Sachsen	4,76	4,32	−9,30
Meckl.-Vorpommern	1,92	1,73	−9,97
Sachsen-Anhalt	2,87	2,52	−12,21
Neue Länder u. Berlin	18,19	16,91	−7,00
Neue Länder	14,75	13,52	−8,32
Alte Länder	61,57	65,62	+6,58
Deutschland	79,75	82,53	+3,50

Bevölkerung in Mio.   Veränderung 90/03 in Prozent

Abb. 6 Bevölkerungsgewinne und -verluste nach Ländern
Quelle: Destatis/Eigene Berechnungen

Sächsischer Alltag sollte untersucht werden – «im Spannungsfeld von Fremdsein und Anpassung, von Entheimatung und neuer Verortung».

Die Auszehrung, unter der Ostdeutschland leidet, ist sogar schlimmer als zu Zeiten des Arbeiter-und-Bauern-Staates. Von ihrer Gründung bis zu ihrem Untergang hatte sich in der DDR die Bevölkerung um knapp 2,7 Millionen Menschen verringert, das waren jährlich durchschnittlich 65 000 Personen. Demgegenüber hat Ostdeutschland in der relativ kurzen Phase von der Wiedervereinigung bis Ende 2003 bereits 1,3 Millionen Einwohner verloren.[59] Also gut 98 000 Einwohner pro Jahr.

Die Demographie ist unparteiisch, sie unterscheidet nicht zwischen sozialistischem oder demokratischem Schwund. Doch unter beiden Vorzeichen hat der Osten zunehmend das verloren, was die Angelsachsen *agglomeration force* nennen: Wo schon viel ist, kommt noch mehr dazu. 1949 lebten auf dem Gebiet der DDR rund 28 Prozent der deutschen Gesamtbevölkerung. Inzwischen ist der Wert auf unter 18 Prozent abgesackt. 2050 sind es voraussichtlich rund 13 Prozent.

Das berührt nicht zuletzt die Hauptstadt der Deutschen. «Schon bald im stillsten Winkel dieser Republik» sieht Meinhard Miegel die Metropole Berlin, «die Musik wird anderswo spielen.» Süffisant erinnert der Sozialforscher an die Nachwendephantasien einer lebensprallen Riesenstadt mit langfristig sechs, ja sogar zehn Millionen Einwohnern. Wahrscheinlich werde Berlin auf die Größe von Hamburg ausdünnen. Ein solches Szenario gibt freilich nicht einmal die schwärzeste Bevölkerungsprognose her.

Dennoch: Der Hauptstadteffekt ist verpufft – trotz des Umzugs der Bundesverwaltungen zwischen 1998 und 2002 hat Berlin seit der Wiedervereinigung rund 45 000 Einwohner verloren. Die Hoffnung, als «Ostbahnhof Europas» von einer Einwanderung aus den Reformstaaten zu profitieren, blieb unerfüllt. Unter spärlichen sechs Prozent lag 2001 der Ausländeranteil in Ostberlin[60] – weniger als in westdeutschen Provinzstädten. Auch im ostdeutschen Umland gibt es für Berlin nichts zu holen, dort leben zunehmend weniger Menschen.

Allein 1991 schrumpfte die ostdeutsche Bevölkerung um 238 000 Personen. Dann fiel der Verlust zunächst Jahr für Jahr niedriger aus und war 1996 mit 46 800 Menschen am geringsten. Die Politiker atmeten tief durch. Das Schlimmste sei überwunden, hofften sie – und irrten. Denn danach stiegen die Zahlen wieder kräftig. 2001 nahm allein die Bevölkerung Sachsen-Anhalts täglich um 94 Personen ab, pro Tag kamen 50 Kinder zur Welt, während 81 Menschen starben. Auf 105 Zuzüge entfielen 168 Fortzüge. Ostdeutschland verzeichnete 2001 und 2002 mit je knapp

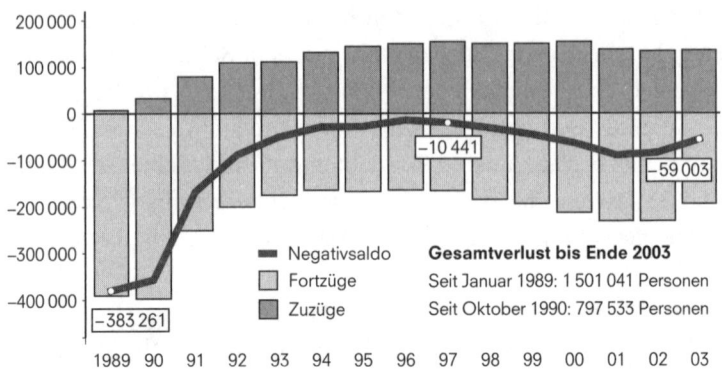

Abb. 7 Bevölkerungsverluste durch die Ost-West-Abwanderung
(ab 2001 mit Gesamtberlin)   Quelle: Destatis

110 000 Personen den zweit- und den dritthöchsten Bevölkerungsverlust seit der Wiedervereinigung.

Diese Veränderungen sind die Fieberkurve, die zuverlässig die erhöhte Temperatur der ostdeutschen Gesellschaft anzeigt.

Die Abwanderung der Ostdeutschen war seit der Wiedervereinigung bis Ende 2003 zu gut 60 Prozent am Bevölkerungsrückgang beteiligt. Der Rest entfiel auf die Geburtenschwäche. Auch bei der Abwanderung sah es zeitweilig besser aus. Sie ebbte im Verlauf der neunziger Jahre beständig ab. 1997 betrug die Differenz aus Fort- und Zuzügen gut zehntausend Menschen (Abb. 7). Diese Zahl lag im grünen Bereich – sie hatte mit zeitweilig guter Stimmung zu tun. Die Ostdeutschen erwarteten eine Verbesserung ihrer wirtschaftlichen Lage.

Aber dann kam mit der sich verschärfenden Arbeitsmarktkrise erneut Bewegung in die innerdeutsche Völkerwanderung. 2001 haben 92 000 Menschen die neuen Länder und Berlin verlassen – das entspricht ungefähr der Einwohnerzahl von Jena. 2002 kehrten 85 000 Ostdeutsche der Heimat den Rücken zu – mehr Men-

	03.10.90	31.12.03	Veränderung 90/03 in Prozent
Leipzig	511 079	497 531	−2,65
Dresden	490 571	483 632	−1,41
Halle/Saale	310 234	240 119	−22,60
Chemnitz	294 244	249 922	−15,06
Magdeburg	278 807	227 535	−18,39
Rostock	248 088	198 303	−20,06
Erfurt	208 989	201 645	−3,50
Potsdam	139 794	144 979	+3,71
Gera	129 037	106 365	−17,57
Schwerin	127 447	97 694	−23,35
Cottbus	125 891	107 549	−14,57
Zwickau	114 632	99 846	−12,90
Jena	102 518	102 634	+0,11
Gesamt	3 081 331	2 757 754	−10,50

Veränderung 90/03 in Prozent

Abb. 8 Schrumpfende Großstädte

Quelle: Destatis / Eigene Berechnungen

schen, als in Dessau leben. 2003 wurden 59 000 Auswanderer registriert – die Einwohnerzahl von Görlitz. Doch es sind eben nicht ganze Städte, die von der Landkarte verschwinden. Dabei wäre das, theoretisch betrachtet, die beste Lösung für schrumpfende Gesellschaften. Denn die Kosten wachsen ins Unermessliche, wenn sich die Probleme über die Fläche verteilen. Zugleich gefährden sie in der Breite eine der wichtigsten kulturellen Errungenschaften der Neuzeit: Die Substanz und die Werte der Stadtgesellschaften, deren emanzipiertes Bürgertum die Ideale der Demokratie hervorgebracht hat, werden zunehmend ausgehöhlt – die Leere verdrängt die Lebendigkeit der Stadt.

Ohne Berlin gab es 1990 in Ostdeutschland dreizehn Großstädte mit mehr als 100 000 Einwohnern. Sie haben bis Ende 2003 ein Zehntel ihrer Bevölkerung verloren (Abb. 8). Zwar spielte dabei auch der Wunsch mancher Familie eine Rolle, ins grüne

Umland zu ziehen. Doch viele Städte konnten im Rahmen von Gebietsreformen zumindest einen Teil ihrer Einwohner zurückholen. Seit 1990 hat Leipzig knapp 62 000 Bürger eingemeindet, gut zwölf Prozent der heutigen Stadtpopulation. Trotzdem ist Ostdeutschlands bevölkerungsreichste Kommune fast auf das Maß von 1900 geschrumpft, als sie mit 456 000 Einwohnern nach Berlin, Hamburg und München die viertgrößte Stadt des Kaiserreichs war. Gegenüber 1933, als die sächsische Metropole mit 713 000 Bürgern am größten war, ist die Einwohnerzahl um ein knappes Drittel gesunken.

Wenn die Bevölkerung schrumpft, stehen immer mehr Wohnungen leer, und ein neuartiges Phänomen greift um sich: die «Leerstandspanik» oder der «Leerstandsschock».[61] Diese Begriffe sind keineswegs Schöpfungen notorischer Pessimisten – in traditionsreichen Städten wie Weißenfels oder Sangerhausen stehen von zehn Wohnungen drei bis vier leer.[62] In diesen *Shrinking Cities* ist die Infrastruktur komplett überdimensioniert. Das gilt selbst für das, was man nicht sieht: die städtische Unterwelt mit ihren weit verzweigten Versorgungssystemen. Die Abwasserrohre verkeimen, weil der Druck zu schwach ist – wie in Cottbus. Die Stadtluft, die einst frei machte, riecht heute faulig. Den teuren Rückbau bekommen die Einwohner in Form der Gebührenabrechnungen zu spüren: Die Preise für Abwasser und Wasser liegen in der Regel über Westniveau und oft an der Schmerzgrenze.

Leerstand führt zu Abriss. In Altenburg wurden schon Renaissancehäuser niedergelegt. Aber auch wertvolle Gründerzeitgebäude in geschlossenen Wohnvierteln, die in expandierenden westdeutschen Städten wie Heidelberg, Münster oder Stuttgart unantastbar wären, fallen dem Bagger zum Opfer. «Neue Gründerzeit» – so nennen die Leipziger Stadtväter diese Form der Anpassung an veränderte Bedingungen.

Um dem brutalen Einsatz der Abrissbirne den Schrecken zu nehmen, ist man in Ostdeutschland verbal kreativ geworden: Es wird von der «aufgelockerten», der «durchgrünten», der «schlanken», der «sozialen» und der «rentablen» Stadt gesprochen. Der «Stadtumbau Ost», ein maßgeblich vom Bund finanziertes Programm, ist auch so eine sprachliche Mogelpackung. 2,7 Milliarden Euro stellt der Staat zur Verfügung, damit bis 2009 rund 350 000 Wohnungen abgerissen werden können. 45 000 lautet die Jahresplangröße. 2003 waren es aber nur 28 300.

Die Probleme wachsen schneller, als die Lösungen wirken. In Ostdeutschland stehen etwa 1,2 Millionen oder rund 16 Prozent aller Wohnungen dauerhaft leer. Weit mehr als die Hälfte dieses Bestandes ist neu oder saniert. Die verzweifelte Lage stürzt viele Eigentümer in Not: 2003 betrug allein in Mecklenburg-Vorpommern der Mietausfall 297 Millionen Euro, wovon 115 Millionen Euro auf private Vermieter entfielen. Von 1300 ostdeutschen Wohnungsgesellschaften stehen 350 finanziell am Abgrund.[63] Es wird mindestens 20 Jahre dauern, bis sich der Markt reguliert hat.

Neben den auf Reißbrettern entworfenen Speckgürtel-Siedlungen, Folge großzügiger Steuerabschreibungsmodelle, setzt den Städten die Generalüberholung der sozialistischen Wohnvorstädte nach der Wende zu. Jeder sanierte Plattenbau wird fünf bis zehn Altstadthäusern zum Verhängnis. Selbst die schöne Leipziger Kernstadt hat hässliche Lücken wie ein schlechtes Gebiss. Oft vermitteln nur hohle Häuserfassaden den Eindruck eines ursprünglichen städtebaulichen Gefüges. Gut 2500 Gründerzeitgebäude, die oft stadtbildprägend sind, wurden teilweise seit 60 Jahren nicht renoviert. Davon sind 400 akut einsturzgefährdet, jährlich kommen 250 weitere hinzu. Geschieht nichts, beginnt bald das große Häusersterben.

Dabei bleibt die Bevölkerungszahl der sächsischen Kommune nun wohl stabil, ebenso wie in Dresden. In Potsdam ist sie in der Vergangenheit sogar gewachsen – zu Lasten von Berlin. Doch Städte wie Rostock, Halle und Schwerin, die seit 1990 ein Fünftel ihrer Bürger verloren haben, müssen sich auf weiteren Aderlass einstellen.

Gera und Cottbus sind in Gefahr, unter die Grenze von 100 000

Einwohnern zu fallen, womit sie ihren Status als Großstadt verlieren würden. In Zwickau ist das bereits geschehen. Ebenso wie in Schwerin, wo es keine Eingemeindungen gab und noch knapp 98 000 Menschen leben. 2017 wird die Landeshauptstadt von Mecklenburg-Vorpommern im besten Fall knapp 90 000 Einwohner haben. Tritt allerdings die pessimistischere Variante einer Prognose ein, die Stadtentwickler in Auftrag gegeben haben, bleiben nur 81 500 Schweriner übrig.

Beim künftigen Rückgang wird die Abwanderung eine zunehmend kleinere Rolle spielen – weil es immer weniger junge Menschen gibt, die noch abwandern könnten. Die geringe Zahl der Neugeborenen tut nun ihr Übriges.

Geburtenarmut ist auch Bevölkerungsflucht, allerdings eine, die sich nicht im Raum, sondern in der Zeit vollzieht. «Kinderlosigkeit könnte also auch als Abwanderung verstanden werden, als eine Form der Abwanderung aus der Zukunft», erklärt Kurt Biedenkopf. So gesehen ist es um die neuen Ländern schlecht bestellt. 1988 kamen in der DDR rund 220 000 Kinder zur Welt. 1990 waren es dann 178 000, 1994 nur 79 000 Geburten. Damit halbierte sich die durchschnittliche Kinderzahl je Frau von 1,52 auf 0,77 – nur im Vatikan wurden weniger Kinder geboren!

Kein Staat hat jemals eine derart niedrige Zahl registriert, in Deutschland kamen sogar im Krisenjahr 1945 mehr Babys auf die Welt. Um eine Bevölkerung ohne Einwanderung stabil zu halten, müssten eigentlich pro Frau durchschnittlich zwei Kinder, ein Mädchen und ein Junge, geboren werden.

Die «kleinen Kohorten», wie Demographen die schwachen Altersjahrgänge der Nachwendezeit nennen, wandern nun durch die ostdeutsche Bevölkerungspyramide und hinterlassen dort auf dem Weg zur Spitze ihre Spuren. Erst haben sie dafür gesorgt, dass etliche Kindergärten und Schulen nicht mehr benötigt wurden. Bald werden Unternehmen große Probleme haben, Auszubildende zu finden. Weil es weniger Studierende gibt, müssen sich die Universitäten auf Personalabbau einstellen. Dann wird sich herausstel-

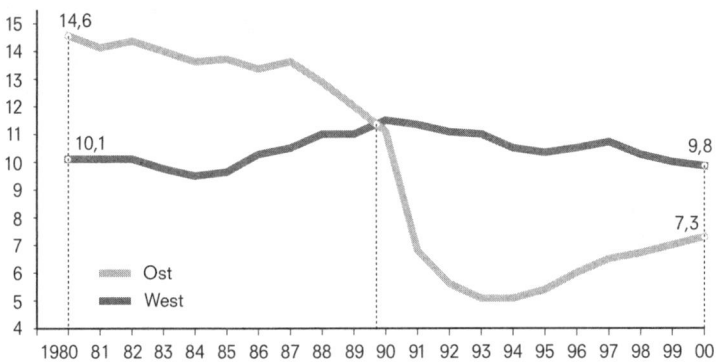

Abb. 9 Geburtendynamik in Ost und West
(Geburten pro Jahr je 1000 Einwohner)   Quelle: Destatis

len, dass in diesen schmalen Jahrgängen die potenziellen Eltern fehlen. Ab 2018 bringt die «Generation Geburtenknick» ihre Kinder zur Welt – es werden zu wenige sein.

Das Statistische Bundesamt registrierte 2003 in Deutschland insgesamt nur 8,7 Geburten je 1000 Einwohner – damit haben wir neben Slowenien die niedrigste Geburtenrate in der Europäischen Union. Die Abwanderung aus der Zukunft hat also das ganze Land erfasst. Doch die neuen Länder liegen noch deutlich unter dem ohnehin schwachen Westniveau (Abb. 9).

Sachsen wies mit 7,2 die höchste Geburtenrate im Osten auf, Brandenburg mit 6,8 die geringste. Vermutlich bleibt das Gefälle dauerhaft bestehen. Eine Ursache dafür liegt im geringen Ausländeranteil Ostdeutschlands. Denn in Deutschland lebende ausländische Frauen haben eine höhere Geburtenrate als deutsche Frauen – das begünstigt den Westen.

Im Osten mutet die extreme Kinderarmut merkwürdig an. Schließlich gibt es – eine Hinterlassenschaft des Sozialismus – kaum Probleme, Krippenplätze zu finden. Auf 100 Kleinkinder kommen in den neuen Ländern 37 Ganztagsplätze, in den alten

113

dagegen nur drei. Wenn aber die Wirtschaft nicht funktioniert und es keine Jobs gibt, helfen auch keine Krippen. Die Wiedervereinigung hat den neuen Ländern die niedrigste Geburtenrate Europas beschert – das ist neu. An einem anderen Phänomen hingegen änderte sich nach 1989 nichts: Wie schon zu DDR-Zeiten ist Ostdeutschland eine Auswanderungsgesellschaft par excellence.

Deutschlands Schrumpfhauptstadt

Wie stirbt eine Stadt? Darüber hatte Margitta Faßl nie nachgedacht, bis sie im Internet eine Seite fand, die sich mit genau dieser Frage beschäftigte. «Das hat mich geschockt», sagt die Diplom-Ingenieurin und erzählt von dem Szenario, das ein Cottbuser Professor entwickelt und im Netz verbreitet hatte. Der Tod einer Stadt ist keine schnelle Angelegenheit, sondern mit einer qualvollen Leidensgeschichte verbunden. Kein Ende in Würde, sondern eines, das alle Hinterbliebenen mit sich reißt.

Anfangs erfasst niemand den Ernst der Lage. Der Busverkehr über Land wird eingestellt, weil sich die Strecke nicht rechnet. Damit ist die Stadt von der Außenwelt abgeschnitten. Ohne Auto kann sie weder erreicht noch verlassen werden. Viele Bürger ziehen deshalb weg. Damit sind weitere Einschnitte unumgänglich. Die medizinische Versorgung wird eingeschränkt. In Notfällen kommt der Krankenwagen. Ganze Quartiere veröden. Der städtische Kosmos zerfasert, weil es kein Konzept gibt. Und so geht es immer weiter, Schritt für Schritt eine Schreckensvision, bis zum endgültigen Ableben des siechen Patienten. «Da wusste ich, das kann auch bei uns geschehen», erinnert sich Frau Faßl an die Internetlektüre. Ihr wurde klar: «Wir müssen die Stadt so schnell wie möglich und so konsequent wie nötig verkleinern. Es ist die einzige Chance, die Hoyerswerda hat.»

Die Mittfünfzigerin Faßl hat eine typisch ostdeutsche Zickzackkarriere gemacht. Zunächst ein Studium für Prozessmesstechnik, dann eine Arbeitsstelle in der Qualitätskontrolle eines Plattenbauwerkes. Nach 1989 wollte sie als Steuerberaterin und Wirtschaftsprüferin arbeiten. Doch plötzlich war sie Kämmerin der Kreisstadt Hoyerswerda – man hatte sie gefragt, ob sie die vakante Stelle im Rathaus übernehmen wolle. Von diesem Posten wechselte sie an die Spitze eines Unternehmens: 1993 wurde Margitta Faßl Geschäftsführerin der kommunalen Wohnungsgesellschaft. Da konnte sie noch nicht ahnen, welche Aufgabe sie erwartete: Sie muss inzwischen einen Stadtrückbau vorantreiben, dessen Umfang in Deutschland einzigartig ist.

Schrumpf dich gesund: Die Pläne dazu reiften schon 1996. Als sie durchsickerten, hagelte es böse Anfeindungen: «Keiner wollte begreifen, dass der radikale Abriss die Zukunft sein wird.» So frühzeitig wie Hoyerswerda hat keine andere ostdeutsche Kommune gehandelt: Die «zweite sozialistische Wohnstadt der DDR» wurde im vereinten Deutschland zur ersten Stadt in den neuen Ländern, die ihre eigene Demontage einleitete.

Neben Eisenhüttenstadt war Hoyerswerda das urbane Modellprojekt des Arbeiter-und-Bauern-Staats. Im August 1955 wurde in der August-Bebel-Straße 16 nahe dem Bahnhof der Grundstein für 380 Wohnungen gelegt. Die in traditioneller Bauweise errichteten Mehrfamilienhäuser fügten sich harmonisch in das mittelalterliche Ackerbürgerstädtchen ein, das idyllisch in einem Bogen der Schwarzen Elster liegt. Da dort der Raum aber begrenzt war, wurde das Flüsschen überschritten. Auf der anderen Seite des Ufers entstand die «Neustadt». Jeder ihrer Wohnkomplexe, vom WK 1 bis zum WK 10, hatte bald etwa so viele Einwohner wie die gesamte Altstadt. Die Quartiere wurden benötigt, weil zwanzig Kilometer entfernt das Braunkohleveredlungskombinat «Schwarze Pumpe» in den Lausitzer Sand gestellt worden war. Das Werk konnte nicht genug Arbeitskräfte bekommen, Hoyerswerda wurde zur jüngsten und zur kinderreichsten Stadt der DDR. Und sie wuchs so schnell wie keine andere: In rund 25 Jahren stieg die

Zahl der Bewohner von 7775 um mehr als das Neunfache auf über 71 000 Menschen.

Damit lief die Neustadt der Altstadt den Rang ab, der Stadtteil entwickelte sich zur eigentlichen Stadt. Doch 1990 ging der «Schwarzen Pumpe» mit 18 000 Beschäftigten die Energie aus – das dort unter zuletzt katastrophalen Umweltbedingungen hergestellte Stadtgas wurde durch russisches und norwegisches Erdgas ersetzt. Damit begann die rasante Entvölkerung. Mitte 2004 hatte Hoyerswerda noch 44 000 Bewohner, in 15 Jahren könnten es nochmals 14 000 Menschen weniger sein. In jedem Fall wird sich die Einwohnerzahl bis 2020 gegenüber dem einstigen Höchststand auf rund 35 000 Menschen halbieren.

Als in den Fünfzigern auf der anderen Seite der Schwarzen Elster die Gerüste hochgezogen wurden, stand der Arztsohn Horst-Dieter Brähmig ein Jahr vor dem Abitur. Heute ist er Bürgermeister und berichtet von damals: «Aus Mecklenburg, aus Thüringen, aus Anhalt strömten die Menschen zu uns nach Ostsachsen, die Aufbruchstimmung war gewaltig, hier herrschten fast amerikanische Verhältnisse.»

Alles ist möglich – dieses Nachkriegsgefühl will Brähmig neu beleben. Der zupackende Politiker, der trotz PDS-Parteibuch auch von Christdemokraten geschätzt wird, listet stolz die Ansiedlungen auf, die Hoyerswerda eine Zukunft als High-Tech-Standort eröffnen sollen: eine Reparaturwerft für Windkraftanlagen, eine Fertigungsstätte für Solarzellentechnik, eine Produktionsanlage für die Algenherstellung – insgesamt sechs Projekte, mit denen 440 Arbeitsplätze und Investitionen von 250 Millionen Euro verbunden sind.

Kann das den unaufhaltsamen Niedergang stoppen? «Ach wissen Sie, wir können uns nicht nur an diese Bevölkerungsprognosen halten, da wird man ja ganz verrückt, nach denen müssten wir bald eine negative Einwohnerzahl haben.» Drei Eheschließungen und drei Geburten wurden im Juli 2004 registriert. Die niedrigsten Zahlen seit Menschengedenken.

Die Plage, die Hoyerswerda erfasst hat, heißt Leerstand. Riesige Wohnblöcke, die ganze Straßenzüge säumen, sind ohne Mieter. Allein im Bestand des Unternehmens von Margitta Faßl ist fast jede vierte Wohnung unbewohnt. Bei einem Gesamtumsatz von rund 35 Millionen Euro bedeutet das einen jährlichen Mietausfall von knapp fünf Millionen Euro. Zur Firma, die einen Marktanteil von 40 Prozent hält, gehörten einst 14 500 Wohnungen. Das waren 5800 zu viel. Bis Mitte 2004 wurden 2100 davon abgerissen. So blieben noch 3700 überflüssige Wohnungen. Bund und Land unterstützen das Abbruchwerk mit 60 Euro je Quadratmeter, die Gesamtkosten liegen bei 80 bis 100 Euro.

Die Operation «Insek» – das Kürzel steht für Integriertes Stadtentwicklungskonzept – verläuft genau entgegengesetzt zur urbanen Expansion: von außen nach innen. WK 8 bis WK 10, die jüngsten Teile der Neustadt, gelten als «instabile Gebiete» und werden teilweise Wald und Wiese weichen. Den geringsten Bevölkerungsrückgang verzeichnen mit WK 1 bis WK 4 die ältesten Bezirke. Der Rückbau braucht etwa halb so lange wie der Aufbau. Da pro Jahr rund 600 Wohnungen abgetragen werden, ist die Aufgabe vielleicht 2010 erledigt. Mindestens 15 Jahre Stadtzerlegung ist eine quälend lange Zeit, weiß Margitta Faßl: «Die Generation, die einmal aufgebaut hat, muss jetzt mit ansehen, wie das, was von ihr einst geschaffen wurde, Stück für Stück abgerissen wird. Das nagt am Selbstwertgefühl.»

Stadtgeschichte wird ausradiert, um die Stadt zu retten. In der Neustädter Konrad-Zuse-Straße wird immerhin saniert. Dort befindet sich auf einem verwilderten Grundstück die schon vor langem geschlossene Gaststätte «Glück auf» – ein Lieblingsort von Brigitte Reimann, deren Erzählung «Ankunft im Alltag» von der großen Zeit des Aufbaus handelt. Die Schriftstellerin hatte damals ihr «Herz an diese öde Landschaft gehängt», in der bei ihrer Ankunft erst «ein paar Blöcke in einer Sandwüste standen, und jetzt ist es eine Stadt von fast 60 000 Einwohnern».

Auf der anderen Straßenseite des «Glück auf» liegt Hausnummer 9–13. Ein besonderes Gebäude: Hier steht der erste industriell gefertigte Plattenbau der Arbeiter-und-Bauern-Republik. Weil er ein traditionelles Spitzdach hat, gleicht er fast einem ganz normalen Mehrfamilienhaus. Es ist noch keine jener «Riesen-Bienenwaben», die Reimann erst verabscheut hatte und dann doch zu schätzen wusste. Die berühmte «Platte», sie hat jedenfalls von Hoyerswerda aus ihren Siegeszug durch die DDR angetreten. Auch das erste vollmechanisierte Großplattenwerk ist hier zu Hause. Ob die Varianten Flügelhaus, Scheibe oder Mäander, ob die Typen QP, P 2, WBS 70 – in der Neustadt ist alles versammelt, was der real sozialistische Baukastenstil hergab.

«Es ist schwer, Visionen für das zu entwickeln, was auf Hoyerswerda zukommt», sagt Margitta Faßl, «um das Jahr 2008 herum könnte es richtig hart werden.» Ihre Firma gleicht einem Seismographen, der jede noch so kleine Bewegung im städtischen Kosmos registriert. Da sind die Rentner, die sich immer häufiger über lärmende Jugendliche beschweren. Wie tolerant ist eine alternde Gesellschaft? Da sind breite Schichten, denen jeglicher Optimismus abhanden gekommen zu sein scheint. Wie viel Depression hält eine schrumpfende Stadt aus? Und dann sind da noch Nostalgiker, die sich in einem Verein zusammengeschlossen haben, den Abriss stoppen und Leerstandshäuser einmotten wollen. Doch für wen? Eine zweite «Goldgräberzeit» (Reimann) wird es in der Lausitz nicht geben. Deshalb will Margitta Faßl das einmal eingeleitete Programm umsetzen: «Knallhart.» Denn nur dann, ist sie überzeugt, hat Hoyerswerda überhaupt noch eine Chance.

Die Zeitbombe

Die graue Revolution hat ihren Siegeszug angetreten und verändert die Republik. Nach einer Prognose der Vereinten Nationen werden die Deutschen im Jahr 2020 im Durchschnitt 46,7 Jahre alt sein. Weltweit übertreffen uns dann nur die Schweizer (48,6

Jahre), Italiener (48,5 Jahre) und Japaner (48,2 Jahre). Kaum eine andere Nation altert so schnell wie die deutsche. In einem Land, in dem überwiegend ältere Menschen leben, wird sich nicht nur der Alltag verändern: Die Straßen sind leerer, weil die Mobilität abnimmt. Kreuzfahrten verdrängen den Skiurlaub. Die Restaurants bieten Gesundheitskost an. Die Nachtclubs schließen um Mitternacht. In Werbespots regieren die rüstigen Alten. Bücher und Zeitschriften erscheinen in Großdruck.

In einer solchen Gesellschaft haben die über 50-Jährigen auch viel Macht: An der Wahlurne stellen sie die absolute Mehrheit. Ob die Umwälzungen auch in die Gerontokratie münden, die Herrschaft der Alten über die Jungen, bleibt offen. In jedem Fall sprengt die Alterung das gewohnte Gesellschaftsgefüge. So drohen die Sozialsysteme zu zerbrechen. Ob Renten-, Kranken-, Pflege- oder Arbeitslosenversicherung, das Dilemma ist stets das gleiche: Einer kräftig steigenden Ausgabenlast steht eine immer kleinere Schar von Beitragszahlern gegenüber. Das Bundesversicherungsamt kalkuliert für 2030 mit mindestens 3,1 Millionen Pflegefällen – heute sind es 1,9 Millionen. Wenn jede Generation kleiner ist als die vorherige, kann das unter Bismarck eingeführte Modell einer Umlagefinanzierung nicht funktionieren. Damit wird dem Generationenvertrag, der auf Solidarität zwischen den einzelnen Altersgruppen beruht, die Grundlage entzogen.

Und wieder muss der Staat helfen, der schon heute stetig steigende Steuerbeträge in die Sozialkassen leitet. Das könnte die Staatsverschuldung und Staatsquote in astronomische Höhen treiben. Auch das Innovationspotenzial könnte schwinden, weil es an jungen Leuten fehlt, die den neuesten Stand der Technik und die aktuellsten Erkenntnisse der Wissenschaft in die Betriebe tragen.

Eine noch so hohe Zuwanderung kann diese Schwierigkeit nicht beheben: Berechnungen zufolge müssten bis 2050 etwa 188 Millionen Ausländer[64] nach Deutschland kommen, um das gegenwärtige Verhältnis von Arbeitsfähigen zu Pensionären zu bewahren. Wollen sich bei uns überhaupt so viele Menschen niederlassen? Wären sie erwünscht? Davon abgesehen, würden die Integrationskosten einer solchen Masseneinwanderung jeden Staat der Welt überfordern.

Aufhalten lässt sich der Trend nicht – wohl aber gestalten. Doch da sieht es düster aus. «Die eigentliche Gefahr für Deutschland stellt nicht der demographische Wandel an sich dar, sondern die demographische Ignoranz», behauptet James W. Vaupel, der in Rostock das Max-Planck-Institut für demographische Forschung gegründet hat. Wie er werfen viele Bevölkerungswissenschaftler Politik, Wirtschaft und Gesellschaft vor, das Ticken der «Zeitbombe Demographie» einfach zu überhören.

Ausgerechnet dort wird gezielt weggehört, wo die Folgen am prekärsten sind – in Ostdeutschland. Dabei haben die neuen Länder keine Schonfrist, wenn es gilt, sich auf alternde und schrumpfende Bevölkerungen einzustellen. Die Herausforderungen haben im Vergleich zu Westdeutschland einen Vorlauf von mindestens einer Dekade und sind mit ganz anderen Härten verbunden. Während sich 2015 vor dem Westen womöglich ein steiler demographischer Problemberg auftürmt, erwartet den Osten dann gleich ein gewaltiges Gebirge.

Ein Experte findet ein anderes Bild: «Was da auf uns zukommt, ist wie ein Hurrikan, der auf die Küste zurast», erkannte der Chemnitzer Soziologieprofessor Bernhard Nauck bereits 2001. Umso verwunderlicher ist es, dass die Bundesregierung zu ignorieren scheint, was sich da zusammenbraut. In ihrem Jahresbericht zur Deutschen Einheit 2004 sind den bevorstehenden Turbulenzen auf über 170 Seiten lediglich ein paar Sätze mit belanglosen Floskeln gewidmet.

Doch nicht nur in Berlin, auch in den ostdeutschen Landeshauptstädten will man von der vertrackten Materie wenig wissen. «Entvölkerung» und «Vergreisung» – solche Worte haben fast alle Politiker aus ihrem Wortschatz getilgt. Ganz so, als ob es ihre vornehmste Aufgabe sei, die Menschen vor unangenehmen Tatsachen zu schützen. «Wer dem Wähler als Erster die Wahrheit sagt, hat verloren», klagte der Bevölkerungswissenschaftler Herwig Birg. Den Verantwortlichen in Mecklenburg-Vorpommern warf er sogar «arrogantes Desinteresse» vor. Wohl um Investoren nicht zu verschrecken, hatte sich Schwerin zu Beginn des Jahrzehnts geweigert, seine über 2015 hinausgehenden Bevölkerungsprognosen offen zu legen.

Gelegentlich werden kluge Papiere produziert. Dazu zählt die Brandenburger Landtagsdrucksache 3/7088. Doch Konsequenzen hat das meist keine. Dabei schildert der Report detailliert, welche Folgen die demographische Revolution beispielsweise für die öffentlichen Finanzen hat – sie entgleiten unaufhörlich. Gezeichnet wird ein brisantes Szenario mit explodierenden Schulden und Zinslasten bei gleichzeitig kontinuierlich sinkenden Einnahmen: «Die Auswirkungen dieser Entwicklung auf die Finanzlage Brandenburgs wären – ohne entsprechende Gegenmaßnahmen – dramatisch und würden in einer Haushaltsnotlage münden.»

Entsprechende Gegenmaßnahmen? Fehlanzeige, und das nicht nur in Potsdam. Gewiss, um das Ruder herumzureißen, müssten die Politiker ihren Wählern unpopuläre Sparprogramme zumuten. Das tut niemand gern. Was aber wollen sie erst anstellen, wenn in wenigen Jahren die Haushalte unter der Last zusammenbrechen?

Nach der letzten offiziellen Bevölkerungsvorausberechnung des Statistischen Bundesamtes sinkt in Deutschland die Bevölkerung bis 2050 um rund sieben Millionen Personen auf 77 Millionen Einwohner.[65] Bis dahin nimmt die Bevölkerung Ostdeutschlands um rund 30 Prozent ab, die Zahl der Erwerbspersonen sinkt sogar um 40 Prozent.[66] Bis 2020 – ein für den Aufbau Ost zentrales Datum, weil der Solidarpakt II ausläuft – bleibt in Deutschland auf den ersten Blick alles beim Alten: Die Bundesrepublik wird dann nach der Vorhersage der Wiesbadener Statistiker weiterhin knapp 83 Millionen Einwohner zählen. Doch während in den alten Bundesländern gut 1,5 Millionen Bürger hinzukommen, verlieren die neuen Länder fast ebenso viele.

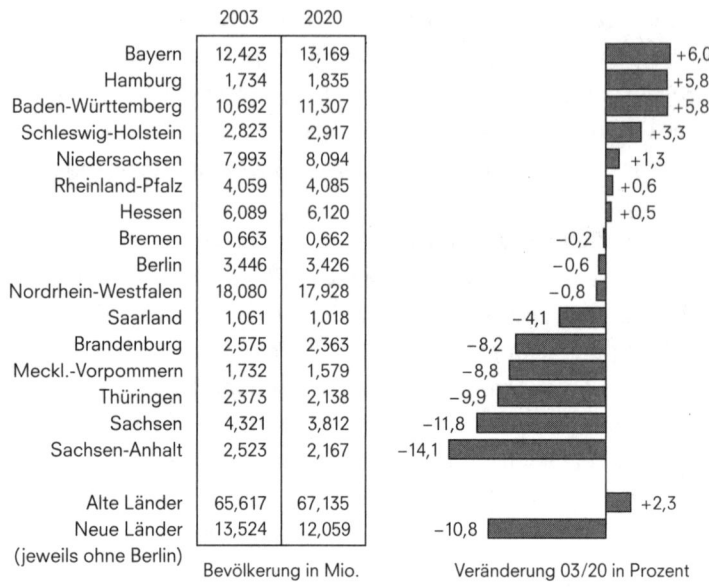

	2003	2020	Veränderung 03/20 in Prozent
Bayern	12,423	13,169	+6,0
Hamburg	1,734	1,835	+5,8
Baden-Württemberg	10,692	11,307	+5,8
Schleswig-Holstein	2,823	2,917	+3,3
Niedersachsen	7,993	8,094	+1,3
Rheinland-Pfalz	4,059	4,085	+0,6
Hessen	6,089	6,120	+0,5
Bremen	0,663	0,662	−0,2
Berlin	3,446	3,426	−0,6
Nordrhein-Westfalen	18,080	17,928	−0,8
Saarland	1,061	1,018	−4,1
Brandenburg	2,575	2,363	−8,2
Meckl.-Vorpommern	1,732	1,579	−8,8
Thüringen	2,373	2,138	−9,9
Sachsen	4,321	3,812	−11,8
Sachsen-Anhalt	2,523	2,167	−14,1
Alte Länder	65,617	67,135	+2,3
Neue Länder	13,524	12,059	−10,8

(jeweils ohne Berlin)

Bevölkerung in Mio.

Veränderung absolut: Bevölkerungsgewinn Alte Länder: +1,518 Millionen Personen
Bevölkerungsverlust Neue Länder: −1,465 Millionen Personen

Abb. 10 Bevölkerungsentwicklung bis 2020

Quelle: Destatis

Manche Ökonomen glauben, diese Veränderung führe zu einer «passiven Sanierung» Ostdeutschlands. Es ist ein Irrtum: Geht die Einwohnerzahl zurück, werden die Probleme nicht kleiner, sondern größer. Die erneute Umverteilung der Bevölkerung in Deutschland trifft den Osten ein weiteres Mal mit voller Wucht. Sachsen-Anhalt verliert nochmals 356 000 Menschen – gut 14 Prozent der Bevölkerung (Abb.10). In Sachsen sinkt die Zahl der Einwohner um fast zwölf Prozent: eine halbe Million Menschen, mehr als in Leipzig oder Dresden leben. Auch Thüringen (minus 9,9 Prozent), Mecklenburg (minus 8,8 Prozent) und Brandenburg (minus 8,2 Prozent) schrumpfen stärker als die drei einzigen westdeutschen Länder mit Einwohnerverlusten – das Saarland (minus 4,1 Prozent), Nordrhein-Westfalen (minus 0,8 Prozent) und Bremen (minus 0,2 Prozent).

Die zweite Entvölkerungswelle wird im Osten unübersehbare Spuren hinterlassen. So manche kleine Gemeinde, die heute schon halb leer gewohnt ist, dürfte dann nicht mehr zu halten sein und sich auflösen. Es werden Geisterorte entstehen, wie wir sie aus dem Wilden Westen Amerikas kennen.

Der Letzte macht das Licht aus, das wird in strukturschwachen Landstrichen wie der Uckermark, dem Eichsfeld, der Altmark, Ostvorpommern oder rund um die Mecklenburger Seenplatte bald Wirklichkeit. Der Rückzug der Menschen aus Gegenden mit einer oftmals mehr als tausendjährigen Besiedlungsgeschichte hat begonnen. Ist das die Neugeburt eines Naturidylls? Manche Beobachter warnen vor Verklärungen und sprechen von Wüstungen: «Es ist keine Wiederkehr der Natur. Es ist die Leere dieser Landschaft, die mit ihren Alleen und Kopfsteinpflastern wie eine große Allegorie erscheint, eine des Verlusts.»[67]

«Deutschland renaturiert», stellt das Berlin-Institut fest. Es hat in der Studie «Deutschland 2020» die demographischen Trends für alle deutschen Landkreise und kreisfreien Städte bis zum Jahr 2020 aufgelistet. Besonders im Osten werden demnächst etliche Landstriche entstehen, in denen der Mensch weder Flora noch Fauna stört: «In Regionen, in denen alte Industrien zusammenbrechen, wo Menschen abwandern und sich die Landwirtschaft zurückzieht oder extensiviert wird, erobert die Natur verloren gegangenes Terrain zurück.» In solchen Freiräumen würden sich wahrscheinlich «Großraubtiere wieder dauerhaft» niederlassen. So seien in die Oberlausitz bereits zwei Rudel besonders scheuer Tiere zurückgekehrt, die in Mitteleuropa seit gut 200 Jahren als ausgestorben galten: «Wo der Mensch geht, kommt der Wolf.»

Auch hinsichtlich der Alterungsprozesse bleibt Deutschland ein geteiltes Land. *Alt wie ein Baum möchte ich werden, genau wie der Dichter es beschreibt* – der in dieser Liedzeile der legendären

Altersgruppe in Prozent der Bevölkerung	2001		2010		2020	
	West	Ost	West	Ost	West	Ost
unter 20	21,4	19,4	19,7	14,3	17,9	15,8
20 bis unter 60	54,7	55,0	55,3	56,8	53,9	48,8
60 und älter	23,9	25,6	25,0	28,9	28,2	35,4
Gesamt	100	100	100	100	100	100

Alterungsgeschwindigkeit in Ost und West

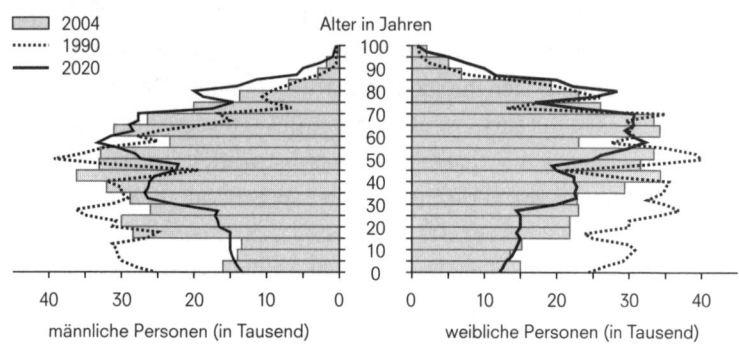

Die demographische Revolution am Beispiel Sachsens

Abb. 11 Der Bevölkerungswandel in den neuen Ländern

Quelle: Destatis / Statistisches Landesamt Sachsen

DDR-Rockband Puhdys ausgedrückte Wunsch geht in den neuen Ländern immer häufiger in Erfüllung. Die Lebenserwartung der Ostdeutschen ist von 1990 bis 2002 merklich gestiegen, hat das Rostocker Max-Planck-Institut herausgefunden. Bei Frauen stieg sie von 76,3 auf 81,2 Jahre, bei Männern von 69,2 auf 74,7 Jahre. Damit hat sich die Lebenserwartung beider Geschlechter innerhalb von zwölf Jahren in Ost und West nahezu angeglichen.

Trotz ähnlicher Lebensdauer vergreisen die neuen Bundesländer aber entschieden schneller als die alten Länder. 2020 werden in Ostdeutschland lediglich 15,8 Prozent (West: 17,9) der Einwohner jünger als 20 Jahre sein. Hingegen sind dann bereits 35,4 Prozent (West: 28,2) der Einwohner 60 Jahre und älter (Abb. 11). Nicht einmal mehr jeder zweite Ostdeutsche wird dann zur Gruppe der 20- bis 60-Jährigen zählen, die das Leistungsvermögen einer Gesellschaft prägen – die Rentnerrepublik Ost gewinnt unaufhörlich Kontur.

Avantgarde beim Vergreisen ist Thüringen, das laut Berlin-Institut «im Eiltempo» zum «ältesten» Bundesland aufsteigt und bis 2020 das derzeitige Altenmekka Sachsen überholt haben wird. Ostthüringen wird dann den Rang der «ältesten» Region Deutschlands einnehmen. Eine Ursache: Thüringen hat keine Metropole, weshalb gerade die Jüngeren nach Berlin, Dresden, Frankfurt oder Leipzig ausweichen. Mit Erstaunen haben die Demographen registriert, dass Thüringen gerade mal über vier geriatrische Kliniken verfügt, während im nur halb so großen Saarland sieben derartige Einrichtungen betrieben werden. Die Politik tut nichts.

Thüringens Ministerpräsident Dieter Althaus bestreitet sogar eine Sondersituation der neuen Länder: «Wanderbewegungen gibt es nicht nur von Ost nach West. Da sollte man nicht alles über einen Kamm scheren. Thüringen hat auch Städte, die so attraktiv sind, dass die Einwohnerzahlen wieder steigen.» Vor allem kommt es für den Erfurter Landeschef darauf an, «eine Familienpolitik zu verfolgen, die das Ja-Sagen zu Kindern wieder Normalität werden lässt».[68] Aber wie soll traditionelle Familienpolitik und Kinderkriegen in Zeiten extremer Frauenarmut funktionieren? In Sachsen ahnt man, was die Stunde geschlagen hat. Ministerpräsident Georg Milbradt will in den nächsten «fünf bis sechs Jahren» umsteuern: «Dann haben wir eine realistische Chance, mit der demographischen Entwicklung fertig zu werden.» Doch schlüssige Konzepte liegen bisher auch in Dresden nicht vor.

Wenn die Ignoranz anhält, dann wird sich der demographische Wandel in der ostdeutschen Schrumpfgesellschaft zu einer demographischen Katastrophe auswachsen. Wer nicht rechtzeitig agiert, wird künftig zum Getriebenen. Was heute versäumt wird, rächt sich schon in fünf oder zehn Jahren. Ob Bildung oder Hochschulen, Wohnungs- oder Kommunalpolitik – die demographische Revolution verschont kaum einen Bereich. Die Verantwortlichen in den neuen Ländern müssen allein schon deshalb Vorsorge treffen, weil sonst ein finanzielles Debakel droht. Schrumpfen kostet viel Geld, wenn energische Anpassungsschritte ausbleiben. Weniger Einwohner bedeuten weniger Steuereinnahmen, weniger Gelder aus dem Finanzausgleich sowie weniger Gebühren und Beiträge. Wenn eine Gemeinde nur einen einzigen Einwohner verliert, so hat sie im Jahr rund 3000 Euro weniger Einnahmen – im Osten erfordert das eine permanente Anpassung der Ausgaben.

Doch das ist leichter gesagt als getan. Öffentliche Verwaltungen lassen sich kaum im Gleichklang mit dem Bevölkerungsrückgang reduzieren. Gleiches gilt für die Infrastruktur und die öffentlichen Leistungen. Eine für 50 000 Haushalte konzipierte Kläranlage verursacht Mehrkosten, wenn nur 35 000 Haushalte angeschlossen sind. Ein auf 150 Plätze ausgelegter Kindergarten bekommt Probleme, wenn lediglich 60 Kinder angemeldet sind. Denn die Aufwendungen für Hausverwaltung, Strom und Heizung sind Fixkosten, die man nicht beliebig senken kann. Für ein Nahverkehrsunternehmen ist es ein erheblicher Unterschied, ob es jährlich 60 Millionen oder 45 Millionen Fahrgäste befördert. Da kommt eine Kostenlawine ins Rollen. Mit jedem verlorenen Bürger türmt sich wie von Zauberhand der öffentliche Schuldenberg auf, weil sich die Staatskredite auf weniger Einwohner verteilen. So hinterließ jeder Sachsen-Anhaltiner, der Ende 2003 in den Westen ging, rund 7900 Euro Schulden. Zum Glück für die anderen: Hat er sich etwa in Bayern niedergelassen, sinkt dort der Schuldenstand pro Kopf.

Auch die Wirtschaftskraft lässt nach. Die Deutsche Bank Research erwartet, dass Ostdeutschland allein schon wegen der dramatischen Bevölkerungsentwicklung zwangsläufig wieder gegenüber Westdeutschland zurückfallen wird. Im Jahr 2020 erreichen die fünf neuen Länder danach bei einer Pro-Kopf-Betrachtung nur noch 60 Prozent des westdeutschen Bruttoinlandsprodukts. Dieser Abstand bliebe langfristig nahezu konstant – 2050 soll er bei 59,5 Prozent liegen. In 45 Jahren wären die neuen Länder damit wieder auf dem Niveau angelangt, das sie Mitte der Neunziger schon einmal erreicht hatten. Das bittere Fazit aus Deutschlands größtem Geldhaus lautet: Demographie verhindert die Angleichung.[69]

Der Osten ist Vorreiter des demographischen Wandels – deshalb könnte er auch der Vorreiter für Lösungsansätze sein, mit denen sich die historisch einzigartigen Herausforderungen meistern ließen. Neue Länder, neue Wege: Der Osten hätte die einmalige Möglichkeit, zum Ideenlabor für den Westen zu werden. Wenn die Not schon groß ist, ließe sich aus ihr zumindest eine Tugend machen.

Alles spricht dafür, dass die Chance vertan wird. Überzeugende Reformkonzepte, die strikt auf demographischer Nachhaltigkeit basieren – sie fehlen. Mutige Politiker, die Klartext reden und ihre Bevölkerung auf einen gewaltigen Umbruch vorbereiten – wo sind sie? Eine andere Finanzpolitik, die Rücksicht auf künftige Generationen nimmt und den morgen Aktiven Luft zum Atmen lässt – die gibt es schon gar nicht. Die Konsequenzen sind absehbar: Die Abhängigkeit der neuen Länder von bundesstaatlichen Geldern wächst noch mehr, und damit sinkt zugleich die Möglichkeit, die ökonomische Kluft zwischen Ost und West zu verringern. Am Ende werden alle zur Kasse gebeten. Im Osten nichts Neues.

In der Schuldenfalle

Sexy Anhalt

Keiner ist gern ein Verlierer. Die Sachsen-Anhaltiner regt es kaum noch auf. Ob Abwanderung, Arbeitslosigkeit oder Firmengründungen – ihr Bundesland liegt im Vergleich fast immer ganz hinten. «Wir sind die Letzten, das weiß doch jedes Kind. Die rote Laterne ist des Landes Markenzeichen. Die geben wir nicht her. Besser ein schlechtes Image als gar keins», glaubt die «Mitteldeutsche Zeitung».

Reinhard Höppner, von Juli 1994 bis Mai 2002 Ministerpräsident in Magdeburg, hat «die Rede von der roten Laterne» stets gewurmt. Er sei «zornig auf alle die, die dieses Land schlecht geredet haben», schreibt er in seinem 2003 veröffentlichten Buch «Acht unbequeme Jahre». Mit böser Absicht habe man versucht, sein «Magdeburger Modell», eine von der PDS tolerierte SPD-Minderheitsregierung, in Misskredit zu bringen: «Dabei war die Lage wirklich nicht so schlecht.»

Zur Ehrenrettung Höppners muss gesagt werden, dass während seiner Regierungszeit das Land auch einmal die Nase in Deutschland ganz vorn hatte: Sachsen-Anhalt revolutionierte das Schuldenmanagement und die Kapitalmarktstrategien der Bundesländer. Dafür gab es auf dem internationalen Parkett viel Lob. «Saxony-Anhalt – the first German Federal State with its own rating», das war 1998 die Botschaft an die Finanzwelt. Magdeburg hatte einen mutigen Schritt unternommen und sich bei der Suche nach günstigem Geld von der renommierten Rating-Agentur Standard & Poor's bewerten lassen. Das Institut verlieh die Note «AA–». Diese Zensur signalisierte Kreditgebern auf der ganzen

Welt, dass dies ein guter Schuldner mit «hoher Zahlungssicherheit» war.

Mit dem eigenen Rating verbreiterte Sachsen-Anhalt schlagartig seine Investorenbasis und konnte sich fortan Kredite auf den globalen Kapitalmärkten beschaffen. Eine spezielle Homepage für Geldgeber wurde geschaltet, der Landesname mit «Sexy Anhalt» übersetzt. Ebenso wie große Konzerne, die vor ihrem Börsengang internationale Präsentationen organisieren, um Aktionäre zu ködern, veranstaltete nun auch das ostdeutsche Bundesland so genannte Roadshows.

In den Vereinigten Staaten, in Japan oder in den arabischen Emiraten stellte sich Sachsen-Anhalt als Schuldner vor und steigerte dadurch seine Bekanntheit. Bis März 2004 wurden 160 solcher Auftritte gezählt. Während die anderen Bundesländer ihre Finanzierungen noch immer nach der Methode der Häuslebauer regelten, legte Magdeburg schon großvolumige Anleihen in Milliardenhöhe auf, traute sich selbst finanztechnisch komplizierte Fremdwährungsanleihen zu und konzipierte sogar «Islamic Bonds», die das Zinsverbot im Koran berücksichtigen.

Die Kreativität wurde 1999 mit einem anerkannten Preis, dem «Best Municipal Borrower of the Year» der «International Financial Review», gewürdigt. «Perfekt gemanagt» titelte das Wirtschaftsmagazin «Capital» und zollte Respekt: «Deutschlands Armenhaus mit Rote-Socken-Leumund macht in der Finanzwelt Karriere.» Bald suchten Baden-Württemberg, Bayern und Hessen ebenfalls um ein Rating nach. Sie erhielten allerdings die Bestnote, das so genannte Triple A. Dieses «AAA» steht für «absolute Kreditwürdigkeit» und bedeutet, dass für Schulden weniger Zinsen gezahlt werden müssen.

Eine solche Einstufung der Bonität war Magdeburg verwehrt worden. Denn unter Ministerpräsident Höppner wurde nicht nur das Schuldenmanagement auf die Höhe der Zeit gebracht, sondern auch der Schuldenstand auf Spitzenwerte getrieben. «Wenn wir Sachsen-Anhalt als ein Unternehmen begreifen würden, müssten wir Konkurs anmelden», klagte der Parlamentarier Michael Hoffmann, obwohl er seinerzeit für die regierende SPD im Magdeburger Landtag saß. Die hinterlassenen Schulden sorgten bei der Nachfolgeregierung unter Ministerpräsident Wolfgang Böhmer (CDU) für wenig Begeisterung. Sie gab kurz nach Übernahme der Amtsgeschäfte einen «Benchmarking-Report» in Auftrag. Er kam zum Schluss, dass Sachsen-Anhalt bei den Finanzen – was sonst – die rote Laterne hielt. Das Land hatte in nahezu allen Bereichen über seine Verhältnisse gelebt und dabei eine mitunter grotesk anmutende Verschwendungssucht an den Tag gelegt.[70]

«Das ärmste Land in Deutschland kann sich nicht die höchsten sozialen Standards leisten», erklärte der neue Finanzminister Karl-Heinz Paqué (FDP) bei der Vorstellung seines ersten Etats: «Wir zahlen im nächsten Jahr 910 Millionen Euro Zinsen, das sind 2,5 Millionen Euro pro Tag und über 100 000 Euro pro Stunde.» Der aus dem Saarland stammende Paqué, der zuvor als Hochschullehrer in Magdeburg gewirkt hatte, betonte, seine schwarz-gelbe Koalition werde die Neuverschuldung bis 2006 «auf null» zurückfahren. Gespart wurde fortan kräftig, doch keineswegs hat Magdeburg die Ausgaben an seine Einnahmen angepasst. Die professionell gemanagten Kreditmarktschulden des Landes und seiner Kommunen, die Ende 2003 die kritische Grenze von 20 Milliarden Euro überschritten hatten, schnellen weiter in die Höhe. Das Ziel, keine neuen Schulden zu machen, wurde erst auf 2007 und dann gleich auf 2011 verschoben.

Beobachter vermuten, dass das junge Bundesland nicht sehr alt wird, denn die horrenden Defizite gefährden seine Existenz. Womöglich bleibt als Ausweg nur die Fusion mit einem stärkeren Partner. Das von Höppner begründete und unter Böhmer nur halbherzig beendete «Magdeburger Modell» ist keine Spezialität Sachsen-Anhalts – es gibt auch ein «Potsdamer Modell» oder ein «Erfurter Modell». Alle diese Modelle verbindet eine Gemeinsamkeit: Mit ihnen ist die Aussicht auf eine hoffnungsvolle Zukunft für lange Zeit vermauert worden.

Das süße Gift der Verschuldung

An einem hat es nach der Wiedervereinigung nie gemangelt: Geld für den Osten hat der Staat immer üppig zur Verfügung gestellt. Es aufzubringen war da schon schwieriger. Drei Möglichkeiten boten sich 1990 an, zwei davon galten als unpopulär und wurden von Bundeskanzler Helmut Kohl verworfen: Weder sind die Staatsausgaben gekappt noch die Steuern empfindlich erhöht worden. Damit blieb nur ein dritter Weg – das Schuldenmachen. Die «Vereinigung auf Pump» hatte eine äußerst angenehme Begleiterscheinung. Die Westdeutschen spürten anfangs kaum die Lasten, die mit dem Wiederaufbau der desolaten Wirtschaft in Ostdeutschland verbunden waren.

Dieser Zustand änderte sich in Raten. Dass die Einheit nicht umsonst zu haben war, konnten Arbeitnehmer bald ihrem Lohnzettel entnehmen. So wurde im April 1991 die Arbeitslosenversicherung teurer, im Januar 1994 stiegen die Beiträge für die Rentenversicherung um gleich mehrere Prozentpunkte. Im März 1991 beschloss man, angeblich wegen des Golfkriegs, eine der größten Steuererhöhungen der Nachkriegsgeschichte. 1994 langte der Staat kräftig beim Mineralöl hin. Ab 1995 erlebte der «Soli», der Solidaritätszuschlag, seine Renaissance: Die Sondersteuer, die im Juni 1992 ausgelaufen war, wurde wieder eingeführt, nun auf unbefristete Dauer. Sie wird inzwischen in Höhe von 5,5 Prozent der jeweiligen Lohnsteuer erhoben.

Doch die höheren Sozialversicherungsbeiträge und Steuern reichten hinten und vorne nicht. Deshalb nahm der Staat weiterhin Kredite auf. Damit begann das süße Gift der Verschuldung zu wirken. Alle öffentlichen Haushalte standen Anfang 1991 mit rund 660 Milliarden Euro in der Kreide.[71] Anfang 2005 hatte Deutschland bereits einen Schuldenberg von über 1,4 Billionen Euro aufgetürmt. Pro Sekunde kommen etwa 1700 Euro hinzu.[72] Lasteten 1991 erst rund 8000 Euro Staatsschulden auf jedem Bundesbürger, waren es vierzehn Jahre später bereits gut 17 000 Euro.

Mit dieser Verdoppelung wurden die Handlungsspielräume der Politik auf allen Ebenen enger, im Kanzleramt, in den Staatskanzleien der Länder und in den Rathäusern. Haushaltspläne waren nun grundsätzlich «auf Kante genäht».

Es musste schon deswegen knapp kalkuliert werden, weil das Verhältnis von Staatsverschuldung zur Wirtschaftsleistung auf Rekordniveau schnellte. Die so genannte Schuldenquote, die 1991 erst 39 Prozent betrug, steuert im Jahr 2005 auf 68 Prozent zu. In den Staaten mit Euro-Währung ist diese Quote im gleichen Zeitraum nur halb so stark gestiegen.[73] Dabei soll der Schuldenstand 60 Prozent nicht übertreffen – so schreibt es der Maastrichter Stabilitätspakt vor. Dieser sieht außerdem eine Obergrenze beim Haushaltsdefizit vor – maximal drei Prozent des Bruttoinlandsprodukts. Gegen beide Kriterien hat Deutschland gleich dreimal in Folge – 2002, 2003 und 2004 – verstoßen. Deshalb gibt es ständig Ärger mit Europa, und Berlin erhält blaue Briefe aus Brüssel.

Sozialdemokraten und Grüne hatten noch in ihrem Koalitionsvertrag von Oktober 2002 die Staatsverschuldung als eine der beiden «größten Erblasten der Vergangenheit» gebrandmarkt – neben der Arbeitslosigkeit. Versprochen wurde: Beim Bundeshaushalt 2006 wolle man ohne Neuverschuldung auskommen, das sei ein «elementarer Beitrag zur Generationengerechtigkeit». Alles Schnee von gestern.

Hans Eichel, der sich lange mit dem Image eines Sparkommissars schmückte, hat längst den Überblick verloren. Statt geplanter 23 Milliarden nahm er 2004 fast 40 Milliarden Euro neue Schulden auf. Nur mit Zahlentricks gelang es, den Schuldenrekord von Vorgänger Theo Waigel (CSU) aus dem Jahr 1996 zu unterbieten. Der aufgehäufte Schuldenberg lässt sich kaum noch abtragen: Wenn der Staat jeden Monat eine Milliarde Euro tilgen würde, bräuchte er 117 Jahre, bis er schuldenfrei wäre.

In der Etatplanung 2005, die 254 Milliarden Euro umfasst, sind die Kosten für die Bundesschuld mit gut 40 Milliarden bereits der zweitgrößte Einzelposten – nach den Ausgaben für Soziales und

Gesundheit mit 84 Milliarden. Seither ist von den Mühlstein-Babys die Rede: Diese bedauernswerten Geschöpfe haben, wie jeder andere Bundesbürger auch, etwa 17 000 Euro Staatsschulden am Hals. 2005 dürfte das Defizitkriterium erneut verfehlt werden. Doch die für diesen Fall vorgesehenen Sanktionen will Eichel nicht akzeptieren. Dabei war es einst die Bundesregierung, die gegen den Widerstand anderer EU-Staaten durchgesetzt hatte, dass Verstöße gegen den Maastrichter Pakt mit empfindlichen Strafzahlungen geahndet werden sollten.

Damals glaubte man allerdings noch, die Kosten der Einheit würden wie bei einem Gleitflug an Höhe verlieren. Bis Ende der neunziger Jahre waren sie zu etwa einem Fünftel von den Beitragszahlern der Sozialsysteme finanziert worden. Vier Fünftel brachten öffentliche Haushalte auf, wobei auf den Bund mit 75 Prozent der Hauptanteil entfiel.[74]

Mangels Masse konnten die ostdeutschen Länder kaum zur Kasse gebeten werden. Sie wurden auch von der Schuldenlast der DDR weitgehend freigestellt. Satte 340 Milliarden D-Mark waren für die Übernahme der Verbindlichkeiten aus dem DDR-Staatshaushalt, die Kosten der Währungsunion und die Sanierungsversuche maroder Ost-Betriebe aufzubringen.[75] Ins wiedervereinte Deutschland starteten die jungen Bundesländer mit einer Verschuldung von nahezu null – der Traum eines jeden Finanzministers.

Mehr noch, für Ostdeutschland wurde ein Rundum-sorglos-Paket geschnürt – bestehend aus dem Fonds «Deutsche Einheit» (1990 bis 1994, 160 Milliarden D-Mark), dem Solidarpakt I (1995 bis 2004, 210 Milliarden D-Mark) und dem Solidarpakt II (2005 bis 2019, 156 Milliarden Euro). Die drei Programme, verteilt auf dreißig Jahre, kosten nominal 345 Milliarden Euro – fast anderthalbmal so viel wie der gesamte Bundeshaushalt 2005.

Mit dem von Bund, Ländern und Gemeinden finanzierten Fonds «Deutsche Einheit» waren die ostdeutschen Länder und Kommunen zwar noch unterfinanziert, doch schon damals erhielten sie viel Geld. Es sollte ihre Finanzkraft stärken und helfen, die Haushaltsdefizite zu beschränken. Ab 1995 trat dann der opulente Solidarpakt I an die Stelle des Sondervermögens, und damit wurden die neuen Länder auch in den gesamtdeutschen Länderfinanzausgleich eingegliedert. Dieser Ausgleichsmechanismus begünstigt ärmere Bundesländer, wobei die Zahlungen in einem selbst für viele Politiker verwirrenden System ermittelt werden, das mehrere Stufen durchläuft. Beim so genannten horizontalen Finanzausgleich wird bis zu einem Viertel der Umsatzsteuer – das Aufkommen der bedeutendsten Einnahmequelle des Fiskus teilen sich Bund und Länder – herangezogen und an die weniger Leistungsstarken überwiesen. Die Einnahmen der ostdeutschen Länder erhöhten sich mit dieser Umverteilung um ein gutes Zehntel. Daneben zahlen die reicheren Bundesländer für die ärmeren – das ist der Länderfinanzausgleich im engeren Sinne. Baden-Württemberg, Hessen, Bayern und Nordrhein-Westfalen brachten 2003 zusammen 6,6 Milliarden Euro auf. Mehr als acht Zehntel gingen in den Osten.

Bleibt noch der vertikale Finanzausgleich: Der Bund stellt wirtschaftsschwachen Ländern so genannte Bundesergänzungszuweisungen zur Verfügung – 2003 insgesamt gut 15 Milliarden Euro. Gut vier Fünftel oder fast 13 Milliarden Euro haben die neuen Länder und Berlin erhalten.

Weil die Geldströme nur eine Himmelsrichtung kennen, fühlt sich mancher an imperiale Verhältnisse erinnert. «Der Westen wurde im Zuge der Wiedervereinigung zur Kolonie des Ostens», klagt Buchautor Gabor Steingart in seinem Nachruf «Deutschland – Der Abstieg eines Superstars». Doch weder schwingen die Ostdeutschen die Peitsche, noch liegen die Westdeutschen in Ketten. Schlüssiger ist da das Bild eines «Versicherungskontraktes», mit dem man Anfang der neunziger Jahre versucht hatte, die innerdeutschen Beziehungen zu erklären. Zwischen West und Ost wurde gewissermaßen ein Geschäft auf Gegenseitigkeit geschlossen. Die alte Bundesrepublik hat demzufolge die Bürger der DDR mit der Zusage einer annähernd unbegrenzten Zuschusspflicht gegen alle Risiken der Systemumstellung «versichert». Als «Prämie» erhielt sie dafür Land und Vermögen des ostdeutschen Staates, deren Einwohner nun den vereinbarten Versicherungsschutz einfordern.[76] Jedenfalls erhielten die neuen Bundesländer eine grundsolide Finanzausstattung. Der Osten ist nicht nur auf den Weststandard gehoben worden, was für sich schon eine große solidarische Leistung darstellt. Mehr noch, weil viele Brücken zu bauen, Straßen zu erneuern und Gebäude zu sanieren sind, können je Einwohner erheblich höhere Beträge als im Westen eingesetzt werden. So lagen die Pro-Kopf-Ausgaben der ostdeutschen Flächenländer 2003 bei beachtlichen 3913 Euro. Von solchen Summen können die westdeutschen Flächenländer nur träumen: Sie mussten sich mit 2783 Euro begnügen – das sind 71 Prozent des Ost-Niveaus.[77]

Noch nie in der Geschichte ist eine arme Region so allumfassend subventioniert worden. Der Osten kann sogar viel mehr Geld ausgeben als der Westen, der die Mittel aufbringt: Dieser Sachverhalt ist den meisten Ostdeutschen ebenso wenig bewusst wie die Tatsache, dass ihre Länder, Städte und Gemeinden ohne die Hilfen aus dem Westen sofort ruiniert wären. Nicht einmal die Löhne und Gehälter für das Personal in den Amtsstuben könnten ohne die Transfers bezahlt werden. Auch Kultur, Schulen, Universitäten und Krankenhäuser wären im derzeitigen Umfang nicht finanzierbar.

Ständig verbrauchen die neuen Länder Geld, das sie nicht selbst erwirtschaften. Das gilt inzwischen als Selbstverständlichkeit, zumal ein komplizierter Verteilmechanismus die Herkunft der Mittel verschleiert. Ist es da nicht zwangsläufig, dass sich Anspruchsmentalität und Wohlstandsillusion herausbildeten? Was aber geschieht, wenn die Zuwendungen gedrosselt werden? Das wird bald der Fall sein. Der Landeshaushalt von Brandenburg hat 2005 ein Volumen von knapp zehn Milliarden. Im Jahr 2020, wenn der degressiv gestaltete Solidarpakt II ausgelaufen ist, stehen voraus-

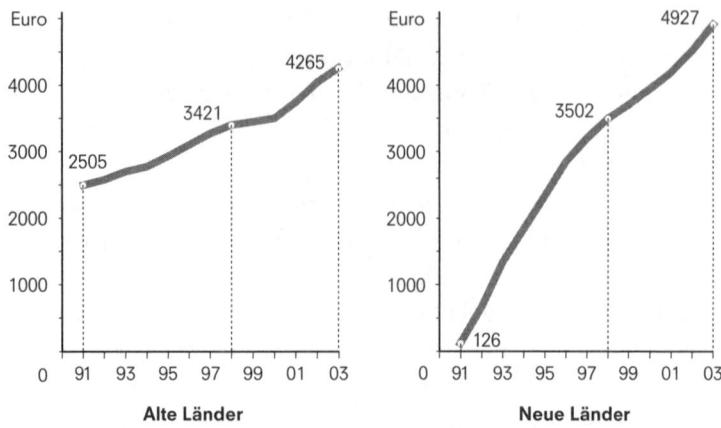

Abb. 12 Pro-Kopf-Verschuldung der Flächenländer

Quelle: Bundesfinanzministerium

sichtlich nur rund 7,5 Milliarden Euro zur Verfügung.[78] Das aber würde Kürzungsorgien ohne Ende bedeuten – ob die gelingen?

Solche Sorgen musste sich Anfang der Neunziger niemand machen. Anders als die postkommunistischen Staaten hatte Ostdeutschland einen großen Bruder – und der zahlte zuverlässig. Trotzdem zapften die neuen Länder unverständlicherweise eine Zusatzquelle an: Im Rekordtempo wurden ständig neue Kredite aufgenommen. Zum überlassenen Geld kam nun auch noch das geliehene Geld hinzu. Bald drehte sich im Osten die Schuldenspirale schneller als im Westen, obwohl der doch die Hauptlast für das Aufbauwerk trug.

Schulden, Schulden und nochmals Schulden: Zumindest in diesem Bereich ist dem Osten die Aufholjagd eindrucksvoll gelungen. In den ersten dreizehn Jahren stieg die Verschuldung von null auf rund 83 Milliarden Euro – das ist weltrekordverdächtig. Bereits 1998 überrundeten die neuen Bundesländer, die Kommunen nicht eingerechnet, mit einer durchschnittlichen Pro-Kopf-Verschuldung von 3502 Euro die alten Länder um 81 Euro. Der Osten hatte das Schuldenniveau, das von den westdeutschen Länder langsam über ein halbes Jahrhundert hinweg aufgebaut worden war, in gerade mal acht Jahren erreicht (Abb. 12).

Walter Ulbrichts berühmte Forderung, die DDR müsse die BRD überholen, ohne sie einzuholen, ging im vereinten Deutschland auf kuriose Weise in Erfüllung. Der Osten zog mit der Höhe seiner Kredite am Westen vorbei, ohne dadurch auch nur in die Nähe von dessen Wirtschaftskraft zu gelangen.

Ostdeutschland hat sich sogar weitaus stärker verschuldet, als es auf den ersten Blick scheint. Die absoluten Zahlen taugen nicht als Vergleichsmaßstab. Es zählt vielmehr, was jede Bank prüft – das Leistungsvermögen eines Kreditnehmers. Während zehntausend Euro Schulden für einen selbständigen Handwerksmeister womöglich ein überschaubares Risiko darstellen, kann eine gleich hohe Verbindlichkeit einen Sozialhilfeempfänger restlos überfordern. Ähnlich verhält es sich bei den öffentlichen Schulden. Im Osten haben Staatskredite ein höheres Gewicht als im Westen. Die Schuldenquote, also die Kredithöhe im Verhältnis zum Bruttoinlandsprodukt, legt diese Unterschiede offen. Erst sie zeigt, in welch ausweglose Situation die öffentlichen Finanzen in Ostdeutschland manövriert worden sind. Mit Ausnahme von Sachsen sind die Raten der neuen Länder fast doppelt so hoch wie die der westdeutschen Flächenländer (Abb. 13).

Auch ohne Anrechnung der anteiligen Bundesschulden hatten Brandenburg, Mecklenburg-Vorpommern und Thüringen 2003 jeweils eine Schuldenquote von rund 40 Prozent – mehr als der gesamte Staat Irland mit knapp 31 Prozent. Das Schlusslicht Sachsen-Anhalt kam sogar auf 45 Prozent und erreichte damit annähernd das Niveau Dänemarks. Solche Schuldenquoten sind abnorm – und würden die sofortige Einweisung auf die finanzpolitische Intensivstation rechtfertigen.

Eine vergleichbar hemmungslose Schuldenmacherei wäre den mittel- und osteuropäischen Wendestaaten nach 1990 schon dadurch verwehrt worden, dass ihre Kreditgeber empfindliche Straf-

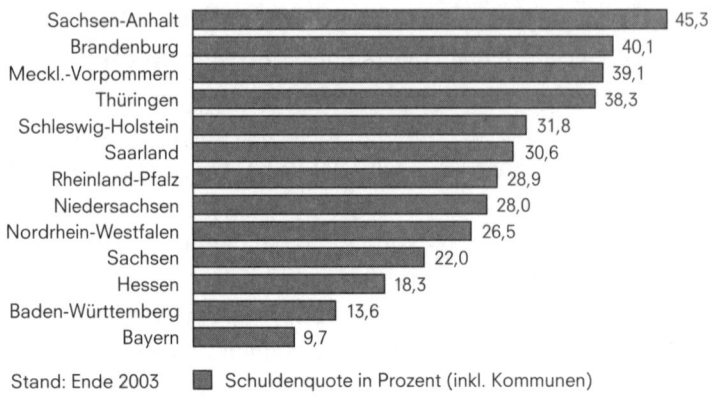

Sachsen-Anhalt	45,3
Brandenburg	40,1
Meckl.-Vorpommern	39,1
Thüringen	38,3
Schleswig-Holstein	31,8
Saarland	30,6
Rheinland-Pfalz	28,9
Niedersachsen	28,0
Nordrhein-Westfalen	26,5
Sachsen	22,0
Hessen	18,3
Baden-Württemberg	13,6
Bayern	9,7

Stand: Ende 2003   ■ Schuldenquote in Prozent (inkl. Kommunen)

Abb. 13 Anteil der Staatsschulden an der Wirtschaftskraft
Quelle: Stat. Landesamt Meckl.-Vorpommern

zinsen verlangt hätten. Obwohl diese Reformländer das Schuldenerbe ihrer kommunistischen Vorgänger antreten mussten und obwohl sie eigenständige Staaten sind, weisen sie fast durchweg solidere Staatsfinanzen auf als der ostdeutsche Staatsteil. Die Schuldenquote liegt in Tschechien bei 26 Prozent, in Rumänien bei 29 Prozent und in der Slowakei bei 34 Prozent.

Die ostdeutschen Länder hatten zwar kaum bessere Wirtschaftsdaten vorzuweisen als die jungen Reformstaaten. Trotzdem wurden sie als solvente Schuldner eingestuft und erhielten wie Sachsen-Anhalt von den Rating-Agenturen eine passable Beurteilung ihrer Bonität – denn hinter ihnen steht letztlich der deutsche Staat. Dank solcher Haftungsverhältnisse blieb das finanzielle Harakiri ohne Sanktionen. Der Maßlosigkeit waren damit keine Grenzen gesetzt.

Aus der Geschichte sind drei Hauptursachen für eine explodierende Verschuldung bekannt: Kriege, Wirtschaftskrisen und Verschwendungssucht. Letzterer wurde in Ostdeutschland nach

138

1990 gehuldigt – in Form der schon zuvor erprobten Volksbeglückung. Vielerorts kultivierte man eine DDR im Kleinen, nun aber in besonders edler Form, die alles im Sozialismus Bekannte sprengte. Mochte der alte Staat auch untergegangen sein, seine allumfassende Fürsorgepolitik lebte fröhlich weiter. Die Menschen mussten ein neues Gesellschaftssystem verdauen, und deshalb kümmerten sich ihre gewählten Volksvertreter um sie in geradezu rührender Weise – ob bei der Kinderversorgung oder der Schulbetreuung, ob bei Freizeiteinrichtungen oder Kulturangeboten. Im Osten bot der Staat seinen Bürgern fast durchweg mehr als das, was im Westen üblich war. Dort, wo gegenüber den alten Ländern Nachholbedarf bestand, wurde rasch gleichgezogen. Sachsen-Anhalt etwa führte das 13. Schuljahr ein, was die Ausgaben im Bildungsbereich in die Höhe trieb.

Mit Rücksicht auf die angespannte Situation auf dem Arbeitsmarkt vermied man Kündigungen in den Verwaltungen, die zu DDR-Zeiten hoffnungslos übersetzt waren. Mehr noch, im Osten bezahlte der Staat seine Diener sogar vergleichsweise besser als die Privatwirtschaft ihre Beschäftigten, obwohl diese doch über ihre Steuern die Bürokratie finanzieren müssen. Der öffentliche Dienst übernahm in den neuen Ländern die Rolle des Lohnführers – im Westen lagen die Tarifabschlüsse lediglich im Mittelfeld.

Statt den Menschen Selbstverantwortung nahe zu bringen, fütterte man unablässig die kollektive Anspruchshaltung, die sie im untergegangenen Obrigkeitssystem gelernt hatten. Dabei eröffnete die neue Währung ganz neue Möglichkeiten, und ein D-Mark-Sozialismus gedieh.

In Ostdeutschland sei ein bestimmter Persönlichkeitstypus konserviert worden, urteilt der Politologe Jerzy Maćków: «Der Sowjetmensch war zur Eigeninitiative unfähig, er passte sich den vom Staat geschaffenen Rahmenbedingungen an, von denen er vor allem ökonomische Sicherheit verlangte. An diesem Leben hat sich nach dem Umbruch von 1989 gar nicht so viel verändert.»[79] Mit der Fixierung auf eine schnelle Anpassung an westliche Wohlstands- und Gehaltsstandards habe man auf den selbstbestimmten Wiederaufbau verzichtet, glaubt der polnische Wissenschaftler.

Deshalb gebe es in Ostdeutschland auch keine lebendige westliche Zivilgesellschaft – anders als in den erfolgreichen Reformstaaten Mittelosteuropas, wo die Menschen ins kalte Wasser der Marktwirtschaft geworfen worden seien und sich notgedrungen vom «barbarischen Allzuständigkeitsstaat» hätten emanzipieren müssen.

Niemand hat die Strategie des Bewahrens konsequenter verfolgt als der Kirchenjurist Manfred Stolpe. Um Wohltaten für seine Brandenburger Landeskinder zu erhalten, nahm der frühere SPD-Regierungschef und heutige Bundesverkehrsminister besonders viele Kredite auf. Bis Mitte der neunziger Jahre war sein Land höher verschuldet als Sachsen-Anhalt. Stolpe räumte 2004 ein, man habe das «DDR-Bekümmerungssystem mit Westgeld» fortgesetzt. Seine späte Erkenntnis: «Die Politik wäre es den Menschen schuldig gewesen, zu sagen, wir werden das spätestens Anfang des neuen Jahrtausends so nicht mehr durchhalten können.»[80]

Auch die Politiker, die aus den alten Ländern importiert wurden, schöpften aus dem Vollen. Thüringens ehemaliger Ministerpräsident Bernhard Vogel (CDU) verkündete, dass er für eine niedrigere Arbeitslosigkeit gern eine höhere Verschuldung in Kauf nehme. So zögerte er mit exorbitanten Subventionen immer wieder das Ableben maroder Betriebe hinaus, besonders wenn es sich wie beim Mopedhersteller Simson um Identifikationssymbole handelte.

Wird Geld sinnlos verbrannt, sprechen die Angelsachsen von der *Flush Rate*; hat es sich endgültig in Rauch aufgelöst, kommt es zum *Fume Day*. Vergleichbare Katastrophentage gab es auch in den neuen Ländern: Irgendwann Mitte der neunziger Jahre kippte der Osten – finanziell. Die Spielräume, die man den neuen Ländern nach der Wiedervereinigung eingeräumt hatte, waren ausgeschöpft. Damit war die Sache im Großen und Ganzen gelaufen, die Länder hatten sich tief in einer ausweglosen Schuldenfalle verstrickt. Ausgenommen davon ist allein der Freistaat Sachsen, der seine Finanzpolitik an strikter Nachhaltigkeit orientierte und nicht den Größenwahn der anderen ostdeutschen Länder kopierte.

Nun setzte das ein, was die Bundesbank als «Teufelskreis der Schuldendynamik» bezeichnet: Die aufgehäuften Schulden machten ständig neue Kreditaufnahmen erforderlich. Die ostdeutschen Regierungschefs aber verdrängten nach wie vor die prekäre Kassenlage. Sie hofften auf höheres Wachstum, mehr Beschäftigung und damit kräftigere Steuereinnahmen – man machte weiter wie zuvor. Die Probleme nahmen überhand.

Inzwischen ist der desaströse Zustand der ostdeutschen Haushalte dramatischer als die kranken DDR-Staatsfinanzen Ende der Achtziger. So wie damals ist auch heute eine Sanierung aus eigener Kraft völlig unmöglich. Mal sehen, wann die Solidargemeinschaft um ein neues Sonderopfer gebeten wird.

Der Aufbau Ost jedenfalls ist empfindlich geschwächt worden. Statt energisch den Aufholprozess zum Westen voranzutreiben, müssen die neuen Länder ihre ganze Energie darauf verwenden, Ausgaben und Einnahmen in Einklang zu bringen. Leicht wird das nicht fallen, denn die Handhabung des Rotstifts gehört im ostdeutschen Fördergebiet, in dem die Transfers nahezu alle Sphären der Gesellschaft durchdrungen haben, nicht zum gewohnten Repertoire. Es entstand eine Subventionsmentalität, die sich kaum beherrschen lässt.

Kein Wunder: In jedem der neuen Bundesländer gibt es rund 200 Fördertöpfe, die mit schätzungsweise neun Milliarden Euro dotiert sind und die es ständig anzuzapfen gilt.[81] Die Programme haben einen Haken: In der Regel muss ein Drittel des Geldes selbst aufgebracht werden – meist über Kredite. Aber warum auf die anderen zwei Drittel verzichten?

Die Vielfalt der Möglichkeiten, Staatsknete abzuschöpfen, hat im Osten ein ganz eigenes Spezialwissen entstehen lassen: Herangewachsen ist eine Garde von Experten, die sämtliche Pfade im Förderdschungel kennen. Die Stadt Leipzig prahlte lange damit, dass bei ihr kein einziger Cent verfalle, der in Anspruch genommen werden könne. Ob mit der Förderung etwas Sinnvolles entsteht, ist Nebensache. Wie viel Geld in eine Region geholt wird, gilt als Maßstab für politischen Erfolg. Bei der letzten Landtagswahl stellte die Brandenburger SPD ihren Genossen umfangreiche Förderlisten als Argumentationshilfe zur Verfügung. Regelmäßig vor Wahlen werden vermehrt Subventionsbescheide ausgehändigt.

Etwa die Hälfte der Programme dient nicht der Stärkung der Wirtschaftskraft, sondern dem Konsum.[82] Mit dem Geld wird eine opulente Freizeitinfrastruktur aufgeblasen. Egal, ob Reitwege, Sportpaläste oder Seebrücken, stets sind Fördermittel mit im Spiel. Im Erzgebirge schossen die Erlebnisbäder wie Pilze aus dem Boden – allein dort 14 an der Zahl. Angesichts solcher moderner Lunaparks sind westdeutsche Politiker bei Besuchen in Ostdeutschland erstaunt, was ihre Kollegen alles auf die Beine stellen. Solchen Neid kann Thüringens Ministerpräsident Dieter Althaus nicht nachvollziehen: «Wir wollen auch für unsere Bewohner ein attraktiver Standort sein.» Es ist genau dieser Geist, der ins ostdeutsche Finanzchaos geführt hat.

«Wir brauchen eine tatsächliche Politik der volkswirtschaftlichen Strenge», hatte der ehemalige Wirtschaftsminister Karl Schiller (SPD) schon 1994 als Konsequenz aus der Wiedervereinigung gefordert. Soziale Verteilungskämpfe müssten zurückgedrängt, produktive Kräfte wieder belebt und öffentliche Haushalte saniert werden. Das Gegenteil trat ein. Die gesamtstaatliche Investitionsquote hat sich laut Ostdeutschem Bankenverband von 1990 bis 2003 um mehr als ein Drittel reduziert. Das ist nicht nur im internationalen Vergleich blamabel, sondern zeigt darüber hinaus, dass mit dem Schuldengeld für den Aufbau Ost keine Werte entstanden sind – es wurde allein für den Konsum verbraucht.

Streng gewirtschaftet hat man weder im Westen und erst recht nicht im Osten. Dort reden die Finanzminister zwar unverfroren von Konsolidierung. Tatsächlich öffnet sich die Schuldenschere zwischen Ost und West immer weiter. Ende 2003 hatten die neuen Länder im Pro-Kopf-Vergleich zum Westen in absoluten Beträgen – also ohne Berücksichtigung ihrer geringeren Wirtschaftskraft – bereits eine um 16 Prozent schwerere Last zu schultern. Pro Einwohner mussten die ostdeutschen Landeshaushalte deshalb 225 Euro Zinsen zahlen – im Westen waren es 22 Euro weniger. Würde man Sachsen mit seinen soliden Finanzen aus dem ostdeutschen Durchschnitt herausnehmen, wären die Zahlen für die restlichen Ost-Länder noch schlimmer.

Regelmäßig schlagen die Rechnungshöfe Alarm. «Die Entwicklung der öffentlichen Verschuldung wird in ihrer Dramatik immer noch unterschätzt», warnen ihre Präsidenten und fordern einen Schuldenabbau. Schulden tilgen? Reines Wunschdenken. Bestenfalls wird die Höhe der Neuverschuldung in Trippelschritten zurückgeführt – wenn überhaupt. Sachsen-Anhalt konnte 2004 keinen verfassungsgemäßen Haushalt mehr aufstellen. Weil benötigte Kredite von 1,317 Milliarden über den geplanten Investitionen von 916 Millionen lagen, musste ein Nachtragshaushalt aufgelegt und das «Vorliegen einer Störung des gesamtwirtschaftlichen Gleichgewichts» amtlich festgestellt werden. Um das Drei-Prozent-Defizitkriterium im Maastrichter Stabilitätspakt erfüllen zu können, sind alle gefordert – verteilt sich die Quote doch auf sämtliche Staatshaushalte. 2004 hat allein Sachsen-Anhalt mit seinen Kommunen die Zielvorgabe übertroffen. In keinem Flächenland sind die Löcher im Etat größer – keines ist so verschuldet wie das strukturschwache Sachsen-Anhalt (Abb. 14).

Ärger noch ist es um den Stadtstaat Berlin bestellt, der einen Schuldenberg von 60 Milliarden Euro aufgehäuft hat. 2000 waren es umgerechnet erst 33 Milliarden Euro, kurz nach der Wiedervereinigung lediglich acht Milliarden Euro. Berlin muss inzwischen pro Euro, der als Steuer eingenommen wird, sofort wieder 29 Cent für Schuldzinsen ausgeben. In Sachsen-Anhalt sind es bereits

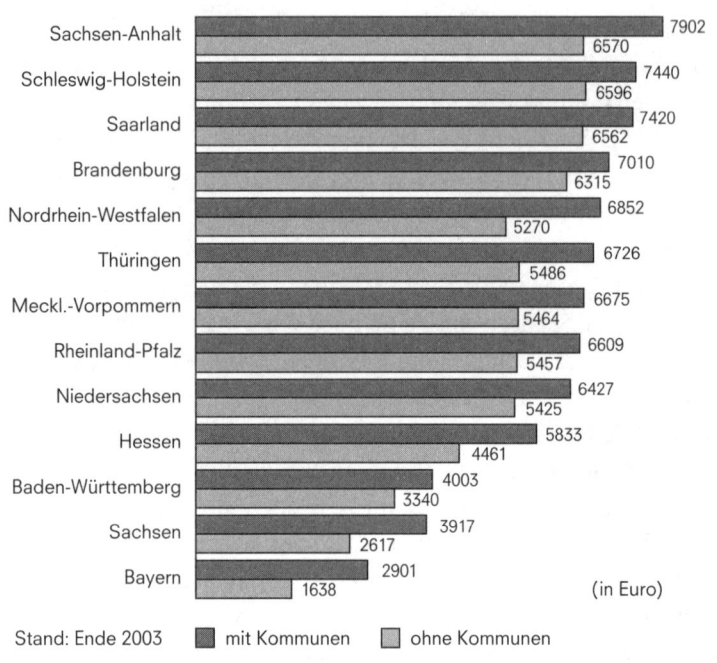

Bundesland		
Sachsen-Anhalt	6570	7902
Schleswig-Holstein	6596	7440
Saarland	6562	7420
Brandenburg	6315	7010
Nordrhein-Westfalen	5270	6852
Thüringen	5486	6726
Meckl.-Vorpommern	5464	6675
Rheinland-Pfalz	5457	6609
Niedersachsen	5425	6427
Hessen	4461	5833
Baden-Württemberg	3340	4003
Sachsen	2617	3917
Bayern	1638	2901

(in Euro)

Stand: Ende 2003 ■ mit Kommunen □ ohne Kommunen

Abb. 14 Pro-Kopf-Verschuldung der Bundesländer
Quelle: Diverse Finanzministerien

21 Cent, im übrigen Osten immerhin 17 Cent. Der bundesweite Durchschnitt beträgt zwölf Cent, als einziges Ost-Land liegt Sachsen mit weniger als zehn Cent darunter.[83]

Empfindlich gestört sind die Verhältnisse auch in Thüringen, das 2004 ebenfalls gezwungen war, einen Nachtragshaushalt zu verabschieden. Die Lösung des Problems: neue Kredite. Dabei hatte Regierungschef Althaus diesen Schritt im Juni kategorisch ausgeschlossen: «Das können wir uns nicht leisten.» 2004 sollten zunächst 202 Millionen Euro neue Schulden gemacht werden. Kaum waren die ersten Monate des Jahres vergangen, wurde der Ansatz auf 695 Millionen Euro erhöht. Dann wartete man zunächst die Landtagswahl im Juni ab. Kurz nach der Auszählung der Stimmen wurde die Neuverschuldung auf fast eine Milliarde hochgefahren – 988 Millionen Euro. Im so genannten Reformhaushalt 2005 klafft eine Lücke von annähernd zwei Milliarden. Sie soll nicht zuletzt durch 985 Millionen Euro neue Schulden ausgeglichen werden. Ob es dieses Mal bei dieser Summe bleibt? Rund zwei Milliarden Kredite in zwei Jahren: Das bedeutet, dass jeder einzelne Thüringer zusätzlich mit rund 850 Euro belastet wird – dafür muss das Land Zinsen zahlen. Dauerhaft.

Vor diesem Hintergrund wirkte es wie eine Nummer aus dem Kabarett, als der frisch wiedergewählte Althaus im September 2004 seine erste Regierungserklärung unter das Motto stellte: «In Verantwortung für Thüringen: Die Chancen der Freiheit nutzen». Nun will er «Strukturen» auf den Prüfstand stellen: «Aber Sparen bedeutet nicht ‹Kaputtsparen›.» Was für den Menschen gelte, treffe schließlich auch auf den Staat zu: «Es ist nicht ganz einfach, Übergewicht, lästige Pfunde wieder loszuwerden.»

Das hatte einige Monate zuvor bei seiner Finanzministerin Birgit Diezel (CDU) ganz anders geklungen: «Zupfen, raffen und Gürtel-enger-Schnallen nützt nichts mehr, der Anzug muss zur Änderungsschneiderei.» Bald darauf störte sie der viel zu weite Zuschnitt nicht mehr. Höhere Schulden seien sinnvoll gewesen – um «die Lebensverhältnisse anzugleichen». Der Etat Thüringens wird fast zur Hälfte durch Gelder der Europäischen Union, des Bundes und über den Länderfinanzausgleich gespeist.[84]

Den Besuch beim Änderungsschneider meiden auch Brandenburg und Mecklenburg-Vorpommern. Sie liegen bei der Kreditverschuldung ebenfalls in der Spitzengruppe – absolut und bezogen auf ihre Wirtschaftskraft. «Wir sparen derzeit überhaupt nicht», erklärte Brandenburgs Kassenwart Rainer Speer (SPD) im Oktober 2004, «wir reden lediglich über eine Absenkung der weiteren Landes-Verschuldung.» Und die fällt mager aus – angeblich um «unvertretbare Brüche» zu vermeiden. Rund 900 Millionen Kredite sollen 2005 aufgenommen werden – ein Betrag, der das Leistungsvermögen des Landes überfordert. Wenn die Ausgaben für Personal und Verwaltungen nicht bis 2009 drastisch gekürzt würden, «drohen im ganzen Osten Schuldenverhältnisse wie in Berlin», sagte die Schweriner Finanzministerin Sigrid Keler (SPD) dem «Tagesspiegel». Na und? Solche Erkenntnisse sind nicht neu – Folgen haben sie bislang noch nie gehabt.

Im Osten grassiert unverändert das alte DDR-Syndrom: Gnadenlos wird auf Pump gelebt. Ob die Ministerpräsidenten nun Böhmer, Platzeck, Althaus oder Ringstorff heißen – sie hinterlassen bereits den Jugendlichen, die heute 15 Jahre alt sind, ein heillos zerrüttetes Gemeinwesen. Ob sie manchmal daran denken? Mit der permanenten Neuverschuldung lösen sie kein einziges Strukturproblem. Im Gegenteil, sie verfestigen im Osten eine kranke Ökonomie. Während das Wachstum der neuen Länder 2003 stagnierte, haben sich die Landesschulden um fast neun Prozent erhöht. Das heißt: Ohne die mit Schulden finanzierten Ausgaben, die stimulierend auf die Wirtschaft wirken, könnten die neuen Länder nicht einmal Nullwachstum erzielen.

Allein in Sachsen ist das Bild erfreulicher: Hier stand 2003 einem realen Wachstum um 855 Millionen Euro eine Neuverschuldung von moderaten 390 Millionen Euro gegenüber. Der Freistaat belegt eindrucksvoll, dass nach der Wiedervereinigung sehr wohl eine bessere Finanzpolitik möglich war. Im bundesweiten Vergleich steht Sachsen exzellent da – nur Bayern weist weniger Schulden aus. Auch wenn der strengere Maßstab der Schuldenquote herangezogen wird, gehört das Land mit Hessen, Baden-Württemberg und Bayern zur Gruppe der vier Besten. Im ostdeutschen Maßstab trennen Sachsen von den anderen neuen Ländern bereits Welten.

Dresden hatte Ende 2003 nicht einmal halb so viele Schulden wie Magdeburg, Potsdam, Erfurt oder Schwerin. Dabei waren die Ausgangsbedingungen der neuen Länder 1990 vergleichbar. Bezogen auf die Wirtschaftskraft, nahm Sachsen lediglich einen Mittelplatz ein, auch die Steuereinnahmen lagen im ostdeutschen

Durchschnitt. Anders als die anderen Länderregierungen schreckte das sächsische Kabinett aber nicht davor zurück, über Jahre hinweg unpopuläre Maßnahmen zu treffen – also Personalkosten zu senken und Stellen zu streichen. Bereits 1999 zahlte Sachsen je Einwohner nur 1680 D-Mark für Landesbedienstete – bundesweit der niedrigste Wert. Gekappt wurden auch freiwillige Leistungen. So verzichtete das Land weitgehend auf eine eigene aktive Arbeitsmarktpolitik und zahlte kaum Zuschüsse für außerbetriebliche Ausbildungsplätze. Sachsen hat bei einem Ost-Vergleich pro Einwohner das geringste Haushaltsvolumen. Der Staat lehnt es also ab, einen Teil jener Aufgaben zu erfüllen, die anderswo selbstverständlich sind – aber offenkundig entbehrlich.

Auf unerwartete Rückgänge der Steuereinnahmen reagierte Dresden umgehend mit rigorosen Haushaltssperren. Trotzdem konnte mehrfach in Folge die Neuverschuldung gedrückt werden. Ursprünglich sollte sie im Jahr 2007 gerade noch zehn Millionen Euro betragen. Nun ist das ehrgeizige Ziel bis 2009 gestreckt worden – das hat mit der neuen politischen Lage in Sachsen zu tun. Nachdem die CDU drei Legislaturperioden allein geherrscht hatte, musste sie nach der Landtagswahl im Herbst 2004 die SPD als Bündnispartner an Bord nehmen. Große Koalitionen sind ausgabefreudiger als andere Regierungskonstellationen.

Bei den endlosen Streichoperationen in der Vergangenheit führte Finanzminister Georg Milbradt elf Jahre lang, von November 1990 bis Januar 2001, die Regie. Sachsens oberster Buchhalter, nach einem Verdikt seines Vorgängers Biedenkopf ein «hoch begabter Fachmann, aber ein miserabler Politiker», musste im November 2004 eine bittere Niederlage einstecken. Ihm fehlten bei seiner Wiederwahl zum Ministerpräsidenten fünf Stimmen aus den eigenen Reihen, während sein NDP-Gegenkandidat zwei zusätzliche Stimmen aus dem demokratischen Lager erhielt. Gleichwohl würde der Freistaat ohne Milbradt anders aussehen. Der Christdemokrat, 1987 als Kämmerer der Stadt Münster mit dem «Eisernen Steuergroschen» des Steuerzahlerbundes ausge-

147

zeichnet, war keineswegs der einzige fähige Finanzpolitiker, der in den neuen Ländern wirkte. Doch im Gegensatz zu seinen Kollegen konnte er den Sparkurs politisch durchsetzen. Die ständigen Konsolidierungsbemühungen waren nicht nur eine Bringschuld gegenüber der westdeutschen Solidargemeinschaft, sie lagen letztlich auch in eigenem Interesse.

Jetzt werden die Früchte geerntet. In den letzten Jahren verzeichnete Sachsen die größte wirtschaftliche Dynamik. Der sparsame Umgang mit dem Geld erlaubte es aber auch, in ausgewählten Bereichen Prioritäten zu setzen – so in der Kultur. 2003 gab Sachsen, inklusive seiner Gemeinden, hierfür 167 Euro je Einwohner aus – unter den Bundesländern leistete sich nur Berlin mit 185 Euro noch höhere Ausgaben. Trotzdem weist Sachsen die höchste Investitionsquote aller deutschen Länder aus. Das wirkt sich inzwischen auch auf die Einnahmen aus – das Land konnte seine Steuerkraft gegen den Trend steigern. Die Bertelsmann Stiftung spricht von «beispielhaft solider Haushalts- und Finanzpolitik».

Weil weniger Schulden gemacht wurden, müssen weniger Zinsen gezahlt werden. Wäre die Zinslast ebenso hoch wie in Sachsen-Anhalt, könnte Sachsen fast eine Milliarde Euro weniger in den Aufbau seiner Wirtschaft stecken. Hohe dreistellige Millionenbeträge wären es im Vergleich zu Brandenburg, Thüringen und Mecklenburg-Vorpommern. Diesen Ländern fehlt nun die Kraft, das Wachstum anzukurbeln und Arbeitsplätze zu schaffen.

Die vermeintlich sozialen Wohltaten in der Vergangenheit fordern jetzt ihren Tribut. In Thüringen fiel die Investitionsquote, die Anfang der neunziger Jahre im ostdeutschen Schnitt bei über 30 Prozent lag, bereits 2002 unter die 20-Prozent-Marke. Brandenburg kam 2003 auf magere 18,6 Prozent. Es ist der niedrigste Wert eines neuen Bundeslandes seit der Wiedervereinigung. Sachsen-Anhalt strebt künftig eine Quote von 17 Prozent an. Sie wird nicht zu halten sein. Damit kommen die Mittel, die Westdeutschland aufbringt, immer weniger ihrem eigentlichen Zweck zugute – dem Aufbau Ost.

Sickergruben für Fördermilliarden

Interne Papiere aus dem Berliner Regierungsapparat bleiben selten geheim. Das galt auch für ein Dossier des Finanzministeriums. Es enthielt brisante Zahlen und sollte deshalb unter Verschluss bleiben. Vergeblich. «Hier wird das ganze Ausmaß der Verschwendung offenbar!», berichtete das ARD-Magazin «Kontraste» im April 2004 und erzählte eine unglaubliche Geschichte von der Verschwendung beim Aufbau Ost. Was war geschehen? Nach zwölf Jahren Einheit wollte die Bundesregierung erstmals genau wissen, wofür das viele Fördergeld in Ostdeutschland eigentlich ausgegeben wird. Deshalb hatte der Finanzminister die neuen Bundesländer und Berlin verpflichtet, jedes Jahr «Fortschrittsberichte Aufbau Ost» zu erstellen. 2003 legten die sechs Länder erstmals ihre Berichte für das Jahr 2002 vor, und das Finanzministerium wertete sorgfältig aus. Die Ergebnisse waren schockierend. Milliardensummen seien «verfrühstückt» worden, informierte «Kontraste» seine Zuschauer: «Gestört hat das offenbar niemanden.»

Der wichtigste Fortschritt, der sich mit den so genannten Fortschrittsberichten eingestellt hatte, war ein Erkenntnisgewinn: In Ostdeutschland werden wissentlich, systematisch und massiv Aufbaugelder verschleudert. Unabhängig vom Finanzministerium fanden das später auch mehrere Fachleute heraus, die die Zahlenwerke der ostdeutschen Länder ebenfalls einer eingehenden Analyse unterzogen hatten.

Rund 10,5 Milliarden Euro hatte der Bund den sechs Ländern 2002 zur Verfügung gestellt – so genannte Sonderbedarfs-Bundesergänzungszuweisungen («SoBEZ»). Was damit zu geschehen hat, regelt das Gesetz. Die Zuweisungen, heißt es da, «dienen nicht dazu, aktuelle Vorhaben zu finanzieren oder finanziellen Schwächen abzuhelfen». Sie sind ausschließlich «zum Ausgleich unterproportionaler kommunaler Finanzkraft» sowie «zur Deckung von Sonderlasten aus dem bestehenden starken infrastrukturellen Nachholbedarf» bestimmt. Im Klartext: Ein Teil geht an die ostdeutschen Städte und Gemeinden, der Rest muss für Investitionen ausgegeben werden. Bis Ende 2004 durften daneben «teilungsbedingte Sonderlasten» geltend gemacht werden.

So weit die Theorie. In der Praxis bescheinigte das Bundesfinanzministerium allein Sachsen, ordentlich gewirtschaftet zu haben: «Alle anderen Länder können in den Fortschrittsberichten keine vollständige zweckmäßige Verwendung nachweisen.»

Eine fulminante Untertreibung: Das extrem hoch verschuldete Berlin setzte keinen einzigen Cent dafür ein, um seine Infrastruktur zu stärken. Auch Brandenburg, Thüringen, Mecklenburg-Vorpommern und Sachsen-Anhalt stopften die Milliarden in ihre Haushaltslöcher.

Insgesamt wurden 2002 rund fünf Milliarden Euro, also die Hälfte der Hilfen, zweckwidrig eingesetzt.

Das herauszufinden war nicht einfach. Die Länder hatten ihre Fortschrittsberichte untereinander nicht einmal vergleichbar gemacht – jeder rechnete so, wie es ihm am besten passte. Nur Schlamperei? In diesem Fall darf man getrost Methode unterstellen. Irgendwelche Anzeichen von Schuldbewusstsein? Sachsen-Anhalts Ministerpräsident Wolfgang Böhmer redete sich heraus: «Für die Sünden meiner Vorgänger will ich nicht bestraft werden.» Sein Thüringer Kollege Althaus schob die Schuld kurzerhand dem Bund zu: «Die Ursache liegt in den besonderen Lasten, die den neuen Ländern aufgebürdet wurden. So müssen wir Sonderversorgungssysteme der ehemaligen DDR finanzieren, deren Kosten explodiert sind.»[85] Eine Ausrede: Anders als die westdeutschen Länder müssen die Ost-Länder nicht gewaltige Lasten für die Beamtenpensionen schultern, weshalb die Pensionsaufwendungen erst bei 75 Prozent des West-Niveaus liegen.

Beim Betrug an der Solidargemeinschaft gilt inzwischen das Gewohnheitsrecht – auch die 2004 vorgelegten Fortschrittsberichte für das Jahr 2003 fielen niederschmetternd aus. Wiederum waren von den Bundeshilfen fast die Hälfte für Personalkosten und andere laufende Ausgabe abgezweigt worden. Erneut erfüllte allein Sachsen die Vorgaben. Von Verschwendung wollte Sachsen-Anhalts Finanzminister Paqué aber nichts wissen – er bezeichnete stattdessen die von Bund und Ländern einvernehmlich festgelegte Berechnungsmethode, mit der der Missbrauch ermittelt wird, als «unsinnig».

Offenkundig haben die Subventionsorgien im Osten der politischen Moral schweren Schaden zugefügt. Monat für Monat werden die Steuerzahler im Westen zur Kasse gebeten, damit Sachsen-Anhalt für seine 73 500 Staatsdiener mehr Geld ausgeben kann als vergleichbare alte Bundesländer. Magdeburg plant 2005 mit 2,35 Milliarden Euro Personalkosten. Investitionen stehen mit nur 1,81 Milliarden Euro im Haushalt – fast 250 Millionen Euro weniger als im Vorjahr. 2006 sollen sie nochmals um gut 100 Millionen sinken – der Personaletat hingegen wird leicht erhöht.

Selbstverständlich leistet sich Sachsen-Anhalt auch sonst einiges. Es lässt etwa Schüler kostenlos befördern. Gewiss, der Posten kann bei einem Haushaltsvolumen von knapp zehn Milliarden Euro vernachlässigt werden – trotzdem wird den meisten Eltern in Westdeutschland zugemutet, solche Kosten selbst zu tragen. Damit nicht genug: Sachsen-Anhalt leistet sich die mit Abstand beste Kinderbetreuung in Deutschland. Nur in diesem Bundesland haben berufstätige Eltern einen Rechtsanspruch, der ihnen eine Betreuung der Zöglinge bis zum 14. Lebensjahr garantiert – und zwar zehn Stunden am Tag. Von solchen Standards können Bayern oder Niedersachsen nur träumen.

Luxus zu Lasten der westdeutschen Steuerzahler, fünfzehn Jahre nach der Wiedervereinigung? Das ist schwer vermittelbar, meint auch Sachsens Regierungschef Milbradt. Er warnte seine Kollegen: «Sollten sie ihren Umgang mit Fördergeld nicht korrigieren, könnte die Stimmung im Westen kippen.» Fehlverwendungen von Solidarpaktmitteln seien nicht tolerabel. Das ist offenkundig keine Selbstverständlichkeit – allen gesetzlichen Bestimmungen zum Trotz. Anders als bei dem Solidarpakt I verzichtete der Bund beim nun angelaufenen Solidarpakt II auf Mitspracherechte. Die Verantwortung, dass seine Zuweisungen «aufbaugerecht» verwendet werden, liegt damit allein bei den ostdeutschen Ländern. Wird gegen Vorgaben verstoßen, kann Berlin keine wirkungsvollen Sanktionen verhängen. Das war wohl ein Fehler.

Dabei wirft die Schummelei, die ans Tageslicht kam, nur ein Schlaglicht auf die grundsätzliche Fördergeld-Problematik. Denn in den Fortschrittsberichten wird Rechenschaft über gut zehn Milliarden Euro abgelegt – für die Ost-Förderung stehen aus Berliner und Brüsseler Kassen aber mehr als 16 Milliarden Euro zur Verfügung. Brutto fließen jährlich inklusive der gewaltigen Sozialtransfers sogar rund 110 Milliarden Euro über verschiedene Kanäle in den Osten ab. Dieser gewaltige Geldstrom lässt sich nicht mit der Gießkanne über die Landschaft verteilen – dazu bedarf es schon des Feuerwehrschlauchs. Deshalb sind Aufsichtsbehörden wie Rechnungshöfe hoffnungslos überfordert. Und die Politik versagt auf ganzer Linie: Eine regelmäßige und systematische Überprüfung der milliardenschweren Förderprogramme unterbleibt.

So wurde der Aufbau Ost zu einem gigantischen Geldvernichtungsprogramm. Nie zuvor sind Milliardenbeträge für eine Regionalentwicklung so unkontrolliert, so ineffektiv und so sinnlos eingesetzt worden. Von einer laufenden Überprüfung der Mittelverwendung und der Effizienz der Programme durch Sachverständige wollte die Politik nichts wissen. Das Prinzip der Vergeudung ist deshalb integraler Bestandteil des Systems. Da wird erst mit Steuergeschenken in dreistelliger Milliardenhöhe der Bau von Wohnungen angekurbelt, dann werden diese wieder mit Steuergeldern abgerissen. In Leipzig steht jedes vierte Büro leer, das ohne staatliche Anreize nicht gebaut worden wäre. Die meisten davon werden auch künftig nie einen Mieter sehen – Kapitalvernichtung pur. Da fördert der Staat großflächig die Errichtung von Gewerbeparks, die gähnend leer sind, weil es für sie keinen Bedarf gibt. Da werden gewaltige Beträge, die die Bundesagentur für Arbeit jeden Monat zwangsweise von Millionen Arbeitnehmern einzieht, für Maßnahmen verschleudert, von denen man ganz genau weiß, dass sie nichts bringen.

Jedes Jahr veröffentlicht der Bund der Steuerzahler das Schwarzbuch «Die öffentliche Verschwendung». Politisch korrekt werden neue und alte Bundesländer gleichberechtigt behandelt und mit einer vergleichbaren Anzahl von Fällen dargestellt. Den tatsächlichen Verhältnissen angemessen ist das nicht – die ostdeutschen Sickergruben für Fördermilliarden rechtfertigen längst eigene Schwarzbücher.

«Baggern statt Denken» titelte der «Spiegel» schon 1995: «In Ostdeutschland verplempern und veruntreuen Ostler wie Westler öffentliche Mittel in bislang unvorstellbarem Ausmaß. Das Jahrhundertwerk Deutsche Einheit – es droht zugleich als Jahrhundert-Abzocke in die Geschichtsbücher einzugehen.» Eine Zahl nannte das Hamburger Nachrichtenmagazin damals auch: «Alles in allem an die 65 Milliarden Mark – perdu.» Doch eine exakte Summe lässt sich kaum ermitteln.

Leipzig beispielsweise hat ein wunderschönes Fußballstadion für 45 000 Zuschauer gebaut, das mit mehr als 70 Millionen Euro (und damit zu 60 Prozent) subventioniert wurde. Als der Deutsche Fußballbund (DFB) seine Bewerbung für die WM 2006 davon abhängig machte, dass auch der Osten mit von der Partie ist, nahm man das Projekt in Angriff. Nun kickt in der Arena, in der während der WM vier Vorrundenspiele und ein Achtelfinale ausgetragen werden, mit Sachsen Leipzig eine immer wieder vom Insolvenzgespenst verfolgte Mannschaft aus der vierten Liga – meist vor gespenstisch leerer Kulisse. Auch die Nachbarstadt Halle leistete sich für den viertklassigen HFC ein 20 Millionen Euro teures Stadion für 30 000 Besucher. Wie groß ist in diesen beiden Fällen die Verschwendung? Rein formal handelt es sich um Investitionen.

Wenn auf die Vergeudung im Osten hingewiesen wird, setzt ein Pawlow'scher Reflex ein – Kritik an unhaltbaren Zuständen gilt als Anschlag auf die innerdeutsche Solidarität. Schon vor zehn Jahren wetterte Wolfgang Thierse, mit entsprechenden Medienberichten solle doch nur «die Wut gegen die faulen und undankbaren Ossis» geschürt werden. Sein Kollege Höppner sprach seinerzeit davon, dass wieder einmal das alte Vorurteil aufgewärmt würde, die Ostdeutschen könnten «nicht mit Geld umgehen». Solche Argumentationsmuster verfehlen ihre Wirkung bis heute nicht – die sizilianischen Verhältnisse im Osten der Republik, die auch ohne Mafia funktionieren, sind bis heute sakrosankt, ein Tabuthema ersten Ranges. Selbstverständlich kann die skandalöse Förderpraxis nicht allein dem Osten angelastet werden – denn auch der Westen bohrt kräftig große Löcher in den Fassboden.

Die eintrainierten Abwehrstrategien sitzen tief. Kommen Unregelmäßigkeiten ans Tageslicht, führt das nicht zu Aufklärung, sondern regelmäßig zu Verharmlosungen. So sagte der Brandenburger Regierungschef Platzeck der «Berliner Zeitung» im August 2004: «Wir hatten vor zwei Jahren einen Medien-Gau, weil es in einer Woche zwei Insolvenzen gab, bei Cargolifter und beim Lausitzring. Als dann auch noch der Plan platzte, eine Chipfabrik in Frankfurt an der Oder zu gründen, wurden wir abgestempelt: Brandenburg, das Land der gescheiterten Großprojekte. Aber das stimmt nicht.» Drei kapitale Pleiten: Ist das bloß ein Medien-Gau – oder nicht vielmehr ein Politik-Versagen?

Fehleinschätzungen und Managementfehler der Potsdamer Regierung führten dazu, dass mit der Luftschifftransportfirma, der Rennstrecke und der geplanten Technologieansiedlung gut und gern 170 Millionen Euro Steuermittel in den märkischen Sand gegossen wurden. War da was? Von 50 großen Vorhaben, die mit mehr als 50 Millionen Euro bezuschusst wurden, tönte Platzecks Partei, «funktionieren 47 sehr gut». Doch ist es die Leistung der Landesregierung, wenn der BASF-Konzern mit Fördermitteln seinen alten Chemiestandort Schwarzheide wieder auf Vordermann gebracht hat? Leicht erhältliches Geld macht leichtsinnig, Konsequenzen hat das fast nie.

Die Bundesregierung plant die persönliche Haftung von Managern zu verschärfen – bei grob vorsätzlichem oder fahrlässigem Handeln sollen Nieten in Nadelstreifen bis zu vier Jahresgehälter berappen. Ist es nicht höchste Zeit, dass auch krasses Versagen in Staatskanzleien und Ministerien geahndet wird?

Meist sind es Brüsseler Subventionskontrolleure, die Schiebereien gegen teilweise heftige Widerstände in der Politik aufdecken. Oder Staatsanwälte. Sie brachten beispielsweise einen der größten Subventionsskandale in Ostdeutschland zur Anklage. Im Metallunternehmen Aluhett im Mansfelder Land arbeiteten 2003 noch rund 40 Beschäftigte. Keine besonders eindrucksvolle Zahl, wenn man bedenkt, dass der Staat bis Ende der neunziger Jahre über 544 Millionen D-Mark in den einstigen Großbetrieb gepumpt hatte. Erst spendierte die Treuhand viel Geld, dann zeigte sich das Land gönnerhaft.

Bereits die erste Privatisierung durch einen Detmolder Geschäftsmann schlug fehl, was 150 Millionen D-Mark kostete. Seinerzeit erklärte Regierungschef Höppner die Rettung des Betriebs zur Chefsache: «Wir haben noch einen Schuss, und der muss sitzen.» Der Schuss traf – den Steuerbürger.

Neuer Eigentümer wurde die höchst undurchsichtige Triacom-Holding des Arztsohns Valentin Fischer. Im Mai 2004 nahmen Hallenser Ermittler den Geschäftsmann wegen Verdunklungsgefahr in Untersuchungshaft. Sie werfen ihm vor, das Land Sachsen-Anhalt um knapp 100 Millionen D-Mark betrogen zu haben. Mehr als fünf Jahre brauchten die Fahnder, um die Abzocke halbwegs auszuleuchten. Beim Landeskriminalamt war eigens eine Soko «Aluwerk» eingerichtet worden. Die Recherchen gestalteten sich schwierig: Bei Fischers Triacom hatten ständig Gesellschafter, Management sowie Stammkapital gewechselt, zudem gab es manche Geschäftsvorgänge wohl nur auf dem Papier. «Wir haben nicht nur in Schweden und Russland Amtshilfeersuchen gestellt, sondern Unterlagen, die einen ganzen Lastwagen gefüllt hätten, durchforstet», stöhnte Oberstaatsanwalt Folker Bittmann.

Der Beschuldigte Fischer imponierte der Landesregierung, die ihm den Aluhett-Betrieb nach der ersten Pleite im Jahr 1996 anvertraute. Dabei hätte eine Datenbankrecherche genügt, um zu sehen, dass der Unternehmer an Großpleiten beteiligt war. So waren in Berlin ein Wachschutzkonzern mit 5000 Mitarbeitern und in Halle eine Cateringfirma mit 1000 Beschäftigten in Konkurs gegangen. Mehrfach wurde Magdeburg vor dem Investor gewarnt – von der Zentralen Ermittlungsgruppe für Regierungs- und Vereinigungskriminalität, vom Ostbeauftragten der Bundesregierung und vom Landesrechnungshof. Vergeblich. Selbst als sich Anhaltspunkte für illegale Geschäfte häuften, flossen die Fördergelder in dreistelliger Millionenhöhe ungehindert ab. 1999 kam der Bankrott.

Während dem Geschäftsmann nun der Prozess gemacht wird, kommen die beteiligten Politiker wohl wieder einmal ungeschoren davon. Jeder der bis Mitte 2004 verbliebenen Arbeitsplätze bei Aluhett ist rechnerisch mit über 14 Millionen Euro gefördert worden. Zum Vergleich: Bei dem Automobilwerk, das BMW in Leipzig errichtet hat, sind pro Arbeitsplatz etwa 180 000 Euro investiert worden – die Subventionen liegen bei rund 60 000 Euro.

Am gesamten Ausmaß der Verschwendung haben krasse Fälle wie Aluhett, die es in jedem anderen ostdeutschen Land auch gibt, allerdings einen eher geringen Anteil. Das Gros der Mittel wird ganz korrekt im Rahmen der bestehenden Gesetzesvorschriften versenkt – mit Programmen, die sinnlos sind. Die Crux: Ist ein Förderinstrument erst einmal etabliert, lässt es sich kaum noch abschaffen. So besteht bei Firmenansiedlungen Anspruch auf eine Investitionszulage. Ausgereicht werden auch so genannte GA-Mittel zur «Verbesserung der regionalen Wirtschaftsstruktur». Dabei belegen wissenschaftliche Untersuchungen, dass von beiden

Förderungen in weiten Bereichen kaum noch positive Wirkungen ausgehen. Sie erzeugen die berühmten Mitnahmeeffekte – der Staat verschenkt das Geld seiner Bürger. Kapital ist ein knappes Gut. Private Investoren setzen es für solche Projekte ein, die die höchste Rendite versprechen. Dieser Mechanismus, der volkswirtschaftlich sinnvoll ist, wird in Ostdeutschland auf den Kopf gestellt. Dort mangelt es nicht an öffentlichem Kapital, sondern vielmehr an rentablen Vorhaben. Das setzt einen aberwitzigen Wettbewerb von Landesfürsten und Bürgermeistern in Gang. Ein Paradebeispiel dafür ist der «Start-Wahn Ost».

Mecklenburg-Vorpommern leistete sich gleichzeitig bis zu fünf Verkehrsflughäfen, die sämtlich Verluste machten. Das kleine Thüringen subventionierte zeitweilig mehr als ein halbes Dutzend Start- und Landebahnen. In Erfurt wurden 1995 ein Flughafentower, 1996 ein Flughafenterminal in Betrieb genommen – beeindruckende, aber meist menschenleere Architektur. Seit geraumer Zeit versucht das Land mit hohen Zuschüssen Billigfluglinien auf einen ehemaligen Militärflughafen ins ostthüringische Altenburg zu locken. Dabei liegt keine 50 Kilometer entfernt der stark unausgelastete Flughafen Leipzig/Halle. Dort könnten jährlich 4,5 Millionen Passagiere abgefertigt werden – rund zwei Millionen Menschen nehmen den «mitteldeutschen Multiport» in Anspruch. Ab 2008 wird sich der Himmel über Leipzig zumindest etwas füllen. Die Post-Frachttochter DHL verlegt dann ihr internationales Luftdrehkreuz mit rund 3500 Arbeitsplätzen von Brüssel nach Leipzig, weil es am derzeitigen Standort ständig Ärger mit dem Nachtflugverbot gibt.

Auch in Magdeburg kann man abheben – trotzdem wurde 1997 im 34 Kilometer entfernten Cochstedt mit dem Spatenstich für ein «Gewerbegebiet mit Landebahn» begonnen. Die mit rund 40 Millionen Euro bezuschusste Anlage hat eine Erlaubnis für den 24-Stunden-Betrieb. Eine extrem lange Startbahn ermöglicht Interkontinentalflüge. Die Flughafenfeuerwehr wurde in den USA geschult. Aber abgehoben hat bislang in Cochstedt keine einzige Maschine: Das Regierungspräsidium entzog der völlig überforderten kommunalen Betreibergesellschaft sämtliche Genehmigungen. Seit Jahren wird nun ein Retter gesucht, eine internationale Ausschreibung endete im März 2004. Kaum zu glauben: Zeitweilig war geplant, im Magdeburger Raum noch einen dritten Airport zu errichten.

In Ostdeutschland wurde die Kirchturmpolitik zur Perfektion getrieben. Fast jedes der neuen Bundesländer baut eigene Biotechnologie-Gründerzentren, verfügt über eigene Automobilinitiativen, organisiert eigene Messeauftritte, legt eigene Standort-Kampagnen auf und leistet sich eigene Wirtschaftsfördergesellschaften. Ohnehin schwache Kräfte werden nicht gebündelt, sondern zusätzlich zersplittert. Motto: Einzeln verlieren wir am besten.

Kostspieliger als der vom Steuerzahler finanzierte Prestigewettbewerb der Länder ist die ABM-Manie in Ostdeutschland. Diese Arbeitsbeschaffungsmaßnahmen wurden Anfang der neunziger Jahre als «Brücke vom zweiten zum ersten Arbeitsmarkt» eingerichtet. Oft gab es wenig zu tun, weshalb man ABM mit «Arbeit bis Mittag» übersetzte. Um in den Genuss der von Nürnberg gesponserten Stellen zu kommen, wurden eigens Vereine ins Leben gerufen, deren Gründer Freunde und Bekannte versorgten. Manches alternative Netzwerk hatte auf einmal 30 Stellen, die in regelmäßigen Abständen verlängert wurden. Sogar regelrechte ABM-Kombinate entstanden. In Leipzig wurde der Betrieb für Beschäftigungsförderung (bfb) gegründet, mit bis zu über 8000 Mitarbeitern zeitweilig der größte Arbeitgeber in ganz Ostdeutschland.

Gegen die «Gummistiefel-Brigaden» dieses Betriebs, die konkurrenzlos günstig Stadtparks reinigten, Häuser sanierten, Druckwerkstätten betrieben oder Landwirtschaftsgüter bewirtschafteten, waren private Anbieter nahezu chancenlos. Ein solcher Moloch, der anders als ein Privatunternehmen keine betriebswirtschaftlichen Steuerungsgrößen kannte, musste zwangsläufig außer Kontrolle geraten – 2002 wurde der städtische Eigenbetrieb abgewickelt. Misswirtschaft und wohl auch Subventionsbetrug hinterließen bei diesem «Leipziger Modell», das man sogar als bundesweites Vorbild für eine neue Arbeitsmarktpolitik gefeiert hatte, einen geschätzten Schaden von bis zu einer halben Milliarde Euro. Ende 2002 verurteilte das Landgericht Leipzig den bfb-Chef Matthias von Hermanni wegen Untreue zu 18 Monaten Haft auf Bewährung. Oberbürgermeister Wolfgang Tiefensee (SPD) kam mit einem blauen Augen davon – weil die Angelegenheit dienstrechtlich verjährt war, wurde er lediglich gerügt.

Auch anderswo sah es nicht besser aus. Zeitweilig waren sieben von acht Stellen im Gartenbau von ABM-Kräften besetzt – private Gartenbaubetriebe meldeten Konkurs an. Da ABM ungewöhnlich gut bezahlt wurde, lohnte es sich für die Betreffenden in der Regel nicht, einen regulären Job anzunehmen, der meist weniger eingebracht hätte. Sie trifft kein Vorwurf – ein solches Verhalten ist ökonomisch rational.

Mit den gut dotierten Maßnahmen etablierte der Staat im Osten de facto ein hohes Mindestlohnniveau. Diese staatlichen Lohnersatzleistungen überstiegen oftmals die Löhne, die in der Privatwirtschaft erwirtschaftet werden konnten. Auf diese Weise wurden Firmenansiedlungen, die echte Arbeitsplätze gebracht hätten, massiv behindert. Der Staat erreichte genau das Gegenteil von dem, was er beabsichtigt hatte – sein Eingreifen verschärfte die Arbeitsmarktmisere, statt sie abzumildern.

Gegen alle Vernunft werden die Maßnahmen ausgeweitet. Im Juli 2004 waren bei der Bundesagentur für Arbeit im Osten 90 550 Teilnehmer an Beschäftigung schaffenden Maßnahmen registriert – rund zehntausend mehr als zwei Monate zuvor. Dafür kommen die Beitragszahler im Westen auf: Von 1990 bis 2002 musste die Bundesagentur dreimal mehr, nämlich 242 Milliarden Euro, in den Osten überweisen, als sie dort eingenommen hatte.

Nicht einmal die DDR mit ihrer ominösen Einheit von Wirtschafts- und Sozialpolitik hat derart über ihre Verhältnisse gelebt.

Außer Betrieb

Blühende Landschaften, zweiter Teil

Im Spätsommer 2004 überraschte die Kreditanstalt für Wiederaufbau (KfW) die Öffentlichkeit mit einer Studie, die alles auf den Kopf stellte, was bis dahin gängige Münze war. Der Osten, ein Jammertal? Von wegen: Die Förderbank des deutschen Staates präsentierte die prächtigen Knospen von Kohls blühenden Landschaften. Sie hatte herausgefunden, dass Ostdeutschlands Wirtschaft seit 1993 Jahr für Jahr deutlich stärker gewachsen war als die westdeutsche. «Motor dieser Entwicklung ist das verarbeitende Gewerbe, das zunehmende Erfolge auf den Weltmärkten erzielt», teilte das Institut mit. Die Lage in den neuen Ländern sei viel besser, als sie wahrgenommen werde – «eine Erfolgsgeschichte». Die Zeitungen trugen die frohe KfW-Botschaft ins Land: «Der Osten holt auf – allen Unkenrufen zum Trotz.»

Die Untersuchung der Staatsbank beeindruckt durch ihre ungewöhnlich kreative Sicht der Dinge. Sie erinnert an den Satz eines brasilianischen Mathematikers, der einmal gesagt hat, Statistik sei wie ein Bikini: Was er enthüllt, ist viel versprechend, was er verbirgt, ist entscheidend. Bei den von der KfW präsentierten Zahlen ist jedenfalls Vorsicht angebracht. So klammerte das Institut bei seiner Betrachtung einfach die ostdeutsche Bauwirtschaft aus. Deren Strukturkrise würde den innerdeutschen Vergleich verzerren, lautete die Begründung. Bleibe diese Problembranche unberücksichtigt, sei es um die neuen Länder bestens bestellt. Der Frankfurter Hochschulprofessor Wilhelm Hankel spottete, das sei so, als ob ein Arzt seinem schwer herzkranken Patienten sagen würde: «Sie sind kerngesund – wenn wir einmal von

Ihrem Herz absehen.» Tatsächlich ist die Misere im Bausektor, der einen Großteil der Arbeitsplätze und Umsätze in Industrie und Handwerk sichert, für die nun schon chronische Wachstumskrise der neuen Länder maßgeblich verantwortlich. Anders als die KfW weismachen will, fällt Ostdeutschland deshalb seit geraumer Zeit nicht nur gegenüber Westdeutschland, sondern auch im europäischen Maßstab zurück.[86] «Bereinigt» um den Baubereich, ermittelte die Förderbank – sie gehört zu 80 Prozent dem Bund und zu 20 Prozent den Ländern – ein Realwachstum von 3,9 Prozent. Doch selbst diese imposante Rate, die die Schokoladenseite der ostdeutschen Wirtschaft abbildet, kommt nur dank des günstig gewählten Zeitraums zustande. Gerechnet wurde ab 1992. Dabei sind dann einige Boomjahre Anfang der Neunziger mit hohen Wachstumsraten enthalten, während gleichzeitig der entscheidende Effekt ausgeblendet bleibt – der historisch einzigartige und nachhaltig wirkende Zusammenbruch im Gefolge der Wiedervereinigung. Würden die Jahre 1990 und 1991 einbezogen, sieht es auch bei dieser Betrachtung unter dem Strich wenig erfreulich aus.

Unbestreitbar ist: Gemessen an Westdeutschland, kann die Ostdeutsche Industrie – und in ihrem Schlepptau die Exportwirtschaft – seit Jahren mit beeindruckenden Zuwachsraten aufwarten. Warum aber verschwieg die Bank in ihrer Studie die absoluten Zahlen? Aus ihnen ergeben sich im innerdeutschen Vergleich folgende Verhältnisse: Die Industrie der fünf neuen Länder war 2002 lediglich mit 7,8 Prozent an den gesamten deutschen Industrieumsätzen beteiligt, bei den Exporten lag der Anteil des Ostens gerade einmal bei 4,9 Prozent.[87] Gemäß Bevölkerungsanteil müssten es gut 17 Prozent sein. Die Ost-Industrie hat hier nicht einmal das halbe West-Niveau erreicht. Sind das die «Erfolge seit 1990»?

Bei einer extrem niedrigen Ausgangsbasis sind große Zuwächse leicht zu haben. Wird beim Hochsprung die Latte um 20 Zentimeter höher gelegt, macht es für den Athleten einen erheblichen Unterschied, ob sie vorher bei einem Meter oder bei zwei Metern aufgelegt war. Um auch nur in die Nähe der westdeutschen Leistungsfähigkeit zu gelangen, müsste die Ost-Industrie sehr lange sehr viel besser abschneiden als die West-Konkurrenz. Zwei einfache Modellrechnungen zeigen, um welche Zeiträume es dabei geht. Wenn die West-Industrie stagnieren würde und es dem verarbeitenden Gewerbe in den neuen Ländern gleichzeitig gelänge, dauerhaft um jährlich drei Prozent zu wachsen, wäre der Gleichstand erst 2030 erreicht. Bei einer Rate von zwei Prozent würde es sogar bis zum Jahr 2042 dauern.

Die KfW ist trotzdem zuversichtlich, dass Ostdeutschland auf mittlere Sicht «spürbare Wachstumsvorsprünge» erzielen kann. Eine halbe Million mittelständische Unternehmen, die sich mittlerweile in den ostdeutschen Ländern etabliert hätten, seien dafür eine gute Basis. Womöglich ist es aber genau andersherum – vielleicht erweist sich gerade dieser Firmenbestand als das entscheidende Wachstumshemmnis beim weiteren Aufbau Ost und lässt die neuen Länder weiter zurückfallen. Die Förderbank erwähnt immerhin, dass die Betriebsgrößenstruktur dieser Unternehmen «ungünstig» sei. Das zumindest ist keine Übertreibung.

Rotkäppchen und die hundert Zwerge

Volksvermögen in Volkes Hand, keine Bereicherung von Bonzen und Bürokraten: Das waren in der Wendezeit die Forderungen der ostdeutschen Bürgerbewegung, schließlich gab es bis zu 1400 Milliarden Ost-Mark zu verteilen. So viel war laut anfänglichen Schätzungen die DDR-Kombinatswirtschaft wert, die sich «volkseigen» nannte, faktisch aber im Besitz des SED-Staates war. Das Vermögen sollte auf eine Treuhandbank übertragen werden, deren Aufgabe es unter anderem gewesen wäre, den Bürgern eine Kapitalrendite in monatlichen Raten zu überweisen. Mit dieser weiten Auslegung des Begriffs «Volkseigentum» konnte sich allerdings Regierungschef Hans Modrow (SED-PDS) nicht anfreunden. In seiner Anfang März 1990 ins Leben gerufenen «Anstalt zur treuhänderischen Verwaltung des Volkseigentums» waren keine Vermögenszuteilungen an die Bevölkerung vorgesehen.

Andere postkommunistische Länder waren da fortschrittlicher. Zur Privatisierung richtete der polnische Staat Investitionsfonds ein und reservierte Anteile für die Bevölkerung. In Slowenien gab es für die Bürger Zertifikate. Gegen eine geringfügige Gebühr erhielten die Tschechen Gutscheine, mit denen man Unternehmensanteile erwerben konnte.

So schöpften die Ostdeutschen im Frühjahr 1990 wieder Hoffnung. Die aus freien Wahlen hervorgegangene DDR-Volkskammer besserte Modrows Konstruktion nach. Das Treuhand-Gesetz erhielt nun eine Präambel, in der es hieß: «Ein verbrieftes Anteilsrecht an volkseigenem Vermögen (kann) eingeräumt werden.» Als größte Staatsholding der Welt verwaltete die Treuhandanstalt zeitweilig bis zu 12 500 Unternehmen mit rund 45 000 Betriebsstätten. Der Privatisierungsagentur gehörten ausgedehnte Ländereien und umfangreicher Immobilienbesitz.

«Der ganze Salat ist etwa 600 Milliarden D-Mark wert», sagte im Sommer 1990 der Treuhand-Präsident Detlev Karsten Rohwedder, der später von RAF-Terroristen ermordet wurde und dem Birgit Breuel im Amt nachfolgte. Das war zwar deutlich weniger als zunächst angenommen. Wäre aber nur ein Fünftel davon ausgeschüttet worden, hätte jeder Ostdeutsche 7500 D-Mark erhalten. Das hätte dazu beitragen können, einen systembedingten Nachteil zu mildern: Privatvermögen wie in der alten Bundesrepublik konnte in der DDR fast niemand aufbauen. Die deutschen Millionäre und Milliardäre sind deshalb fast alle in den alten Bundesländern zu Hause. Nichts trennt Ost und West so sehr wie die Vermögensverteilung.

Die von Rohwedder genannte Zahl musste schnell korrigiert werden, bald gaben Anstaltsmanager den Substanzwert der DDR-Betriebe sowie der sonstigen Aktiva mit 180 bis 250 Milliarden D-Mark an. Als die Treuhand Ende 1994 dann ihre operative Ar-

163

beit einstellte, stand fest, dass sie soeben 67 Milliarden D-Mark eingenommen hatte[88] – einen Bruchteil der Kosten, die angefallen waren. Erledigt war die Arbeit damals noch lange nicht, weshalb mit der Bundesanstalt für vereinigungsbedingtes Sondervermögen (BvS) eine Treuhand-Nachfolgeorganisation geschaffen wurde. Sie musste weiterhin Käufer für etliche übrig gebliebene Großbetriebe finden und fast 45 000 Privatisierungsverträge kontrollieren.

Erst als die BvS zum 1. Januar 2002 ihre Pforten schloss und die Abwickler sich selbst abwickelten, konnte Schlussbilanz gezogen werden. Nun stand endgültig fest: Die Privatisierung der kommunistischen Planwirtschaft hatte kein Geld eingespielt, sondern 230 Milliarden D-Mark verschlungen.

Vom Volksvermögen der ehemaligen DDR haben die Ostdeutschen nichts abbekommen. Das aber ist nicht der einzige Grund, warum die meisten von ihnen das Treuhand-Regime kritisch beurteilen – nach dem Ende der Privatisierungstätigkeit sind in den neuen Ländern kaum noch bedeutende Betriebe vorhanden. Sie aber stellen den Reichtum jeder Volkswirtschaft dar.

Ob ein Unternehmen wichtig für einen Wirtschaftsraum ist, lässt sich an der Zahl der Arbeitsplätze oder an der Höhe der Umsätze ablesen. Bei Börsengesellschaften wird außerdem die Marktkapitalisierung herangezogen. Sie drückt aus, wie viel ein Unternehmen gemessen an seinem Aktienkurs kostet. Bei allen diesen Vergleichsgrößen schneidet der ostdeutsche Firmensektor dramatisch schlecht ab.

In der DDR gab es neun Kombinate mit mehr als 50 000 Werktätigen. So viel Personal hat heute kein einziges ostdeutsches Unternehmen mehr. 90 Kombinate beschäftigten einst 10 000 bis 50 000 Menschen. Ende 2003 hatten nur zwei Unternehmen annähernd diese Größe. Zum einen der Berliner Stromanbieter und Braunkohlenschürfer Vattenfall Europe, zu dem auch der Hamburger Versorger HEW gehört und auf dessen Lohn- und Gehaltsliste 20 437 Arbeitnehmer standen. Zum anderen die gegen anfängliche Widerstände der Treuhand aufgebaute Jenoptik-

Gruppe (10 500 Mitarbeiter) in Jena – sie erwirtschaftet etwa zwei Drittel ihrer Umsätze in westdeutschen Tochtergesellschaften. 46 DDR-Großbetriebe beschäftigten 5000 bis 10 000 Menschen. 2003 waren es drei: der Berliner Waggonbauer Bombardier (9500 Mitarbeiter), der einer kanadischen Familiengesellschaft gehört und dessen Fabriken vor allem in Sachsen und Brandenburg stehen; die VW-Sachsen-Gruppe (6977 Mitarbeiter) – der Ableger des Wolfsburger Konzerns stellt in Zwickau den «Golf» sowie den «Passat» und in Chemnitz Motoren her – und schließlich der Dresdener Chip-Hersteller Infineon (5500 Mitarbeiter), der vom Münchener Konzernsitz aus gesteuert wird.

Fünf mittelgroße Gesellschaften statt einstmals 145 zum Teil riesengroße Kombinate – wirklich gelungen ist die Transformation offenbar nicht. Der frühere Jenoptik-Chef Lothar Späth meint: «Der Osten Deutschlands trägt nicht ganz zu Unrecht den Ruf, nur verlängerte Werkbank des Westens zu sein. Es gibt praktisch keine mittleren oder großen Unternehmenssitze in den neuen Bundesländern.» War das Verschwinden der Großbetriebe eine zwangsläufige Folge der maroden DDR-Wirtschaft? Oder hätte mehr gerettet werden können?

Wie in Ostdeutschland hat man auch in Tschechien die Privatisierung zentralstaatlich gelenkt. Allerdings konnte das Nachbar-

Beschäftigte	DDR 1988	Ost 2003	Tschechien 2002
5000 – 10 000	46	3	4
10 000 – 30 000	72	2	5
30 000 – 50 000	18	–	1
Über 50 000	9	–	1
Gesamt	145	5	11

Abb. 15 Großbetriebe in der DDR, Ostdeutschland und Tschechien
Quelle: Handbuch DDR-Betriebe / «Welt»-Ranking «Top 100» /
Top 100 Companies in the Czech Republic

land mit zehn Millionen Einwohnern keine 230 Milliarden D-Mark für die Aufgabe einsetzen. Trotzdem ist es heute geradezu üppig mit potenten Konzernen ausgestattet. Selbst von Bahn (85 000 Mitarbeiter), Post (39 600 Mitarbeiter) und Telekom (12 000 Mitarbeiter) abgesehen, gibt es in Tschechien doppelt so viele Großunternehmen wie in Ostdeutschland (Abb. 15). An den Autohersteller Škoda, mit über 21 000 Mitarbeitern der wichtigste private Arbeitgeber, reicht keine Firma in den neuen Ländern heran. Da kann kein Zweifel aufkommen: Die Tschechen haben die Sache geschickter angepackt. Bei strategisch wichtigen Unternehmen zog sich der Staat nur Stück für Stück zurück, während kleinere Betriebe ganz rasch und unkompliziert auf neue Eigentümer übertragen wurden. Deshalb hat Tschechien inzwischen auch rund 4,8 Millionen Erwerbstätige – nur 900 000 weniger als die fünf neuen Länder, obwohl deren Bevölkerung um gut 3,3 Millionen Einwohner größer ist.

Maßstab für Ostdeutschland ist allerdings nicht Tschechien, sondern Westdeutschland, zu dem man letztlich aufschließen soll. Doch hier ist die Kluft erst recht riesengroß. Die Tageszeitung «Die Welt» veröffentlicht jedes Jahr ein Ranking der größten Unternehmen in den neuen Ländern und Ostberlin. In den «Top 100 des Ostens» sind alle Gesellschaften erfasst, die eine eigene Rechtsform beispielsweise als GmbH oder AG haben. Nach der im Dezember 2004 publizierten Liste (Abb. 16) hatte Ostdeutschland 14 Umsatzmilliardäre. Ganz oben steht die bereits erwähnte Vattenfall Europe mit Erlösen von fast 8,5 Milliarden Euro, gefolgt von der VW-Sachsen-Gruppe (4,3 Milliarden Euro) und dem Leipziger Erdgasverteiler Verbundnetz Gas (3,3 Milliarden Euro). Diese drei Gesellschaften fallen gesamtdeutsch aber kaum ins Gewicht, denn hierzulande gibt es insgesamt rund 500 Umsatzmilliardäre – darunter gut 50 Konzerne, die einen Umsatz von über zehn bis fast 140 Milliarden Euro aufweisen.

Von solchen Dimensionen ist der Osten Galaxien entfernt. Die hundert größten Unternehmen Ostdeutschlands hatten im

Abb. 16 Die hundert größten Unternehmen Ostdeutschlands

Der Umsatz bezieht sich auf das Geschäftsjahr 2003 bzw 2003/2004   Quelle: Die Welt

	Unternehmen	Bundesland	Branche	Umsatz in Mio Euro	Mitarb.
1	Vattenfall Europe AG, Berlin	Berlin	Versorger	8456	20437
2	Volkswagen Sachsen-Gruppe GmbH, Zwickau	Sachsen	Automobil	4300	6977
3	Verbundnetz Gas AG (VNG), Leipzig	Sachsen	Versorger	3329	644
4	Dow BSL Olefinverbund GmbH, Schkopau	Sachsen-Anh.	Chemie	2883	2250
5	Total Raffinerie Mittel-deutschland GmbH, Spergau	Sachsen-Anh.	Mineralöl	2655	611
6	Envia Mitteldeutsche Energie AG, Chemnitz	Sachsen	Versorger	2030	3037
7	Jenoptik AG, Jena	Thüringen	Technologie	2000	10500
8	Bombardier Transportation Deutschland, Berlin	Berlin	Fahrzeug-bau	1900	9500
9	Edis AG, Fürstenwalde	Brandenburg	Versorger	1536	2127
10	Opel Eisenach GmbH	Thüringen	Automobil	1472	1886
11	Edeka Handelsgesellschaft Nordbayern-Sachsen-Thüringen mbH	Sachsen	Handel	1280	3077
12	Sachsenmilch AG, Leppersdorf	Sachsen	Nahrungs-mittel	1158	887
13	P. Dussmann-Gruppe, Berlin	Berlin	Dienstleist.	1059	(49300)*
14	Fujitsu Siemens Computers GmbH, Sömmerda	Thüringen	Computer	1000	550
15	Eko Stahl GmbH, Eisenhüttenstadt	Brandenburg	Stahl	980	2993
16	Infineon-Gruppe Dresden	Sachsen	Elektronik	906	5500
17	f6 Cigarettenfabrik Dresden GmbH	Sachsen	Tabak	877	382
18	OHG Netto Supermarkt GmbH & Co., Stavenhagen	Meckl.-Vorp.	Handel	831	2672
19	Teag Thüringer Energie AG, Erfurt	Thüringen	Versorger	830	1329
20	BASF Schwarzheide GmbH	Brandenburg	Chemie	761	1984
21	AMD Saxony Manufacturing GmbH, Dresden	Sachsen	Elektronik	681	1978

	Unternehmen	Bundesland	Branche	Umsatz	Mitarb.
22	Riva Stahl GmbH, Henningsdorf	Brandenburg	Stahl	655	1579
23	Mitteldeutscher Rundfunk (MDR), Leipzig	Sachsen	Medien	630	2062
24	Koenig & Bauer AG, Werk Radebeul	Sachsen	Maschinen-bau	618	1986
25	SWL Stadtwerke Leipzig GmbH	Sachsen	Versorger	583	1082
26	Rolls-Royce Deutschland, Dahlewitz	Brandenburg	Luftfahrt	579	1000
27	Bayer Bitterfeld GmbH	Sachsen-Anh.	Chemie	560	656
28	EVG Erdgasversorgung Thüringen-Sachsen GmbH, Erfurt	Thüringen	Versorger	530	26
29	Mitgas Mitteldeutsche Gasversorgung GmbH, Gröbers	Sachsen-Anh.	Versorger	519	340
30	Drewag Stadtwerke Dresden GmbH	Sachsen	Versorger	514	1259
31	Berlin-Chemie AG	Berlin	Chemie	503	3155
32	Esag Energieversorgung Sachsen Ost AG, Dresden	Sachsen	Versorger	502	1302
33	Robert Bosch Fahrzeugelektrik Eisenach GmbH	Thüringen	Zulieferer	484	1680
34	Scandlines Deutschland GmbH, Rostock	Meckl.-Vorp.	Schifffahrt	447	2468
35	Aker MTW Werft GmbH, Wismar	Meckl.-Vorp.	Schiffbau	424	1351
36	Rundfunk Berlin-Brandenburg (RBB), Potsdam	Brandenburg	Medien	423	1746
37	Salutas Pharma GmbH, Barleben	Sachsen-Anh.	Pharmazie	420	940
38	PC-Ware Information Technologies AG, Leipzig	Sachsen	I-Techno-logie	405	607
39	Euro Cheese Vertriebs-GmbH, Altentreptow	Meckl.-Vorp.	Großhandel	398	380
40	Leipa Georg Leinfelder GmbH / Werk Schwedt	Brandenburg	Papier	380	1400
41	MKM Mansfelder Kupfer und Messing GmbH, Hettstedt	Sachsen-Anh.	Metallurgie	380	1091
42	Volkswerft Stralsund GmbH - The A.P. Moller Group	Meckl.-Vorp.	Schiffbau	370	1220

	Unternehmen	Bundesland	Branche	Umsatz	Mitarb.
43	Domo-Caproleuna GmbH, Leuna	Sachsen-Anh.	Chemie	360	464
44	Rotkäppchen-Mumm Sektkellerei GmbH, Freyburg	Sachsen-Anh.	Nahrungsmittel	341	383
45	Stadtwerke Halle GmbH	Sachsen-Anh.	Versorger	337	1635
46	Ilsenburger Grobblech GmbH, Ilsenburg	Sachsen-Anh.	Metallverarbeitung	330	800
47	Tabacon Tabakwaren GmbH & Co. KG, Ronneburg	Thüringen	Großhandel	330	172
48	SWE Stadtwerke Erfurt GmbH	Thüringen	Versorger	327	1917
49	ESG Erdgas Südsachsen GmbH, Chemnitz	Sachsen	Versorger	311	350
50	Webasto Thermosysteme GmbH, Neubrandenburg	Meckl.-Vorp.	Bau	306	598
51	Peene-Werft Wolgast	Meckl.-Vorp.	Schiffbau	305	760
52	Mibrag Mitteldeutsche Braunkohlen GmbH, Theißen	Sachsen-Anh.	Bergbau	304	2016
53	Mitteldeutsche Erfrischungsgetränke GmbH, Leißling	Sachsen-Anh.	Ernährung	300	1000
54	GP Günter Papenburg AG Ost-Gruppe, Halle	Sachsen-Anh.	Spedition/ Bau	298	1449
55	SKW Stickstoffwerke Piesteritz GmbH, Wittenberg	Sachsen-Anh.	Chemie	292	600
56	Gasversorgung Sachsen Ost GmbH, Dresden	Sachsen	Versorger	290	350
57	Energiewerke Nord GmbH, Rubenow	Meckl.-Vorp.	Entsorgung	284	1075
58	SAP System Integration AG, Dresden	Sachsen	I-Technologie	280	1900
59	Reederei F. Laeisz GmbH, Rostock	Meckl.-Vorp.	Schifffahrt	277	990
60	Stahlwerke Thüringen GmbH, Unterwellenborn	Thüringen	Stahl	270	653
61	Komsa Kommunikation Sachsen AG, Hartmannsdorf	Sachsen	Kommunikation	269	368
62	Samsung SDIG GmbH, Berlin	Berlin	Elektronik	260	950
63	PCK Raffinerie GmbH, Schwedt	Brandenburg	Mineralöl	258	1387
64	Lurgi Life Science GmbH, Chemnitz	Sachsen	Anlagenbau	253	203
65	EMB Erdgas Mark Brandenburg GmbH, Potsdam	Brandenburg	Versorger	251	176

	Unternehmen	Bundesland	Branche	Umsatz	Mitarb.
66	Dresdner Druck und Verlagshaus GmbH & Co	Sachsen	Medien	250	1120
67	BGH Edelstahlwerke GmbH, Freital	Sachsen	Stahl	244	1478
68	Städtische Werke Magdeburg GmbH	Sachsen-Anh.	Versorger	242	755
69	Hansa-Milch Mecklenburg-Holstein eg, Upahl	Meckl.-Vorp.	Nahrungs-mittel	239	265
70	GKN Driveline Deutschland GmbH, Zwickau	Sachsen	Automobil	236	861
71	Carl Zeiss Meditec AG, Jena	Thüringen	Medizintech.	235	752
72	Gasversorgung Thüringen GmbH, Erfurt	Thüringen	Versorger	234	211
73	Rege Motorenteile GmbH Co. KG, Hörselberg	Thüringen	Automobil	230	1600
74	Automobilmanufaktur Dresden GmbH, Dresden	Sachsen	Automobil	230	400
75	Wemag AG, Schwerin	Meckl.-Vorp.	Versorger	227	460
76	Stadtwerke Chemnitz AG	Sachsen	Versorger	226	967
77	Infraleuna Infrastruktur und Service GmbH, Leuna	Sachsen-Anh.	Dienstleist.	208	490
78	Hasseröder Brauerei GmbH, Wernigerode	Sachsen-Anh.	Nahrungs-mittel	206	349
79	Eurovia Verkehrsbau Union GmbH, Berlin	Berlin	Bau	200	1242
80	Milchwerke Thüringen GmbH, Erfurt	Thüringen	Nahrungs-mittel	196	249
81	Kvaerner Warnow Werft GmbH, Rostock-Warne-münde	Meckl.-Vorp.	Schiffbau	194	1131
82	Carl Zeiss Jena GmbH	Thüringen	Feinmech.	189	1369
83	Stadtwerke Rostock AG	Meckl.-Vorp.	Versorger	181	600
84	Funkwerk AG, Kölleda	Thüringen	Elektronik	179	908
85	VEM-Gruppe Dresden	Sachsen	Antriebstech.	178	1404
86	Küstenland Milchunion GmbH, Altentreptow	Meckl.-Vorp.	Nahrungs-mittel	178	259
87	LWB Leipziger Wohnungs- und Baugesellschaft mbH	Sachsen	Immobilien	161	568
88	Kommunale Wasserwerke Leipzig GmbH	Sachsen	Versorger	160	566
89	Radeberger Exportbierbrauerei GmbH, Dresden	Sachsen	Nahrungs-mittel	159	250

Unternehmen	Bundesland	Branche	Umsatz	Mitarb.
90	Zeitungsgruppe Thüringen, Erfurt	Thüringen	Medien	156	1907
91	Stora Enso Sachsen GmbH, Eilenburg	Sachsen	Papier	150	369
92	Jenapharm, Jena	Thüringen	Pharmazie	143	556
93	Hydraulik Nord GmbH, Parchim	Meckl.-Vorp.	Maschinen-bau	141	1800
94	PSI AG, Berlin	Berlin	I-Technolog.	138	1193
95	Zellstoff- und Papierfabrik Rosenthal GmbH, Blankenstein	Thüringen	Papier	138	476
96	Goldbeck Bau GmbH, Treuen	Sachsen	Bau	138	418
97	Sachsenring Automobiltechnik AG (SAZ), Zwickau	Sachsen	Zulieferer	133	670
98	Chemnitzer Verlag und Druck GmbH	Sachsen	Medien	132	800
99	Deutsche Seereederei GmbH, Rostock	Meckl.-Vorp.	Schifffahrt	129	1328
100	Francotyp-Postalia AG & Co. KG, Birkenwerder	Brandenburg	Elektro-technik	126	857
	Summe			64 587	204 775

* Die einst westdeutsche Dussmann-Gruppe, die ihre Hauptverwaltung in die Berliner Friedrichstraße verlagert hat, kann nur mit erheblichen Einschränkungen als ostdeutsches Unternehmen angesehen werden. Gut die Hälfte der Mitarbeiter arbeitet im Ausland, der Rest wiederum mehrheitlich in den alten Bundesländern. Dort hat die Gruppe auch innerhalb Deutschlands ihren wirtschaftlichen Schwerpunkt.

Vergleichszeitraum zusammen knapp über 200 000 Mitarbeiter und setzten gemeinsam 65 Milliarden Euro um. Allein der Münchener Elektrokonzern Siemens, nach DaimlerChrysler und Volkswagen die Nummer drei, war da mit 74 Milliarden Euro Umsatz und 417 000 Beschäftigten entschieden größer als die «Top 100». Der Westen spielt mit dem Osten nicht in der gleichen Liga. Es ist, als ob die Nationalmannschaft in der Kreisklasse aufläuft.

Das Spitzensegment der ostdeutschen Wirtschaft ist nicht nur erschreckend klein, sondern hat auch eine völlig verzerrte Struktur. Deutlich überrepräsentiert sind Unternehmen der Strom-, Gas- und Wasserwirtschaft. Sie stellen allein 21 der in den «Top 100» gelisteten Unternehmen und sind zu einem knappen Drittel an den Gesamtumsätzen beteiligt. Das hat einen simplen Grund: Die Aufgabe dieser Versorger kann nur vor Ort erledigt werden. Deshalb gab es nach 1990 keine Alternative – diese Betriebe konnte man nicht schließen. Sie hatten allerdings auch genügend Kunden.

Dagegen gibt es auffällig wenige Industrieunternehmen, die ihre Produkte auf den Weltmärkten absetzen. Solche Güter stellen in erster Linie die Töchter westdeutscher oder internationaler Konzerne her – Fujitsu Siemens (Computer), die Automanufaktur Dresden (VW-Phaeton) oder Rolls-Royce Deutschland (Antriebs-aggregate für die Luftfahrt). Sie müssen im Gegensatz zu den rein ostdeutschen Unternehmen keine Märkte erobern, sondern sind in bereits bestehende Absatzketten integriert. In diese Gruppe der mehr oder minder «verlängerten Werkbänke» mit eingeschränk-ter Entscheidungsbefugnis fällt etwa jedes zweite «Groß»-Un-ternehmen.

Typisch ostdeutsche Firmen in dem Ranking hingegen kommen mit dem internationalen Wettbewerb eher selten in Berührung. Sie sind schlicht zu klein, um im Ausland Geschäfte zu betreiben. Kaum ein Unternehmen unterhält Produktionsstätten außerhalb des Landes. Kostenvorteile durch ausgelagerte Billigproduktion lassen sich deshalb selten realisieren. Bei einem Großteil der In-dustrieunternehmen handelt es sich zudem um Vorlieferanten, die oftmals von Herstellern abhängig sind. Systemanbieter hingegen bilden eine rare Ausnahme. Daneben sind in den «Top 100» beispielsweise Wohnungsgesellschaften, Lokalzeitungsgruppen, Rundfunkhäuser und Milchverarbeiter vertreten – also allesamt Betriebe, die üblicherweise nichts in den Charts der größten Un-ternehmen eines Landes zu suchen haben.

Fast ein Totalausfall herrscht bei börsennotierten Gesellschaf-ten: Nur acht Unternehmen sind in der Liste vertreten. Insgesamt gibt es in Ostdeutschland knapp 30 Börsenfirmen, von denen mittlerweile ein Drittel pleite ist. Demgegenüber sind in Westdeutschland 800 Gesellschaften gelistet.

Es ist eine rundum deprimierende Bilanz: Mitte Dezember 2004 hatten alle ostdeutschen Börsengesellschaften eine Marktkapitalisierung von 1,55 Milliarden Euro. Die Jenaer Jenoptik als wichtigster Ost-Titel war gerade mal knapp 400 Millionen Euro wert. Zu diesem Zeitpunkt brachte allein der Reisekonzern TUI als kleinster Wert im Premium-Index Dax 2,97 Milliarden Euro auf die Börsenwaage. Die Aktien der Deutschen Telekom, der wertvollsten deutschen Börsengesellschaft, kosteten gut 68 Milliarden Euro.

In Ostdeutschland hat der Kapitalismus aus Börsensicht noch immer nicht Fuß gefasst. Auch gegenüber Osteuropa überzeugt die ostdeutsche Performance auf dem Parkett nicht: In Tschechien hatten allein fünf börsennotierte Gesellschaften einen Wert von mehr als einer Milliarde Euro, in Polen waren es sechs Titel.

Natürlich verbergen sich in den «Top 100» auch einige Erfolgsgeschichten. Zu ihnen zählt beispielsweise der traumhafte Aufstieg des Sektherstellers Rotkäppchen. Das in Freyburg an der Unstrut ansässige Imperium verkauft jährlich über 100 Millionen Flaschen Schaumwein – gerade mal 3,2 Millionen Flaschen waren es 1991. Deutschlands größtes Sekthaus erwarb 2002 für geschätzte 138 Millionen Euro die Marken «Mumm», «Jules Mumm» und «MM» – der Umsatz stieg um 117 Prozent auf 334 Millionen Euro. Anfang 2003 übernahm die Rotkäppchen-Mumm-Gruppe zusätzlich die Firma «Geldermann», die als «Porsche unter den Sektherstellern» gilt. Das Unternehmen aus Sachsen-Anhalt, einer der wenigen Marktführer aus den neuen Ländern, wird von einem ostdeutschen Management geleitet, das neben der westdeutschen Likörfamilie um Harald Eckes-Chantré auch Eigentümer ist.

Es kam selten vor, dass Ostdeutsche bei Privatisierungen den Zuschlag erhielten. Zunächst wollte die Treuhand auch Rotkäpp-

173

chen an einen westdeutschen Getränkehersteller veräußern. Doch keiner griff zu, da die «Kommunistenbrause» zeitweilig außer Mode gekommen war und die Firma ohne Absatzmarkt wenig attraktiv erschien. Wohl nur deshalb bekam 1993 die Investorengruppe um Gunter Heise eine Chance. Der frühere Verfahrenstechniker des VEB Rotkäppchen, heute geschäftsführender Gesellschafter, glaubte fest an die Zukunft des 1856 gegründeten Traditionsbetriebs, dessen Sekt schon Kaiser Wilhelm II. gelobt hatte. Die neue Unternehmensführung eroberte zunächst den Markt im Osten zurück, wo heute ein Anteil von rund 50 Prozent gehalten wird. Dann begann die Expansion im Westen; hier soll der Marktanteil bis 2006 auf sechs Prozent gesteigert werden. Gleichwohl beschäftigt das Unternehmen lediglich 260 Mitarbeiter – und ist damit im Land der Firmenzwerge ein Riese.

So wie der Rotkäppchen-Mumm-Gruppe gelang auch einigen anderen Firmen in den neuen Ländern der Durchbruch. Der Unterwäscheproduzent Bruno Banani aus Sachsen, der Nutzfahrzeughersteller Multicar aus Thüringen oder der Backpulverproduzent Kathi aus Sachsen-Anhalt sind ebenfalls Anbieter, die es geschafft haben und auch überregional bekannt sind. Doch diese Gesellschaften sind unter den hundert größten Unternehmen nicht einmal vertreten, obwohl dazu bereits ein Umsatz von rund 150 Millionen Euro ausreichend wäre. Die Kleinteiligkeit bremst nicht nur die internationale Expansion, sondern erschwert auch den Zugang zu den Kapitalmärkten und das Entwickeln neuer Produkte. Deshalb kommt die ostdeutsche Wirtschaft insgesamt nicht auf die Beine.

Erst lichtete die Treuhand den Unternehmensbestand, dann gab es zu wenig Investoren, die das kahle Gelände aufforsten wollten. Warum auch sollten Investoren – wenn sie sich überhaupt für ein Engagement in Deutschland entscheiden – ausgerechnet den Osten gegenüber dem Westen bevorzugen? Die Absatzmärkte liegen meistens außerhalb der Region. Unternehmensnahe Dienstleister sind unterrepräsentiert. Auch fehlen forschungsintensive Firmen, mit denen eine befruchtende Kooperation möglich wäre. Niedrigere Löhne, längere Arbeitszeiten und geringe Grundstückspreise in Ostdeutschland können solche Nachteile oftmals nicht ausgleichen.

Für die meisten Politiker sind diese Standortschwächen ein vorübergehendes Phänomen. Sie beschwören immer wieder vermeintliche «Wachstumskerne» in den neuen Ländern, deren Kraft schon bald zur Entfaltung kommen werde. Das erinnert unwillkürlich an ein Treibhaus, in dem gerade die Saat ausgebracht und bald eine reiche Ernte eingefahren werden kann. In diesem Bild denkt offenkundig auch Kanzler Schröder: «Wir haben funktionierende Wachstumskerne. Es gibt mehr Anlass zur Hoffnung als zum Pessimismus.» Nach einer nennenswerten Zahl kräftiger Keimlinge, mit denen sich zumindest einige Beete anlegen ließen, fahndet man aber vergeblich.

Die Umsatzsteuerstatistik des Wiesbadener Statistischen Bundesamtes erlaubt es, den Firmenbestand nach Regionen und verschiedenen Größenklassen aufzuschlüsseln. Die Daten sind alarmierend: Selbst bei kleineren Unternehmen mit einem Umsatz von lediglich fünf bis zehn Millionen Euro ist der Osten gegenüber dem Westen hoffnungslos unterlegen. In Bayern und Baden-Württemberg etwa sind in dieser Kategorie jeweils allein mehr Unternehmen ansässig als in den fünf neuen Ländern und Berlin zusammen (Abb. 17).

Noch weiter klafft die Schere in den umsatzstärkeren Größenklassen auseinander. Nach den gängigen Definitionen gelten Unternehmen mit mehr als 50 Millionen Euro als «groß». Davon gibt es lediglich 525 in Ostdeutschland – 7403 sind es in Westdeutschland. In Sachsen, dem Land mit dem stärksten Firmensektor im Osten, weisen lediglich 0,1 Prozent aller Unternehmen über 50 Millionen Euro Umsatz aus, nur 0,5 Prozent der Betriebe haben mehr als 250 Beschäftigte.[89]

Der Aufschwung Ost findet im Promilleghetto statt.

Nicht wenige Ostdeutsche unterstellen, dass der Rückstand ge-

Bundesland	Firmenanzahl nach Umsatzgrößenklassen						
	(in Millionen Euro)						
	Über 250	100 bis 250	50 bis 100	25 bis 50	10 bis 25	5 bis 10	Summe
Baden-Württemberg	282	400	681	1316	3340	5084	11 103
Bayern	243	383	694	1250	3556	5598	11 724
Bremen	23	35	67	118	286	375	904
Hamburg	101	113	188	277	767	1108	2554
Hessen	173	243	318	635	1639	2576	5584
Niedersachsen	108	219	356	716	1949	2930	6278
Nordrhein-Westfalen	456	608	1064	2058	5318	8166	17 670
Rheinland-Pfalz	59	95	138	321	886	1477	2976
Saarland	19	28	40	74	217	348	726
Schleswig-Holstein	41	82	146	233	662	1077	2241
Alte Länder	**1505**	**2206**	**3692**	**6998**	**18 620**	**28 739**	**61 760**
Brandenburg	11	20	31	86	327	595	1070
Meckl.-Vorpommern	5	19	18	70	235	439	786
Sachsen	18	24	74	161	607	1102	1986
Sachsen-Anhalt	8	16	36	102	337	586	1085
Thüringen	4	14	37	90	374	665	1184
Neue Länder	**46**	**93**	**196**	**509**	**1880**	**3387**	**6111**
Berlin	45	61	84	131	490	832	1643
Neue Länder + Berlin	**91**	**154**	**280**	**640**	**2370**	**4219**	**7754**
Deutschland	**1596**	**2360**	**3972**	**7638**	**20 990**	**32 958**	**69 514**
Anteil in Prozent:							
Neue Länder	**2,9**	**3,9**	**4,9**	**6,7**	**9,0**	**10,3**	**8,8**
Neue Länder + Berlin	**5,7**	**6,5**	**7,0**	**8,4**	**11,3**	**12,8**	**11,2**

Abb. 17 Großunternehmen in Ost- und Westdeutschland

Quelle: Destatis-Umsatzsteuerstatistik 2002/

Eigene Berechnungen

genüber dem Westen gewollt sei. Nach ihrer Überzeugung stellte dabei die Treuhandanstalt die Weichen. Dort hätten sinistre Gestalten gewirkt, um im Auftrag der westdeutschen Konkurrenten und mit wohlwollender Duldung der Politik gezielt Betriebe platt zu machen. Ökonomen aus dem PDS-Umfeld verbreiten die abenteuerliche These, ein Ziel der Privatisierungsagentur sei es gewesen, den Arbeiter-und-Bauern-Staat zu «delegitimieren»: «Insgesamt sollte mit diesem Resultat – von der Volkswirtschaft der DDR bleibt neben einigen Betrieben vor allem ein riesiger Schuldenberg übrig – auch gezeigt werden, wie marode die Wirtschaft der DDR war.»[90] Das freilich ist blühender Verschwörungsunsinn, selbst wenn er inzwischen Bücherregale füllt.

Gleichwohl lässt sich die fast zwölfjährige Treuhand-Geschichte durchaus als *Chronique scandaleuse* schreiben. Statt für mehr Wettbewerb in Gesamtdeutschland zu sorgen, erweiterte die größte Staatsholding im Osten systematisch die Einflusssphäre der marktmächtigen West-Konzerne – ob nun in der Energiewirtschaft, bei den Brauereien oder in der Medienbranche. Ausländer waren nur dann willkommen, wenn sich für einen Betrieb selbst nach langem Suchen kein Interessent aus den alten Bundesländern finden ließ.

Nicht selten wurden Ost-Unternehmen von West-Konkurrenten übernommen und nach dem Auslaufen von Bindungsfristen stillgelegt – dank hoher «Sanierungszuschüsse» war dieses Vorgehen auch finanziell durchaus lukrativ. Weil Subventionen in großem Umfang versickerten, musste Brüssel mehrere Dutzend Verfahren wegen Beihilfemissbrauch eröffnen. Allein bei der Privatisierung der Ost-Werften an den Bremer Vulkan wurden rund 854 Millionen D-Mark veruntreut. Die völlig überforderten Anstaltsmanager bekamen davon nichts mit. Ein Untersuchungsausschuss des Bundestages unter Vorsitz des damaligen Oppositionspolitikers und heutigen Innenministers Otto Schily (SPD) beschäftigte sich von Oktober 1993 bis November 1994 mit einigen dieser Machenschaften.

Wahr ist allerdings auch: Die überwiegende Mehrheit der Treuhand-Mitarbeiter packte die Aufgabe mit großem Engagement an, und es gab eher weniger Skandale als bei der Privatisierung der

Planwirtschaften in Ländern wie in Tschechien, Polen oder der Slowakei.

Trotzdem konnte die Treuhand keinen Erfolg haben – der Gesetzgeber hatte die Behörde falsch programmiert. Nicht Vorsatz, sondern Unvermögen führte zum dürftigen Ergebnis. Auftrag der Treuhand war die rasche Verwertung des DDR-Vermögens, nicht der Aufbau moderner Wirtschaftsbetriebe. Deshalb mussten die Privatisierungen im Hauruck-Verfahren durchgezogen werden. Man betrachtete die einzelnen Betriebe, eine übergeordnete Industriepolitik fehlte. Strategisch wichtige Unternehmen wurden nicht an die Börse gebracht, sondern an westdeutsche oder internationale Konzerne verkauft, womit sie zum Anhängsel degradiert wurden. Eine Abstimmung mit der Förderpolitik der ostdeutschen Länder, die ihrerseits untereinander kaum kooperierten, gab es praktisch nicht. Die verfehlte Lohnpolitik führte zu horrenden Verlusten, für Investitionen in neue Märkte fehlte deshalb das Geld.

Wirklich erfolgreich war die Treuhand lediglich als Prellbock – stellvertretend für die Bundesregierung lenkte sie den Zorn von ostdeutschen Arbeitnehmern, Geschäftsführungen und Landespolitikern auf sich. Der Anstalt hatte Harald Ringstorff (SPD) 1996 – damals war er noch nicht Ministerpräsident, sondern Wirtschaftsminister von Mecklenburg-Vorpommern – «schlampige Arbeit» vorgeworfen. Der Verkauf der Treuhand-Betriebe werde nach dem Prinzip «Masse statt Klasse» durchgezogen, wetterte der Politiker, deshalb gebe es bei jeder zweiten Privatisierung enorme Probleme.

«Wer den Schaden verursacht, muss dafür auch geradestehen», verlangte Ringstorff. In gewisser Hinsicht geschieht das auch: Der empfindliche Mangel an größeren und leistungsfähigen Unternehmen, die in Ostdeutschland die dringend benötigten wettbewerbsfähigen Arbeitsplätze anbieten könnten, belastet die Sozialkassen. Sie müssen dort gefüllt werden, wo die potenten Konzerne zu Hause sind.

Silicon Saxony

Erich Honeckers Vision vom High-Tech-Land DDR beruhte auf der Mikroelektronik. Diese Industrie faszinierte nach 1990 auch ostdeutsche Wirtschaftspolitiker. Sie wollten das vollenden, was im Arbeiter-und-Bauern-Staat nur ungenügend gelungen war: Aus den drei Halbleiter-Werken in Brandenburg (Frankfurt/ Oder), Thüringen (Erfurt) und Sachsen (Dresden) sollten leuchtende Beispiele des technologischen Fortschritts werden. Ist das nicht auch gelungen? Um sich ein Urteil zu bilden, lohnt es, die ganze Geschichte zu kennen.

Die Treuhandanstalt wollte Anfang der Neunziger die ambitionierten Pläne nicht finanzieren, denn die Chipfabriken verschlangen viel Geld. Obwohl von 21 500 Arbeitsplätzen bald nur noch 1500 Stellen übrig waren, liefen jährlich Verluste in bis zu dreistelliger Millionenhöhe auf. Finanzminister Theo Waigel als Oberaufseher der Treuhand hätte die Betriebe am liebsten geschlossen und ließ erklären, bei der Mikroelektronik handele es sich um keine normale Privatisierung, sondern um Struktur- und Regionalpolitik. Deshalb gab es Streit. Schließlich lenkte Waigel ein, die Treuhand griff tief in die Kasse und wurde dafür aus der Verantwortung für die Unternehmen entlassen. Die lag nun bei den drei Ländern.

In Brandenburg endete das Kapitel mit einem Fiasko. Erst musste der Chip-Produzent SMI Gesamtvollstreckung anmelden, dann ging der Nachfolgebetrieb SIMI in Konkurs. Trotz der beiden Pleiten leiteten Brüsseler EU-Kontrolleure ein förmliches Hauptprüfverfahren ein, weil sie vermuteten, das Land habe unrechtmäßig Beihilfen in Höhe von 131 Millionen D-Mark gewährt. Damit hatte das Missmanagement keineswegs ein Ende: Der Versuch der Brandenburger Regierung, eine Chip-Fabrik in Frankfurt an der Oder anzusiedeln, scheiterte kläglich. Als Miteigentümer der Communicant AG hatte das Land trotz ungeklärter Finanzierung grünes Licht für den Fabrikneubau gegeben. Nun steht eine imposante

Betonhülle auf einem aufwendig erschlossenen Gewerbegebiet – eine Investitionsruine wartet auf einen Nachnutzer.

Auch in Thüringen, wo einst der Mikroelektronik-Stammbetrieb «Karl Marx» angesiedelt war, ging einiges schief. Man modernisierte die Nachwendefirma Thesys, woraufhin der Grazer Chip-Produzent AMS dem Land 1995 etwas mehr als die Hälfte der Anteile abkaufte. Weil sich horrende Verluste nicht in schwarze Zahlen verwandeln ließen, verabschiedeten sich die Österreicher 1999. Zum Glück fand sich ein belgischer Konzern als Eigentümer. Dieser wollte die nun X-Fab Germany genannte Gruppe 2004 an die Börse bringen. Doch der erste seit langem in Deutschland geplante Börsengang musste im letzten Moment abgesagt werden. Es gab nicht genügend Interessenten – Analysten hatten dringend vom Kauf der Anteilsscheine abgeraten. Sie unterstellten, dass mit Aktionärsgeldern nur Schulden getilgt werden sollten. Als «Nukleus für Ansiedlungen» hatte Thüringen die Chip-Fabrik angesehen. Ein Flop – sämtliche Verhandlungen mit Investoren scheiterten.

Bleibt noch Dresden mit seinem Zentrum für Mikroelektronik (ZMD). Dieses Unternehmen erhielt allein von 1993 bis 2001 rund 175 Millionen Euro aus öffentlichen Kassen. Im Mai 2004 wurden Tricksereien mit Fördermitteln publik: Über eine Qualifizierungsgesellschaft sollen rund 21 Millionen Euro aus dem europäischen Sozialfonds auch an ZMD-Beschäftigte geflossen sein. Das Geld diente offenkundig zur Senkung von Lohnkosten – das wäre eine verbotene Beihilfe. Sachsens Antikorruptionseinheit «Ines» veranlasste mehrere Razzien in ganz Deutschland, auch das Dresdner Wirtschaftsministerium wurde gefilzt. Dort sollen leitende Mitarbeiter von der illegalen Praxis gewusst haben. Schon als der Freistaat Sachsen seinen Chip-Betrieb Ende der neunziger Jahre zu einem «negativen Kaufpreis» veräußerte, also kräftig draufzahlen musste, war es zu millionenschweren Ungereimtheiten gekommen – sie beschäftigten einen parlamentarischen Untersuchungsausschuss und Staatsanwälte.

Mit seinen Schaltkreisen hat das ZMD selten Schlagzeilen gemacht – es ist vielmehr ein Symbol für den wilden Osten. Ausgerechnet dieser Skandalbetrieb ist die Keimzelle für das «Silicon Saxony», das heute als die schönste Erfolgsgeschichte beim Aufbau Ost gefeiert wird. Geradezu hymnisch wird dieses «Cluster» – eine Ansammlung von Produktion und Wissen, die weitere Investoren und Forscher anzieht – als Beleg dafür angeführt, dass das Aufbauwerk Früchte trägt. Geprägt wird das Chip-Mekka im Elbtal von den hochmodernen Fertigungsmodulen der ehemaligen Siemens-Tochter Infineon und des amerikanischen Mikroprozessoren-Herstellers AMD. Infineon legte 1994 den Grundstein für die erste Fabrik, AMD begann 1997 mit dem Bau der «Fab 30». Beide Anbieter errichteten weitere Produktionsstätten.

Warum fiel die Wahl des Standortes auf Dresden? Das hat viel mit den Besonderheiten der Chip-Branche zu tun. Die Mikroelektronik ist außerordentlich kapitalintensiv – pro Arbeitsplatz sind erhebliche Investitionen erforderlich. Zugleich ist das Geschäft extrem zyklisch, Phasen hoher Gewinne werden von langen Defizitperioden abgelöst. Einen Teil dieser Risiken wälzt die Industrie von jeher auf den Staat ab: Ansiedlungen entstehen dort, wo es die meisten Zuschüsse gibt. Besonders in diesem Zweig hat sich ein globaler Subventionswettlauf herausgebildet. Ostdeutschland konnte da gut mithalten.

Mit der öffentlichen Unterstützung startete die europäische Halbleiterindustrie, die gegenüber der asiatischen und amerikanischen Konkurrenz technologisch in Rückstand geraten war, eine Aufholjagd. Sie war spätestens im Dezember 2001 erfolgreich beendet: Der Infineon-Konzern, einer der zehn bedeutendsten Halbleiterhersteller weltweit, begann in Dresden mit der Serienfertigung so genannter Pizza-Wafer – auf diese 300 Millimeter großen Siliziumscheiben ließen sich mehr als doppelt so viele Speicherchips ätzen als auf die zuvor üblichen 200-Millimeter-Wafer. Das neue Verfahren bedeutete einen Kostenvorteil von bis zu 30 Prozent. So lange, bis die Konkurrenz aufgeholt hatte.

Geld vom Staat gab auch den Ausschlag dafür, dass sich in Sachsen mit AMD ein zweiter Player niedergelassen hat. Das kalifornische Unternehmen, ein Hersteller von PC-Prozessoren, wäre womöglich sogar ohne Beihilfen aus der deutschen Staatskasse von der Bildfläche verschwunden. Der US-Konzern Intel war 1994 mit einem Marktanteil von 86,2 Prozent fast zum Weltmonopolisten aufgestiegen und drohte AMD mit einem Anteil von 6,7 Prozent als letzten ernsthaften Mitbewerber aus der Bahn zu werfen. Davids Lösung beim Kampf gegen Goliath: Dresden.

Auf die Frage, warum er sich für diese Stadt entschieden habe, nannte AMD-Chef Jerry Sanders zunächst zwei höfliche Argumente: Deutschland sei der größte Markt Europas. Sachsen habe gut ausgebildete Mitarbeiter. Dann rückte der Manager mit der Wahrheit heraus: «Drittens, das will ich ganz ehrlich sagen, haben wir dort Geld bekommen. Ich habe Herrn Biedenkopf gesagt, wir können Sachsen zum Mikroprozessor-Zentrum Europas machen, aber das erfordert eine Investition von mehreren Milliarden Dollar, ich habe nur 200 Millionen. Nach einigen Diskussionen fanden wir schließlich eine Lösung. Wir bringen etwa 400 Millionen mit, Bund und Land geben Bürgschaften.»[91]

Die riskante Rechnung ging für beide Seiten auf. Mittlerweile ist AMD mit einem Weltmarktanteil von rund einem Fünftel ein richtig lästiger Konkurrent für den Erzrivalen Intel. Und Dresden hat seine High-Tech-Insel. Auf diesem Eiland haben sich neun Fraunhofer-Institute, vier Leibniz-Gesellschaften und drei Max-Planck-Institute niedergelassen. Die öffentlich finanzierte und außeruniversitäre Forschungsstruktur ist im Osten mittlerweile besser ausgebaut als im Westen. Bei der privaten Wirtschaft ist es genau umgekehrt: Im Westen wurden 2001 je Erwerbsperson 1016 Euro für Forschung und Entwicklung (FuE) ausgegeben, im Osten waren es 272 Euro. Auch ist die Zahl der Forscher und Entwickler geringer: Die so genannte FuE-Dichte – die Beschäftigten in diesem Bereich je 1000 Einwohner – erreicht in Ostdeutschland nur 37 Prozent des West-Niveaus.[92] Deshalb werden in den neuen

Ländern auch kaum High-Tech-Produkte hergestellt: Rund drei Viertel aller Erzeugnisse entfallen auf Standardtechnik – im Westen lediglich 50 Prozent.[93] So unterbelichtet ist die elitäre Dresdner Chip-Industrie nicht. Dort wird im Verbund mit den Forschungseinrichtungen richtige Grundlagenforschung betrieben. Jüngst ist etwa ein Zentrum für Nanoelektronik entstanden. Anwender (Infineon, AMD) und Forscher (Fraunhofer-Gesellschaft) experimentieren mit kleinsten elektronischen Bauteilen. Gestiftet haben diese Ehe der Bund und der Freistaat – sie schießen 80 Millionen Euro zu.

Ist das «Silicon Valley» nun ein Modell für den Aufbau Ost? Die Meinungen der Experten sind gespalten. «Die Halbleiterproduktion ist sicher einer der wichtigsten Wachstumsmotoren der Industrie in der Region Ostdeutschland», vermutet das Deutsche Institut für Wirtschaftsforschung (DIW).[94] Der Ökonom Hans-Werner Sinn ist skeptischer. Er fragt sich, ob der hoch subventionierte Aufbau der ostdeutschen «Silicon Valleys» die dortige Wirtschaft entscheidend vorangebracht hat: «In Dresden, in Sömmerda und anderswo sind so in der Tat sichtbare Erfolge erzielt worden. Dennoch war der Ansatz naiv. (...) Was entstanden ist, reicht aus, um Hochglanzbroschüren mit beeindruckenden Bildern zu füllen und Staatsgästen zu imponieren. Doch wurde kein nennenswerter Beitrag zur Lösung des Problems der Arbeitslosigkeit erbracht.»[95]

Sachsen behauptet, mit dem Cluster seien im Freistaat gut 200 Unternehmen mit mehr als 20 000 Arbeitsplätzen entstanden. Doch in Ostdeutschland gibt es laut Statistischem Bundesamt, das die Branche in der «Untergruppe 3210» streng als «Elektronische Bauelemente» abgrenzt, überhaupt nur 76 Firmen mit rund 8500 Stellen. Die Differenz von offizieller Statistik und politischer Darstellung zeigt: Der Freistaat zählt großzügig.

Direkt arbeiten in den Dresdner Halbleiterwerken inzwischen etwa 8000 Menschen, nochmals 2650 Stellen kommen im Bereich Vorleistungen und Equipment hinzu.[96] Macht zusammen 10 650

Jobs – 0,6 Prozent der Erwerbstätigen in Sachsen. Allein die Metall- und Elektroindustrie des Landes beschäftigt zwölfmal mehr Menschen. Die Ansiedlung der Halbleiterindustrie – und das gilt auch für andere High-Tech-Branchen wie die Biotechnologie – ist also nur ein Erfolgsrezept mit begrenzter Reichweite. Hochtechnologie allein führt zu keinem Aufschwung Ost.

Opulenter fällt in Dresden die Förderbilanz aus. Die allgemeinen Subventionen («GA-Förderung») und die Forschungszuschüsse für die Chip-Industrie beziffert das Wirtschaftsministerium auf 1,24 Milliarden Euro. Obwohl dabei dreistellige Millionenaufwendungen von Treuhand und Land nicht erfasst sind, hätte die öffentliche Hand danach jeden direkten Arbeitsplatz mit gut 116 000 Euro bezuschusst. Eine stolze Summe für den «saxxess» – wie in Sachsen Erfolg buchstabiert wird.

Die schlaffe Gründergeneration

Der Aufbau Ost könnte leicht gelingen. Eine Kleinigkeit fehlt allerdings noch. Der Osten bräuchte etwa 100 000 zusätzliche Unternehmen – dann würde er eine mit dem Westen vergleichbare Unternehmensdichte aufweisen.[97] Dringend benötigt werden vor allem Betriebe in der Industrie, denn allein hier fehlen mindestens 600 000 Arbeitsplätze.[98] Aber auch Selbständige und Gewerbetreibende gibt es nicht genug. Bei der Lösung dieses Problems können sich die Ostdeutschen zunehmend weniger auf die Hilfe von außen verlassen: Dort nimmt die Bereitschaft tendenziell ab, sich in den neuen Ländern zu engagieren. Bleibt also nur ein Ausweg – selbst eine Firma gründen oder ein Geschäft wagen und damit neue Jobs schaffen.

Anfangs funktionierte die Methode bestens. 1991 wurden 140 000 Unternehmensgründungen registriert – diese stolze Zahl zeugte von Risikobereitschaft, die sich lohnte (Abb. 18). So hatte beispielsweise das Handwerk den sprichwörtlich goldenen Bo-

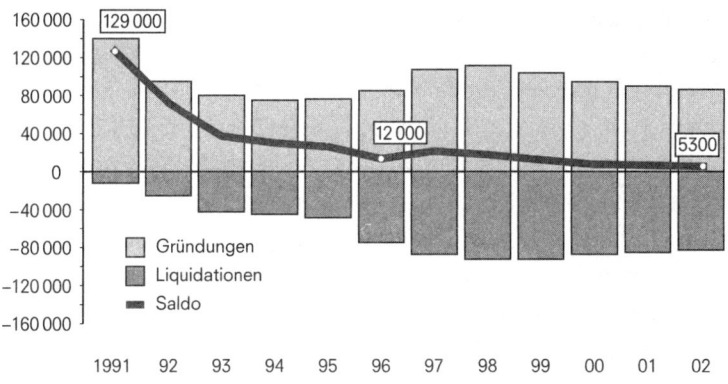

Abb. 18 Unternehmensgründungen und -liquidationen in den neuen Bundesländern

Quelle: Einheitsbericht der Bundesregierung 2003

den. Ende 1994 gab es schon 130 000 Betriebe mit 1,13 Millionen Beschäftigten. Die Industrie konnte demgegenüber nur 633 000 Arbeitsplätze bieten. Eine wahre Erfolgsgeschichte: Das Ost-Handwerk überflügelte damals dank der emsigen Existenzgründer sogar die West-Konkurrenz. Damit hatten die neuen Bundesländer erstmals in einem bedeutenden Wirtschaftszweig die alten Länder überrundet.

Mit dem Abschwung in der Baubranche hat sich das zwar zwischenzeitlich wieder geändert. Trotzdem zeigte der Boom vor einem Jahrzehnt, dass unternehmerische Willenskraft Berge versetzen kann. Hoffnungsvolle Jahre für den Osten waren auch 1997 und 1998: Jeweils rund 110 000 Unternehmen wurden gegründet. Selbst wenn man 90 000 Abmeldungen berücksichtigt, blieb immerhin noch ein positiver Saldo von 20 000 Firmen. Ostdeutschland erlebte damals seine zweite Gründerwelle. Einmal vorausgesetzt, über zehn Jahre hinweg entständen jährlich 20 000 neue Firmen und jede von ihnen würde nur drei Mitarbeiter beschäftigen: Die Arbeitslosigkeit in Ostdeutschland ginge um etwa ein

185

Drittel zurück. Die Schieflage zwischen den Arbeitsmärkten in den neuen und alten Ländern wäre weitgehend ins Lot gebracht.

Doch der Gründereifer erlosch bereits Ende der neunziger Jahre. 1999 ergab der Saldo lediglich ein Plus von gut 13 000 Unternehmen. 2002 waren es dann nur noch rund 5000 Firmen. Der zuletzt jähe Abwärtstrend legt nahe: Im neuen Jahrtausend ist den Ostdeutschen offenkundig die Eigeninitiative abhanden gekommen. Darauf deuten auch die Gewerbeanmeldungen hin. In Deutschland wurden 2002 je 100 000 Einwohner im Durchschnitt 71 Gewerbe angemeldet. Sachsen (69), Brandenburg (66), Mecklenburg-Vorpommern (68), Thüringen (64) und Sachsen-Anhalt (56) hinkten hinterher.

Bei den Selbständigenquoten liegen die ostdeutschen Bundesländer mittlerweile ebenfalls sämtlich unter dem gesamtdeutschen Durchschnitt. Und es besteht keine Aussicht auf Besserung. Vielmehr drohen noch die wenigen Pflänzchen zu verdorren, auf denen die ganze Hoffnung der Politiker ruht.

Viele der chronisch eigenkapitalschwachen Ost-Betriebe, die sich von Auftrag zu Auftrag hangeln und meist von wenigen Abnehmern abhängig sind, werden von der Bildfläche verschwinden. Im Freistaat Sachsen, der wie der gesamte Osten im Vergleich zum Altbundesgebiet eine ungünstigere Altersstruktur aufweist, gehen zudem allein in den kommenden fünf Jahren sechstausend Unternehmerinnen und vierzehntausend Unternehmer in Rente.[99] Noch mehr Gewerbetreibende und Selbständige stehen kurz vor dem Ruhestand. Sie hinterlassen eine schmerzliche Lücke. Und eine neue Gründerbewegung ist nicht in Sicht.

Haben die Ostdeutschen andere Gene als die Westdeutschen? Zeigen sich jetzt die Folgen der Abwanderung von Leistungsträgern? Sind das die Nachwehen des alten Systems, in dem unternehmerisches Engagement unerwünscht war? Worin auch immer die Ursache liegen mag: Wenn sich der Trend nicht umkehrt, wird der Osten ohne Hoffnung sein.

Dritter Teil

Der Osten hängt Ostdeutschland ab

Ein Patriot auf verlorenem Posten

Horst Dietz verkauft das Produkt Ostdeutschland. Er soll ausländische Konzernchefs überreden, im Osten neue Fabriken mit möglichst vielen Jobs zu errichten. Der Auftrag dazu kommt von ganz oben – die Bundesregierung betreibt gemeinsam mit den ostdeutschen Ländern das IIC. Das Kürzel steht für «The New German Länder Industrial Investment Council», deren Chef Dietz ist. Seit ihrer Gründung im Jahr 1996 hat die in Ostberlin ansässige Staatsagentur rund hundert internationale Unternehmen nach Ostdeutschland gelockt. Sie haben dort etwa 4,2 Milliarden Euro ausgegeben und rund 17 500 Arbeitsplätze geschaffen. Das ist ein schöner Erfolg – der längst der Vergangenheit angehört.

Das Kapitel, das in der Gegenwart geschrieben wird, weist eher tragische Züge auf. Dietz spielt darin die Hauptrolle – als trauriger Held. Ihm gelingt es kaum noch, ausländische Investoren davon zu überzeugen, ihr Kapital in den neuen Ländern anzulegen. Sie hüpfen einfach über Ostdeutschland hinweg und landen in Tschechien, Ungarn, Polen oder der Slowakei. «Die Reformländer haben etwas, was wir nicht bieten können: erheblich geringere Lohnstückkosten», klagt der IIC-Vorsteher. Fast immer geht Ostdeutschland leer aus. Daran kann auch der beste Verkäufer der Welt nichts ändern. Ein Drama für Dietz: «Es wird sehr lange dauern, bis sich Ostdeutschland so entwickelt hat, wie wir uns das wünschen.» Keine Fabriken, keine Jobs, kein Aufschwung Ost – so einfach ist das.

Als Horst Dietz im September 2002 die Leitung des IIC übernahm, kam er mit den besten Vorsätzen. «Ich wollte meiner Heimat Ostdeutschland etwas zurückgeben», sagt er. Dietz stammt aus Sachsen-Anhalt, er wuchs in Halle an der Saale auf. Womöglich würde er dort noch heute leben, wenn man ihm nach dem Abitur nicht den Studienplatz verweigert hätte. Er sei ungeeignet, hieß es. Der wahre Grund war ein anderer: Sein Vater war selbständiger Handwerksmeister – ein Optiker. Das genügte, um dem Sohn die Zukunft zu verbauen, und so floh der 1960 nach Baden-Württemberg. Dort studierte er Elektrotechnik, promovierte und machte beim Weltkonzern ABB Karriere. Korea, Mannheim und Singapur hießen seine Stationen. Anschließend wurde er zum Deutschland-Chef berufen. Statt danach den Ruhestand zu genießen, ließ sich der Manager in die Pflicht nehmen: «Aus patriotischen Gründen, auch wenn das vielleicht etwas schwülstig klingt.»

Für die Minister Wolfgang Clement und Manfred Stolpe, die sich die Zuständigkeit für den Industrial Investment Council teilen, gehört Ostdeutschland «zu den attraktivsten Investitionsstandorten in Europa». Dietz, der das operative Geschäft erledigt, weiß es inzwischen besser. Und er hat keine Lust, seinem Besucher etwas vorzumachen. Vor seinem Amtsantritt lief das Akquisitionsgeschäft wie am Schnürchen. 2001 war sogar ein Ausnahmejahr – «das erfolgreichste unserer fünfjährigen Geschichte», wie sein Vorgänger Hans Christoph von Rohr damals stolz erklärt hatte. 27 neue Ansiedlungen, verbunden mit der Zusage, fast 1,7 Milliarden Euro zu investieren und gut 8700 Arbeitsplätze zu schaffen. Das begeisterte auch die Medien: «Das internationale Kapital entdeckt den deutschen Osten.»

Doch schon 2002 brach das Ergebnis regelrecht ein, die Investoren zogen ostwärts. Nur 17 Projekte, 890 Millionen und 1200 Jobs. IIC-Chef von Rohr – sein Leitmotiv lautete: «Investoren wollen bei den Starken, bei den Gewinnern sein, nicht bei den Wehleidigen und rückwärts Gewandten» – trat ab. Seitdem hat Dietz das Sagen. Er gilt als Idealbesetzung. Trotzdem konnte er 2003 lediglich vier ausländische Investoren gewinnen. Sie geben 63 Millionen Euro aus und richten 420 Stellen ein. Für ein Wirtschaftsgebiet mit knapp 15 Millionen Menschen eine Petitesse. Es war der schlechteste Jahresabschluss seit Bestehen des IIC überhaupt. 2004 fiel die Bilanz fast ebenso katastrophal aus. «Dagegen können wir wenig machen», beschwört Horst Dietz, «es liegt an den Rahmenbedingungen.» Ein verzweifelter Hilferuf.

Als der Ex-ABB-Mann beim IIC loslegte, konnte er die fast abgeschlossenen Verhandlungen für eine richtig große Ansiedlung begleiten. Vielleicht ist es kein Zufall, dass dieses Vorhaben ausgerechnet in seiner Heimat Sachsen-Anhalt verwirklicht wurde. Dort, wo die DDR einst ihr größtes Kernkraftwerk bauen wollte, im altmärkischen Arneburg, errichtete die amerikanisch-kanadische Gesellschaft Mercer ein Zellstoffwerk. Es ist eines der modernsten seiner Art. Fast eine Milliarde Euro teuer. Mit 580 Mitarbeitern, die unter 15 000 Bewerbern ausgewählt wurden. Ein Lichtblick für die bitterarme Altmarkregion. Nach der Leipziger BMW-Ansiedlung handelt es sich um die größte Industrieinvestition im Osten seit langer Zeit. Im Oktober 2004 ging die Anlage in Betrieb, selbst der Bundeskanzler kam. Doch ein solcher Erfolg war Horst Dietz seither nicht mehr vergönnt.

Bei der Konkurrenz in Budapest ist man dagegen hochzufrieden. 2003 wurden 52 Ansiedlungen verabredet. Das ergibt 12 000 Arbeitsplätze in einem einzigen Jahr – zwei Drittel der Jobs, die das IIC bisher insgesamt an Land ziehen konnte. Auch 2004 lief für die Ungarn bestens, wie die Aufstellung von A bis Z, von Audi Hungaria Motor bis ZF Hungaria, dokumentiert. Lauter klangvolle Namen finden sich da, ein richtig bunter internationaler Mix: BMW, British American Tobacco, Elektrolux, Exxon Mobile, Fujitsu Siemens, Knorr Bremse, Linde, Nokia, Philips, Robert Bosch, Walt Disney Internet Group, Yamaha Motor.

Die Prager Czechinvest holte allein 2002 zehnmal so viele Jobs nach Tschechien wie das IIC im gleichen Jahr nach Ostdeutschland. 2004 waren es etwa 20 000. Auf ihrer Homepage listen die Tschechen fast im Wochentakt neue Triumphe auf: «Irish company brings high-quality jobs to Czech Republic.» Rund dreihundert Arbeitsplätze bietet der Autozulieferer Connaught Electronics – die wären auch in den neuen Ländern hochwillkommen gewesen. Seit der Gründung vor zwölf Jahren hat Czechinvest ein Auslandskapital von fast zwölf Milliarden Dollar eingesammelt – gut das Doppelte dessen, was Ostberlin akquirieren konnte. Schon mehr als hundert japanische Firmen entschieden sich für Tschechien, das unter den Reformstaaten der begehrteste Zielhafen für internationale Investoren ist.[100]

Dort der Boom, hier die Baisse – Horst Dietz bleibt nichts anderes übrig, als sich an kleinen Erfolgen zu erfreuen. Die Ära der Großprojekte in Ostdeutschland sei vorbei, verkündet er: «Das ist die Botschaft.» Abgesehen von glücklichen Zufällen müsse man sich von der Vorstellung verabschieden, die neuen Länder könnten noch den Zuschlag für Produktionsstätten mit sehr großen Belegschaften erhalten. Hier ein Projekt mit 70 Jobs, dort eine Ansiedlung mit 40 Arbeitsplätzen – auf solche Vorhaben im High-Tech-Bereich hat sich das IIC spezialisiert. Aber lösen solche Engagements die drängenden Probleme in der ostdeutschen Wirtschaft? Dietz zuckt mit den Schultern: «Die Bundesregierung wusste genau, warum sie die Förderung für die neuen Länder bis 2020 verlängert hat.»

«Business Opportunities in Eastern Germany» – mit diesem euphorischen Slogan ging die Agentur einstmals an den Start. Man flog rund um den Globus, eröffnete Außenbüros in Washington, D. C., San Francisco, Detroit, Tokio und Paris, verhandelte mit hochkarätigen Geschäftsleuten. Von Aufbruchstimmung ist nichts mehr zu spüren. Nun beschränkt man sich auf wenige Kernländer – USA, Kanada, Großbritannien, Frankreich, Japan. Weil sich kaum noch ein Investor von selbst meldet, müssen systematisch Branchen durchkämmt werden: Findet sich vielleicht irgendwo eine Adresse, die irgendwie ins schmale Profil der neuen Länder passen könnte? Es ist ein mühseliges Geschäft, weshalb Dietz und sein 30-köpfiges Team zunehmend auf die Zuarbeit von Praktikanten angewiesen sind.

Die Pariser Dependance wurde geschlossen. Der Jahresetat mit 4,8 Millionen Euro ist knapp bemessen. Deshalb musste Dietz jüngst umziehen. Früher schaute er vom Chefzimmer mit opulenter Terrasse direkt auf den Gendarmenmarkt. Der Anblick des Prachtensembles aus luftiger Höhe beeindruckte auch seine Besucher. Im Dezember 2004 verlagerte man dann das Hauptquartier von der 1-a-Adresse in ein schlichteres Bürogebäude in der Friedrichstraße. Der Aufbau Ost zieht ins Hinterhaus. Nach 2008 ist nach heutigem Stand ganz Schluss. Bundesregierung und neue Länder stellen die Finanzierung voraussichtlich ein. Es ist wie ein Abgesang auf den Standort Ostdeutschland.

Das Europa der zwei Geschwindigkeiten

Im Mai 2004 sind acht Länder, die ebenso wie die DDR einmal Planwirtschaften im kommunistischen Ostblock waren, in die Europäische Union aufgenommen worden. Vor ihrem Beitritt fragte man sich: Sind diese Kandidaten überhaupt fit für diesen Schritt? Solche Bedenken sind längst verflogen, denn die jungen Demokratien mischen den EU-Club mit Billiglöhnen und Niedrigsteuern mächtig auf. Das zwingt selbst gefestigte Volkswirtschaften zum Handeln. In Österreich gilt seit 2005 eine ermäßigte Unternehmensbesteuerung. Eine Begründung: Man müsse im Gefolge der Osterweiterung den Standort verteidigen. Das Volumen: rund 1,5 Milliarden Euro. Auch in der alten Bundesrepublik sieht man sich zum Handeln genötigt. So machen die Gewerkschaften plötzlich ungewohnte Konzessionen. Sie opfern gut bezahlte Haustarife ebenso wie kurze Wochenarbeitszeiten, die einst mit langen Streiks erkämpft worden waren – vor allem wegen des Konkurrenzdrucks aus Osteuropa.

Die Reformländer, die mit knapp 74 Millionen Menschen rund 16 Prozent der EU-Bevölkerung repräsentieren, steuern nur fünf Prozent zum Bruttoinlandsprodukt der erweiterten Union bei.

Aber sie stimulieren das Wachstum in den 15 alten EU-Staaten um etwa einen halben Prozentpunkt. Das ist beachtlich, allein Deutschland setzt in den Beitrittsländern inzwischen mehr Güter ab als in den gesamten Vereinigten Staaten. Solche Impulse können nur Regionen mit hyperaktiver Wirtschaft auslösen. Ökonomien, die energisch den Vorwärtsgang eingelegt haben. Die Ex-Ostblock-Staaten sind heute der dynamischste Teil Europas. Welch ein Kontrast zu Ostdeutschland – kaum anderswo geht es mit der Wirtschaft so kraftlos voran wie dort. Das hatte man sich hierzulande Anfang der Neunziger ganz anders vorgestellt, nämlich genau umgekehrt.

Vor fünfzehn Jahren begann ein direkter Wettbewerb zwischen den Reformstaaten und dem Gebiet der ehemaligen DDR. Die spannende Frage war: Wo gelingt die Umstellung von der Plan- zur Marktwirtschaft am besten? Die Ausgangsbedingungen waren überall ähnlich, einer der Konkurrenten aber schien am Start klare Vorteile zu haben. Der Sieger und die Verlierer standen damit so gut wie fest.

Hier die mittelosteuropäischen Länder, die der Kommunismus nackt in die Freiheit entlassen hatte – ohne Eigentumsordnung, Tarifrecht oder GmbH-Gesetz. Es gab nicht einmal brauchbare Währungen. Institutionen, die wie Kartellbehörden zur Regulierung der entstehenden Märkte benötigt wurden, fehlten ebenfalls. Die Reformstaaten waren auch deshalb im Nachteil, weil sie keinen großen Bruder hatten, der ihnen etwas zusteckte. Alle Irrtümer in der Wirtschaftspolitik hatten Folgen, weil es niemanden gab, der für solche Fehler haftete. Die Privatisierung kompletter Staatswirtschaften war besonders kompliziert, weil dazu das erforderliche Kapital fehlte.

Auf der anderen Seite die Ex-DDR, die sich nicht erst mühsam einen neuen Rechtsrahmen für die Wirtschaft schaffen musste. Man erhielt ihn – komplett, gratis und über Nacht. Auch die Aufnahme in die Europäische Union war ein Geschenk. Die neue Währung genoss Ansehen und war so stabil, dass anders als bei den Nachbarn eine Inflation ausblieb. Es gab genug Geld für den zügigen Ausbau und die Modernisierung der Verkehrswege. Der Staat unterstützte großzügig jede Firmengründung und jeden Fabrikneubau. Wenn es zu Massenentlassungen kam, dann wurden sie weich abgefedert.

Noch immer ist der nach 1989 gestartete Systemwettbewerb in vollem Gang. Aber ein Zwischenergebnis liegt vor: Wider Erwarten liegt der deutsche Osten keineswegs vorne. Dabei legte der zunächst einen Traumstart hin, sowohl 1993 als auch 1994 glänzte man mit sensationellen Wachstumsraten von über elf Prozent. Damals schrumpften die meisten Volkswirtschaften in den Reformstaaten noch – Ungarn, Tschechien, die Slowakei und Lettland schwenkten erstmals 1994 auf Expansionskurs. Estland und Litauen brauchten dazu sogar bis 1995.[101] Beim Übergang vom Plan zum Markt mussten die mittelosteuropäischen Länder zunächst einmal in Form kommen. Dann aber legten sie los – und Ostdeutschland ging die Puste aus.

Selbst zeitweilige Konditionsschwächen minderten das Tempo nur vorübergehend. Tschechien etwa war 1996 heftigen Finanz- und Währungsturbulenzen ausgesetzt. Einige Bankinstitute brachen zusammen. Die Kapitalmärkte reagierten: Die Währung musste abgewertet und ein Sparprogramm aufgelegt werden. 1997 und 1998 sank das Bruttoinlandsprodukt. Doch das Land ging gestärkt aus der Krise hervor.

In den letzten zehn Jahren steigerten die Reformstaaten ihr jährliches Wachstum im Schnitt um vier Prozent. Ostdeutschland schaffte gerade 0,7 Prozent (Abb. 19). Besonders bedenklich: Die neuen Länder und Berlin haben zwischen 1996 und 2005 – die Werte für die letzten beiden Jahre dieses Zeitraums sind Prognosen – so schwach wie kein anderes EU-Neumitglied abgeschnitten. Das bereits relativ hochentwickelte und stark industrialisierte Tschechien wuchs um durchschnittlich zwei Prozent – fast dreimal so schnell wie Ostdeutschland. Etwa sechsmal so schnell legte die lettische Wirtschaft zu. Wer ist hier auf der Überholspur?

Land	2005	2004	2003	2002	2001	2000	1999	1998	1997	1996	Mittel
Lettland	6,2	6,2	7,5	6,4	8,0	6,9	3,3	4,7	8,3	3,8	**6,1**
Estland	5,9	5,4	5,1	7,2	6,4	7,8	-0,1	5,2	10,5	4,5	**5,8**
Litauen	6,6	6,9	9,0	6,8	6,4	3,9	-1,7	7,3	7,0	4,7	**5,7**
Polen	4,8	4,6	3,8	1,4	1,0	4,0	4,1	4,8	6,8	6,0	**4,1**
Slowakei	4,1	4,0	4,0	4,6	3,8	2,0	1,5	4,2	4,6	6,1	**3,9**
Ungarn	3,4	3,2	3,0	3,5	3,8	5,2	4,2	4,9	4,6	1,3	**3,7**
Slowenien	3,6	3,2	2,5	3,3	2,7	3,9	5,6	3,6	4,8	3,6	**3,7**
Tschechien	3,4	2,9	3,1	1,5	2,6	3,3	0,5	-1,0	-0,8	4,3	**2,0**
Neue Länder + Berlin	1,3	1,2	-0,2	-0,2	-0,5	1,3	1,8	0,2	0,5	1,6	**0,7**
Mittel	**4,4**	**4,2**	**4,2**	**3,8**	**3,8**	**4,3**	**2,1**	**3,8**	**5,1**	**4,0**	**4,0**
Deutschland	1,5	1,8	-0,1	0,1	0,8	2,9	2,0	2,0	1,4	0,8	**1,3**

Angaben in Prozent

Abb. 19 Hohe Wachstumsraten in den Reformstaaten

BIP-Wachstum in Preisen von 1995, prozentuale Veränderung zum Vorjahr; 2004 und
2005 Prognose   Quelle: Eurostat, VGR der Länder, Herbstgutachten,
eigene Berechnungen[102]

Der Aufschwung Ost, es gibt ihn – in den ehemaligen Bruderstaaten der DDR. Das flößt denen, die dieses kleine Wunder
vollbracht haben, enormes Selbstbewusstein ein. Wie dem slowakischen Radikalreformer und Finanzminister Ivan Mikloš, der
den Zorn von Kanzler Schröder auf sich zog, weil er die Steuern
auf Einkommen und Unternehmensgewinne auf 19 Prozent
drückte und damit auch den österreichischen Nachbarn zu seiner
Steuersenkung zwang. «Wenn wir auf dem eingeschlagenen Weg
weitermachen, werden wir, gemessen am Wachstum, eines der dy-
namischsten Länder Europas sein», erklärt Mikloš forsch und fügt
hinzu: «Eines der erfolgreichsten im Angleichungsprozess an die
alte EU.»[103] Wer hat in Ostdeutschland ähnliche Zuversicht?

Man kann die Entwicklung der letzten fünfzehn Jahre auch aus
einem anderen Blickwinkel betrachten. Einem typisch deutschen.
Dann ist Mittelosteuropa eine Zone der Rückständigkeit und Ostdeutschland im Vergleich dazu das Paradies. Denn in den neuen
Ländern ist der Lebensstandard beachtlich, niemand muss um die

Existenz bangen, selbst Arbeitslose haben Konsummöglichkeiten, von denen die Mehrheit der 29 Millionen Erwerbstätigen in den Reformstaaten nur träumen kann. Für Wolfgang Thierse ist das eine zentrale Errungenschaft, die er seinen Landsleuten gelegentlich ins Gedächtnis ruft: «Ich wünsche mir sehr, dass auch die Ostdeutschen nicht immer nur nach Westdeutschland blicken, sondern auch in Länder, die die gleiche Vorgeschichte haben – Polen, Tschechien oder die Slowakei. Wir brauchen diesen doppelten Maßstab.»[104]

Sicher, die postkommunistischen Staaten können Arbeitslose nicht so großzügig alimentieren, wie dies in den neuen Ländern geschieht – aber ihre Arbeitslosenquoten sind entschieden niedriger als in Ostdeutschland. Der Wohlstand ist bescheidener, nimmt aber unverkennbar zu. In Ostdeutschland liegt er auf hohem Niveau, sinkt jedoch tendenziell. Gleiches gilt für die Löhne und Gehälter. Wo liegt wohl die Zukunft?

Auf den doppelten Maßstab legt Ivan Mikloš ebenfalls größten Wert. Für ihn sind allerdings die ostdeutschen Verhältnisse kein Vorbild. Ganz im Gegenteil. Für Mikloš ist der deutsche Osten Teil des europäischen Westens. Und dort gehe es eben so ähnlich zu, wie in der Gesellschaftsordnung, die gescheitert ist – ein kollektivistischer Zuständigkeitsstaat kümmere sich um seine Bevölkerung und entmündige sie damit zugleich. Das Sozialstaatsmodell? Eine Wachstumsbremse! Initiative wird bestraft, Passivität belohnt. Nur etwas für reiche Staaten. Nichts für die Slowakei.

Dabei ist die Slowakei längst nicht mehr überall arm. Das Hauptstadtgebiet Bratislava steht besser da als alle deutschen Paradezonen des Aufbau Ost – Dresden mit seinen Chip-Fabriken, der High-Tech-Standort Thüringen mit Jena oder Leipzig mit seinen Autoproduktionen. Prag brummt ebenso. «In diesen Regionen wird mehr erwirtschaftet als in den östlichen Ländern Deutschlands», meldete die «Prager Zeitung» schon 2002. Das deutschsprachige Blatt konnte sich auf eine stockseriöse Quelle berufen –

die Brüsseler Statistikbehörde Eurostat. Nach ihren Angaben weisen die Boomregionen um Prag und Bratislava inzwischen sogar eine höhere Wirtschaftskraft als Deutschland insgesamt auf.

Eurostat hat noch einige andere Überraschungen parat. Auch die Budapester Hauptstadtregion – Közép-Magyarország – schneidet besser ab als sämtliche Gebiete in Deutschost. Die ausgedehnte Woiwodschaft Masowien um die polnische Hauptstadt Warschau – in ihr leben mehr als fünf Millionen Menschen, und sie ist gut doppelt so groß wie Thüringen – hat wiederum schon fast Sachsen-Anhalt eingeholt. Wirtschaftlich herrscht zwischen der besten polnischen und der schlechtesten ostdeutschen Region annähernd Gleichstand – wer hätte das gedacht?

Die aus deutscher Sicht wenig schmeichelhaften Angaben sind in den «Berichten über den wirtschaftlichen und sozialen Zusammenhalt» nachzulesen. Drei davon hat Eurostat vorgelegt. Im Januar 2005 veröffentlichten die EU-Statistiker die vorläufigen Zahlen für 2002. Für die 25 Mitgliedsstaaten sowie für alle größeren europäischen Regionen ist darin das Bruttoinlandsprodukt pro Kopf festgehalten. Es wird in der europäischen Kunstwährung KKS ausgedrückt. Dadurch können Unterschiede der nationalen Preisniveaus berücksichtigt werden, die nicht in den Wechselkursen zum Ausdruck kommen. Mit diesen Erhebungen liegt eine längere Zeitreihe vor. Die Botschaft ist eindeutig: Der Osten hängt Ostdeutschland ab. Während die Reformstaaten kontinuierlich ihre Position verbessern, fallen die neuen Länder beständig zurück. Brüssel ist besorgt – in Berlin wird es kaum registriert.

Dabei lohnt es sich, genauer hinzuschauen. Wäre Ostdeutschland ein eigenständiger Staat, würde er im Club der erweiterten Union lediglich den 19. Rang einnehmen. Nur sieben Staaten – Tschechien, Ungarn, die Slowakei, Polen, Estland, Litauen und Lettland – sind leistungsschwächer (Abb. 20). Dabei hatte Ostdeutschland 1995 schon einmal Griechenland und Portugal beim Bruttoinlandsprodukt je Einwohner überrundet.[105] Inzwischen ist es wieder hinter beide südeuropäischen Länder zurückgefallen.

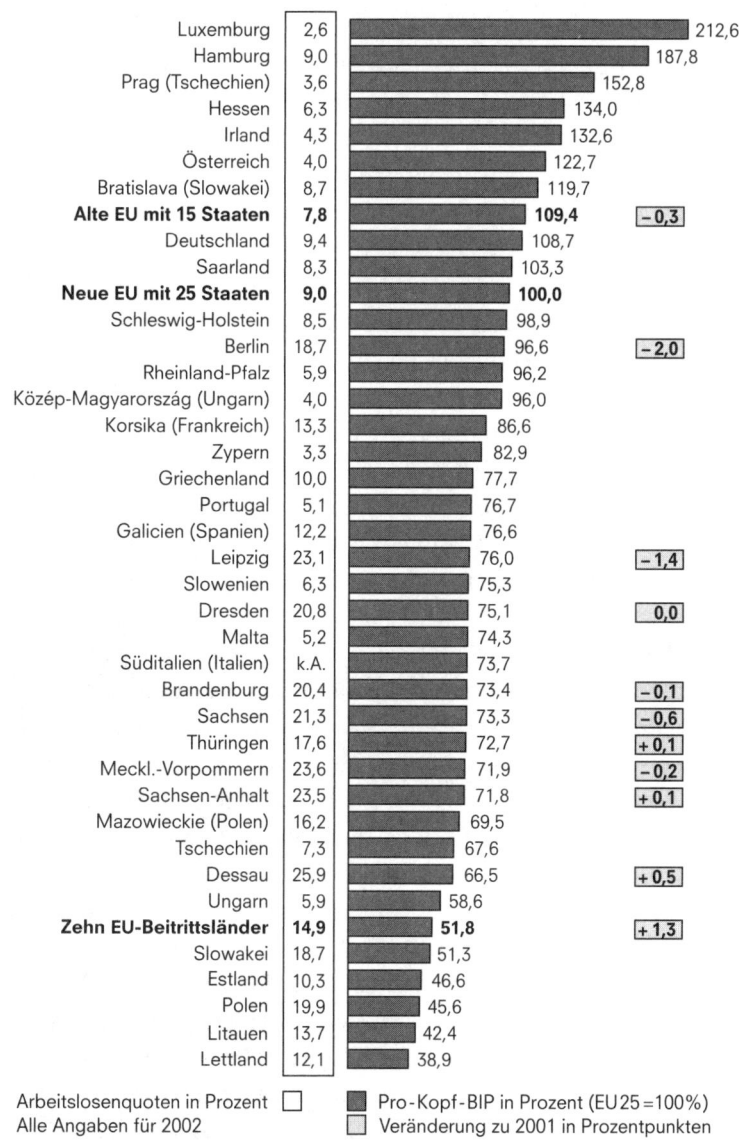

	Arbeitslosenquote	Pro-Kopf-BIP	Veränderung
Luxemburg	2,6	212,6	
Hamburg	9,0	187,8	
Prag (Tschechien)	3,6	152,8	
Hessen	6,3	134,0	
Irland	4,3	132,6	
Österreich	4,0	122,7	
Bratislava (Slowakei)	8,7	119,7	
Alte EU mit 15 Staaten	**7,8**	**109,4**	-0,3
Deutschland	9,4	108,7	
Saarland	8,3	103,3	
Neue EU mit 25 Staaten	**9,0**	**100,0**	
Schleswig-Holstein	8,5	98,9	
Berlin	18,7	96,6	-2,0
Rheinland-Pfalz	5,9	96,2	
Közép-Magyarország (Ungarn)	4,0	96,0	
Korsika (Frankreich)	13,3	86,6	
Zypern	3,3	82,9	
Griechenland	10,0	77,7	
Portugal	5,1	76,7	
Galicien (Spanien)	12,2	76,6	
Leipzig	23,1	76,0	-1,4
Slowenien	6,3	75,3	
Dresden	20,8	75,1	0,0
Malta	5,2	74,3	
Süditalien (Italien)	k.A.	73,7	
Brandenburg	20,4	73,4	-0,1
Sachsen	21,3	73,3	-0,6
Thüringen	17,6	72,7	+0,1
Meckl.-Vorpommern	23,6	71,9	-0,2
Sachsen-Anhalt	23,5	71,8	+0,1
Mazowieckie (Polen)	16,2	69,5	
Tschechien	7,3	67,6	
Dessau	25,9	66,5	+0,5
Ungarn	5,9	58,6	
Zehn EU-Beitrittsländer	**14,9**	**51,8**	+1,3
Slowakei	18,7	51,3	
Estland	10,3	46,6	
Polen	19,9	45,6	
Litauen	13,7	42,4	
Lettland	12,1	38,9	

Arbeitslosenquoten in Prozent ☐   ■ Pro-Kopf-BIP in Prozent (EU25 = 100%)
Alle Angaben für 2002   ☐ Veränderung zu 2001 in Prozentpunkten

Abb. 20 Ostdeutsche Regionen im europäischen Vergleich
Quelle: Eurostat

Angesichts der ununterbrochenen Wachstumsschwäche kann das kaum verwundern – Ostdeutschland mit seinem Wirtschaftsdefekt bewegt sich auf der Kriechspur. Die Neumitglieder Zypern und Malta, nicht gerade Erfinder des Wirtschaftsbooms, sind auf einem höheren Entwicklungsstand. Und als erstes Land aus der einstigen sozialistischen Hemisphäre hat Slowenien mittlerweile Ostdeutschland hinter sich gelassen.

Wie Ostdeutschland gegenüber den östlichen Tigerstaaten in Rückstand geriet, zeigt das slowenische Beispiel eindrucksvoll. Das kleine Land hat die Fläche von Sachsen-Anhalt und mit zwei Millionen Einwohnern eine etwas größere Bevölkerung. Noch 1997 lag Slowenien hinter dem Freistaat Sachsen, dem damals wirtschaftsstärksten Ost-Land. 1999 war Gleichstand hergestellt.[106] Dann wurde der Blinker gesetzt, und es ging auf die Überholspur. Seit 2001 sieht Ostdeutschland nur noch die Rücklichter. Und Slowenien gibt weiter Gas – wie die anderen Reformstaaten auch.

Dabei ist Slowenien keineswegs ein klassisches Billiglohnland. Der monatliche Durchschnittsverdienst liegt bei rund 1075 Euro. Das schreckt Investoren ab, die Standorte für reine Lohnfertigung suchen – da sind Rumänien oder die Ukraine im Vorteil. Die Qualifikation zählt. Rund ein Drittel der Slowenen spricht Deutsch und Englisch, 15 Prozent der Arbeitnehmer haben einen Hochschulabschluss, das Internet wird intensiver genutzt als in Frankreich, Spanien oder Italien. Solche Voraussetzungen begeistern nicht zuletzt deutsche Konzerne wie Bayer, Bosch oder BASF – sie beschäftigen in dem Land rund 20 000 Mitarbeiter. 2002 legten internationale Unternehmen – Österreicher und Schweizer engagieren sich am stärksten – insgesamt 3,9 Milliarden Euro an. Die Summe würde in den neuen Länder und Berlin mit ihrer größeren Bevölkerungszahl ausländischen Direktinvestitionen in Höhe von rund 35 Milliarden entsprechen. Zu schön, um wahr zu sein.

Zu Beginn des Jahrzehnts gelang es den Slowenen, ihre Arbeitslosenquote unter die Marke von sieben Prozent zu drücken. Dort verharrt sie seitdem. Für Beschäftigung sorgt nicht zuletzt die Exportwirtschaft. Der zwischen Italien, Österreich, Ungarn und Kroatien gelegene Staat ist das, was Ostdeutschland gern wäre: Eine Drehscheibe für das alte und neue Europa. Das Land gilt als idealer Brückenkopf für Geschäfte zwischen West- und Südosteuropa. Die Exportquote liegt bei 65 Prozent – gut doppelt so hoch wie in den neuen Ländern. Die Industrie steuert knapp 30 Prozent zur slowenischen Wirtschaftsleistung bei – Ostdeutschland könnte sich glücklich schätzen, wenn es mithalten könnte.

Natürlich weist das Erfolgsmodell Slowenien einige Schönheitsfehler auf, etwa die recht hohe Inflationsrate – 2004 geschätzte fünf Prozent. Die Justiz ist schwerfällig, das Arbeitsrecht gilt als wenig liberal und der Kündigungsschutz als rigide. Der Staat steuert bis zu 40 Prozent zum Inlandsprodukt bei, weil ihm viele Betriebe gehören – besonders Banken und Energieunternehmen. Doch der hohe Staatseinfluss wird mit Privatisierungen kontinuierlich sinken – im zuwendungsbedürftigen Ostdeutschland ist das nicht in Sicht.

Slowenien – die ganz große Ausnahme? Auch Tschechien drückt aufs Tempo. Bereits 2001 überrundete man die strukturschwache Region Dessau. Jetzt liegt das Land Sachsen-Anhalt in Reichweite. Tschechien folgt damit dem slowenischen Vorbild – es ist nur eine Frage von wenigen Jahren, bis der Nachbar auch Ostdeutschland insgesamt hinter sich gelassen haben wird. Die Ungarn, Slowaken und Polen kommen ebenfalls näher, obwohl sie noch weit zurückliegen.

Die gute Nachricht lautet: Der Osten holt auf. Die schlechte: Ostdeutschland ist nicht dabei.

Die Deutsche Einheit – ein Supergau

Kalter Entzug

Warum ist es im Osten nicht längst zum offenen Aufstand gekommen? Gründe für eine Revolte gäbe es genug. Die Jugend flüchtet, ganze Stadtteile werden abgerissen, Regionen veröden. Heere von Menschen sind arbeitslos. In wenigen Gebieten der Europäischen Union ist die Arbeitslosenquote ähnlich hoch, wobei die besonders gebeutelte Region um Halle an der Saale nur von La Réunion überrundet wird – der französischen Insel im Indischen Ozean.[107] Die EU-Kommission befürchtet, die neuen Länder könnten zu einer «Transitwüste» verkommen, im Zangengriff von hochproduktivem Westeuropa und aufstrebendem Osteuropa könnten sie wirtschaftlich austrocknen.[108] Doch selbst das bringt den Osten nicht aus der Ruhe: Die Menschen dort halten still. Auch einige Montagsdemos und Wahlerfolge von Extremisten ändern vorerst nichts daran.

Es scheint, als seien die Ostdeutschen ruhig gestellt. Jedenfalls ist der Osten politisch erstaunlich stabil. Dienen die Transfers als Schweigegeld? Wenn dies so ist – was kommt dann auf uns zu? Denn zwischen 2005 und 2020, im Verlauf der zweiten Phase der Wiedervereinigung, sinken die Gelder für die neuen Länder erstmals empfindlich. Bedeutet das Ende der fetten Jahre, dass sich die Menschen abwenden von der Demokratie?

Bisher konnte der Osten stets aus dem Vollen schöpfen, manches gab es im Überfluss. Obwohl sie nicht auf eigenen Füßen stehen können, lässt es sich in den ostdeutschen Ländern und Städten erstaunlich gut leben. Vor allem Ausländern fällt das auf. Japanische Touristen, die im herausgeputzten Weimar ins Schwärmen geraten, halten den Osten für den reicheren Teil Deutschlands.

Dabei liegt über den neuen Ländern nur ein dünner Schleier des Wohlstands. Bald wird er Stück für Stück weggezogen. Arbeitslose, Kranke, Pflegebedürftige oder Rentner erhalten weiterhin die Unterstützung, die ihnen von Rechts wegen zusteht. Aber der öffentliche Luxus, der es dem Osten ermöglichte, mehr Geld als der Westen auszugeben, wird verschwinden. Und das betrifft alle.

Der Umfang der öffentlichen Haushalte wird dramatisch zurückgehen, voraussichtlich schrumpfen die Etats der ostdeutschen Länder auf mittlere Sicht mindestens um rund ein Viertel.[109] Vieles, was als selbstverständlich galt, kann nicht mehr bezahlt werden. Wenn man die Ausgaben an die Einnahmen anpasst, so, wie es jedes Kind mit seinem Taschengeld tut, kommt ostdeutsche Realität unverstellt zum Vorschein. Sie ist ernüchternd. Und damit setzt der Schock ein – der Wirklichkeitsschock. In der Sprache der Medizin heißt so etwas kalter Entzug.

Die Fachliteratur listet eine Vielzahl von Symptomen auf, die damit verbunden sind: Augentränen, Nervosität, Angstzustände, Schweißausbrüche, Schüttelfrost, Krämpfe, Gliederschmerzen, Herzrasen, Übelkeit und Brechreiz. Nach ein bis zwei Tagen ändert sich das Krankheitsbild. Nun plagen den Abhängigen, der ohne seinen Stoff auskommen muss, anhaltende Schlaflosigkeit, schwere Grippemerkmale und rasante Gewichtsabnahme. Außerdem machen sich in diesem Stadium Bewusstseinsstörungen, Wahnvorstellungen sowie Zeichen sozialer Verwahrlosung bemerkbar.

Auch das Abklemmen des Patienten Ostdeutschland vom Subventionstropf ähnelt einem kalten Entzug. Zu welchen Komplikationen wird das führen? Diese Frage wird öffentlich kaum erörtert. Dabei tritt der Vereinigungsprozess in sein riskantestes Stadium. Nach den Bestimmungen des 2005 angelaufenen Solidarpakts II werden die Hilfen für den Osten bis 2020 auf null Cent zurückgefahren. Richtig hart wird es nach 2008 – dann beginnt die Phase der starken und kontinuierlichen Absenkung: Jahr für Jahr fließen etwa 1,1 Milliarden Euro weniger. Demnächst wird sich zeigen, ob die fragile ostdeutsche Volkswirtschaft robust genug ist, um eine solche Entwöhnung zu überstehen, ohne dauerhaften Schaden zu nehmen. Gelänge es, diese Transferökonomie von ihrer chronischen Abhängigkeit zu heilen, könnte sie endlich aus westdeutscher Obhut entlassen werden. Die wirtschaftliche Einheit wäre vollbracht.

Kann der Solidarpakt dieses Wunder bewirken? Nein, es droht ein Debakel. Denn in Wahrheit nimmt die Behandlungsmethode keine Rücksicht auf den Zustand des Komapatienten. Es gibt keine gründliche Diagnose, die Therapie ist fragwürdig, eine begleitende Betreuung nicht vorgesehen. Dem Abhängigen wird einfach das Gift vorenthalten – ohne jeden Ersatz.

Mit der Notoperation Solidarpakt stehen insgesamt 156 Milliarden Euro zur Verfügung. Da aber über die fünfzehnjährige Laufzeit kein Inflationsausgleich vereinbart wurde, ist der reale Betrag viel kleiner. Eine Milliarde im Jahr 2019 ist weniger wert als eine Milliarde im Jahr 2005. Selbst bei einer moderaten Geldentwertung von zwei bis drei Prozent reduziert sich der tatsächliche Leistungsumfang um etwa ein Drittel oder gut fünfzig Milliarden auf rund hundert Milliarden Euro. Und die werden in immer kleineren Raten überwiesen.

Weniger Transfers bedeuten weniger Investitionen und weniger Konsum, folglich mindert sich das Wachstum. Das belastet indirekt auch den Arbeitsmarkt, verringert Einkommen sowie Steuereinnahmen und dämpft die Wirtschaftsentwicklung zusätzlich. Selbst wenn sich die Effekte nicht gegenseitig verstärken – in jedem Fall geht es abwärts. Das Streichen der Solidarpaktmittel wäre nur dann leicht zu verkraften, wenn die Ost-Wirtschaft dynamisch vorankäme. Mit einem kräftigen Wachstum würden auch Jobs entstehen und die Steuern sprudeln, die Gelder wären zunehmend entbehrlich.

Genau das war vor fünf Jahren der Plan, als man den Solidarpakt konzipierte. Kaum jemand hielt damals für möglich, dass die Lage der ostdeutschen Wirtschaft im Jahr 2005 so miserabel sein würde.

Die gegenwärtigen Solidarpaktleistungen entsprechen fast sieben Prozent (mit Berlin immerhin noch fünf Prozent) des Bruttoinlandsprodukts von Ostdeutschland.[110] Fachleuten zufolge benötigt der Osten ein zusätzliches Wachstum von jährlich mindestens drei Prozent, um den bevorstehenden Abbau der Förderung zu kompensieren.[111] Solche Raten hat es in den letzten zehn Jahren nie gegeben.

Bleibt die Dynamik aus, ist die Idee des Solidarpakts gescheitert. Das ostdeutsche Wirtschaftsgebiet würde gegenüber dem westdeutschen wieder zurückfallen, weil die eigene Kraft nicht ausreicht, die milliardenschweren Kürzungen auszugleichen. Damit wäre das Experiment misslungen, den Patienten unbeschadet vom Tropf zu nehmen. Die Folge könnte ein Delirium tremens sein – die Volkswirtschaft spielt verrückt.

Doch die Regierung verschließt die Augen. Die Möglichkeit, dass der Aufbau Ost ins Trudeln geraten könnte, wird nicht einmal erwogen. «An die Stelle von Krisenszenarien sollte vielmehr eine nüchterne und abwägende Debatte über Erfolge und Defizite der bisherigen Entwicklungen treten», tadelt die Bundesregierung in ihrem «Jahresbericht zum Stand der Deutschen Einheit 2004» alle Kritik. Als ob ein Chirurg vor einem komplizierten Eingriff erklären würde, mögliche Zwischenfälle interessierten ihn nicht.

Im Bundeskabinett tragen drei Minister besondere Verantwortung für das ostdeutsche Aufbauwerk: Manfred Stolpe (Aufbau Ost), Hans Eichel (Finanzen) und Wolfgang Clement (Wirtschaft). Keiner von ihnen hat bislang dargelegt, welche Risiken der schrumpfende Solidarpakt für die ostdeutsche Wirtschaft birgt und welche Folgen das für Westdeutschland haben könnte. So listet der jüngste Jahresbericht zur deutschen Einheit nur einige Eckdaten der Solidarpakt-Vereinbarung auf – und die wurden größtenteils aus dem Vorjahresbericht abgeschrieben. Simulationsmodelle, die verschiedene Szenarien der künftigen Entwicklung aufzeigen und die regelmäßig fortgeschrieben werden, gibt es nicht.[112]

Es herrscht gute Laune wie unter Helmut Kohl – alles wird gut. Der ehemalige Kirchenmann Stolpe ruht fest in Gottvertrauen: «Jetzt haben wir Halbzeit. Jeder tut Unrecht, der in der Halbzeit den Kampf verloren gibt. Ich bin überzeugt, dass wir auch 2020 Unterschiede quer durch Deutschland haben werden. Aber die teilungs- und vereinigungsbedingten Probleme werden im Wesentlichen beseitigt sein.» Eichel sieht das ähnlich: «Wir haben mehr als die Hälfte des Weges geschafft, auch wenn die Arbeitslosigkeit dort noch so bedrückend ist.» Clement findet es «beeindruckend und teilweise auch begeisternd», was sich im Osten an unternehmerischem Engagement zeige. Im Jahr 2020 hätten sich die Probleme aller Voraussicht nach erledigt: «Bis dahin werden nach meiner Meinung annähernd gleichwertige Lebensverhältnisse mit gleichartigen Chancen in Ost und West erreichbar sein.»

Die Zuversicht der drei Herren erinnert frappierend an die Frühphase der Einheit. Auch damals wurden alle Bedenken weggewischt. Wer auf offenkundige Schwierigkeiten hinwies, galt als Nörgler. Die zweite Halbzeit ist bekanntlich spielentscheidend. Die Regierung Schröder beginnt sie genauso wie Kohl 1990 den ersten Abschnitt: schlecht vorbereitet und mit riesigen Erwartungen.

Dabei sind beim Aufbau Ost die frommen Wünsche der Politik noch nie in Erfüllung gegangen. In einem Punkt aber unterscheidet sich der Beginn der zweiten Halbzeit vom Anfang der ersten. Kohl musste seine Entscheidungen unter großem Zeitdruck treffen. Der Solidarpakt II ist über Jahre vorbereitet worden.

Wenn Solidarität wehtut

Der Solidarpakt II wurde am 23. Juni 2001 in Berlin nach drei Tagen Marathonsitzung verabschiedet: vom Bundeskanzler, seinem

Finanzminister und den Ministerpräsidenten aller deutschen Bundesländer. Man verständigte sich auf einen Betrag von 306 000 000 000 D-Mark. Ferner legte die Runde fest: Der Aufbau Ost muss nach dem Auslaufen der Sonderförderung im Jahr 2020 endgültig vollendet sein. Da die Politiker überzeugt waren, dass dies gelingen werde, beschloss man schon damals, dass es dreißig Jahre nach der Wiedervereinigung keinen dritten Solidarpakt geben solle. Die ostdeutschen Regierungschefs stimmten ausdrücklich zu – sie verpflichteten sich, dass ihre Länder künftig keine «teilungsbedingten» Forderungen mehr stellen würden.

Alle waren zufrieden. Minister Eichel fand, dass der Osten eine «richtig schöne Summe» erhalten habe. Sachsens Ministerpräsident Biedenkopf, dessen Freistaat im Auftrag der ostdeutschen Länder in jahrelanger Kleinarbeit das Grundgerüst für den «Soli II» entworfen hatte, zeigte sich staatsmännisch glücklich: «Die Generation der heute Verantwortlichen hat den Rahmen für den Aufbau Ost abgesteckt und die Grundlage dafür gesichert, dass er erfolgreich abgeschlossen werden kann.» Sein Kollege aus Sachsen-Anhalt, Reinhard Höppner, lobte den Kanzler: «Ich hatte manchmal den Eindruck, Gerhard Schröder saß auf unserer Seite. Ich möchte auch ihm an dieser Stelle ausdrücklich dafür danken.»

Hatte die politische Elite den Sinn für die Realität komplett verloren? Die Staatsführer glaubten, Zukunft vorhersagen zu können. Sie setzten zwei Jahrzehnte im Voraus einen verbindlichen und langfristigen Transfermechanismus in Gang, der bis in letzte Details geregelt wurde. Jeder seriöse Ökonom weiß, dass alle Prognosen über solch einen langen Zeitraum höchst unsicher sind – erst recht für ein fragiles Gebiet wie Ostdeutschland.

Die in Berlin versammelten Politiker aber plagten keine Zweifel: Sie verzichteten sogar auf Revisionsklauseln, die es erlaubt hätten, in regelmäßigen Abständen zu kontrollieren, ob die Wirklichkeit so wie erwartet eintritt. Daran gemessen waren die alten Fünfjahrpläne der DDR geradezu klug ausgetüftelt.

Was soll nun geschehen, wenn sich die Annahmen für den Solidarpakt grundsätzlich verändern? Für diesen Fall traf man keine Vorsorge. Die Politiker zogen noch nicht einmal die Möglichkeit in Betracht, dass die neuen Länder das Geld vielleicht überhaupt nicht in vollem Umfang benötigen würden. Ebenso wenig machten sie sich darüber Gedanken, was passieren muss, wenn sich herausstellt, dass die Zuweisungen zu knapp bemessen sind. Heißt es dann trotzdem Schluss und aus? Oder wird man dann entgegen allen politischen Versicherungen doch einen Solidarpakt III auflegen?

Für die Politiker von Regierung und Opposition ist alles bestens geregelt. Die CDU ist stolz darauf, dass der Solidarpakt im unionsregierten Sachsen konzipiert wurde. SPD und Grüne wiederum bezeichneten die Vereinbarung in ihrem Koalitionsvertrag «als den wichtigsten Durchbruch für die Zukunft der neuen Länder». Für sie ist der Pakt das Herzstück der Vereinigungspolitik – er eröffne eine «langfristige Perspektive», gewähre «Planungssicherheit» und biete den Menschen im Osten eine «realistische Orientierung».

Tatsächlich zeigt sich längst, dass der Solidarpakt nicht funktionieren kann. Kaum ist er angelaufen, sind wichtige Erwartungen und Annahmen überholt.

Zu Beginn des Jahrzehnts hatten die ostdeutschen Länder bei Forschungsinstituten mehrere Gutachten bestellt, um unter verschiedenen Aspekten ihren langfristigen Finanzbedarf zu ermitteln. Eines davon fertigten Forscher vom IWH an. Sie wagten zwar keine Vorhersage bis 2020, trauten sich aber immerhin eine Projektion über zehn Jahre zu.[113] Die ostdeutsche Wirtschaft sollte von 2000 bis 2010 um durchschnittlich 4,1 Prozent wachsen – etwa zweieinhalbmal so schnell wie im Westen, für den 1,6 Prozent unterstellt wurden.[114]

Das wäre ein überzeugender Aufholprozess – doch er ist bisher ausgeblieben. Auch gibt es nicht die geringsten Anzeichen dafür, dass sich das noch ändern könnte: Die neuen Länder bleiben vielmehr hinter den alten zurück. Eine andere Annahme kann damit ebenfalls kaum in Erfüllung gehen: Im Verlauf des Jahres 2006 sollte die Arbeitslosenquote in Ostdeutschland auf rund zwölf Prozent fallen und anschließend auf diesem Niveau verharren – es wäre ein Rückgang um etwa ein Drittel. Warum sagt kein Politiker öffentlich, dass diese Prämissen längst Makulatur sind?

Die Schöpfer des Solidarpaktes sind offenkundig nach dem Prinzip Wunsch und Wolke verfahren. Gerhard Schröder handelte wie zuvor schon Helmut Kohl. Für beide zählte politische Opportunität mehr als ökonomische Vernunft. Deshalb hatte der Altkanzler im Februar 1990 die Währungsunion überhastet in Angriff genommen. Auch Regierungschef Schröder hatte es eilig. Er wollte im bevorstehenden Bundestagswahlkampf 2002 nicht mit leeren Händen vor die Ostdeutschen treten. 156 Milliarden Euro waren ein ordentliches Präsent.

Allerdings ging der Solidarpakt im Hochwasser unter – im August 2002 verdrängte die Bewältigung dieser Katastrophe alle anderen innenpolitischen Themen. Vereinigungspolitik aus Wahltaktik: Kohls Währungsunion, die den Betrieben den letzten Rest ihrer Wettbewerbsfähigkeit raubte, hat sich bereits als verhängnisvoll herausgestellt – bei Schröders Solidarpakt steht das Ergebnis noch aus.

Der Kanzler hat den Pakt nicht allein auf den Weg gebracht – auch die ostdeutschen Ministerpräsidenten wollten ihn schnell vor der Bundestagswahl durchpeitschen. Denn eine neue Regierung in Berlin, so fürchteten sie, würde sich weniger spendabel zeigen. Die westdeutschen Länderchefs wiederum, die stets argwöhnisch darüber wachen, dass der Geldstrom ins neudeutsche Fördergebiet begrenzt wird, plagten im Juni 2001 andere Sorgen. Mit dem Solidarpakt II musste zugleich der bundesstaatliche Finanzausgleich neu geregelt werden. Die wirtschaftsstarken Bundesländer wie Bayern, Hessen oder Nordrhein-Westfalen wollten weniger in ein System einzahlen, das helfen soll, gleichwertige Lebensverhältnisse in Deutschland zu schaffen. Schwache Nehmerländer wie Rheinland-Pfalz, Bremen und das Saarland wehrten sich gegen eine Schlechterstellung.

Auch für dieses Problem fand sich schließlich eine elegante Lösung: Der Bund verpflichtete sich, jährlich zusätzlich einen stattlichen Milliardenbetrag in den Finanzausgleich zu geben. Die West-Länder waren zufrieden und ließen die Solidarpakt-Regelung passieren, für die sie sich ohnehin nicht sonderlich interessierten – schließlich muss vor allem Berlin bezahlen. Bereits beim Fonds Deutsche Einheit und beim ersten Solidarpakt waren die westdeutschen Länder darauf bedacht, ihre eigenen Interessen zu wahren – mit Blockadestrategien wälzten sie erfolgreich Lasten der Wiedervereinigung auf den Bund ab.

Drei Akteure mit ganz unterschiedlichen Motiven einigen sich auf den kleinsten gemeinsamen Nenner: die schwärzeste Stunde des Föderalismus. Das teuerste Regionalentwicklungsprogramm aller Zeiten ist ein typisch deutsches Produkt – statt ein Problem zu lösen, werden alle Interessen bedient. Die Verantwortlichen scheinen darauf zu spekulieren, dass die Wähler die komplizierte Materie nicht verstehen und kein Normalbürger ihre Wurstelei nachvollziehen kann.

Denn wie funktioniert der Solidarpakt? Die Gesamtsumme von 156 Milliarden Euro verteilt sich auf zwei Körbe. 105 Milliarden Euro liegen im «Korb 1», aus dem die neuen Länder ihre jährlichen Zuweisungen erhalten. Laut Gesetz dienen diese Gelder einerseits zum Ausgleich der schlechten Finanzlage der Gemeinden, die wegen ihrer schwachen Wirtschaftskraft weniger Steuern einnehmen als die West-Kommunen. Dafür wird schätzungsweise ein Fünftel eingesetzt. Was übrig bleibt, soll andererseits dafür verwendet werden, um eine gegenüber dem Westen nicht näher definierte Infrastrukturlücke («Abbau teilungsbedingter Sonderlasten») zu schließen. Das erfordert Investitionen – tatsächlich stopfen die Ost-Länder mit dem Geld ihre Haushaltslöcher, wie gezeigt wurde. Weil der Bund keine Vorkehrungen gegen den Missbrauch getroffen hat, liegen in diesem Korb faule Früchte.

Der kleinere «Korb 2» ist mit 51 Milliarden Euro gefüllt. Hier ist der Bund der Herr des Verfahrens. Er hat zugesagt, für «überproportionale» Investitionen im Osten zu sorgen. Vorsorglich hat sich Berlin jedoch eine Hintertür aufgehalten. Bei der versprochenen Summe handelt es sich um eine «Zielgröße» – was bedeutet, dass sie unter Umständen auch kleiner ausfallen könnte. Deshalb fürchten manche einen «Aufbau Ost nach Kassenlage». Wie der Bund den Betrag auf die Laufzeit verteilen will, hat er noch nicht zu erkennen gegeben. Auch was mit dem Geld geschehen soll, liegt im Dunklen. Aufbau-Ost-Minister Stolpe kündigte im September 2004 an, mehr für so genannte Wachstumskerne auszugeben. Doch zugleich will er auch weniger leistungsstarke Gebiete nicht im Stich lassen: «Es gibt keine verlorenen Regionen.»

Von allem ein bisschen und nichts richtig: Das ist das «Erfolgsmodell» Aufbau Ost.

Mit dem Solidarpakt war zu Beginn des Jahrzehnts ein klares Ziel verbunden: Er sollte den ostdeutschen Ländern ermöglichen, bis 2020 etwa vier Fünftel der Wirtschaftskraft des Westens zu erreichen. Damit wären zumindest die stärkeren Ostländer wie Sachsen in die Nähe der schwächeren West-Länder wie Rheinland-Pfalz aufgerückt. Regierungschef Harald Ringstorff (SPD) war ein wenig optimistischer: «Mit der Vereinbarung ist der Aufbau Ost im Jahr 2020 abgeschlossen. Ich würde mir wünschen, dass dann auch Mecklenburg-Vorpommern zu den Geberländern im Länderfinanzausgleich gehört.»

Heute ist davon keine Rede. Auch vom einst gesteckten Ziel spricht niemand – es ist angesichts der notorischen Wachstumsschwäche aus dem Blickfeld verschwunden. Gelingt es nicht, den Trend umzukehren, wird womöglich sogar der Abstand zu den strukturschwachen West-Ländern größer. Die Steuereinnahmen der ostdeutschen Städte und Gemeinden liegen seit längerem wegen der schleppenden Wirtschaftsentwicklung bei mageren 45 Prozent des West-Niveaus. Bleiben Steuereinkünfte aus, ist die Unterstützung aus dem Westen unverzichtbar. Und genau wegen dieses Zusammenhangs breitet sich im Osten ein zunehmend mulmiges Gefühl aus. Denn ein Schicksalsjahr rückt näher: Nach 2008 verringern sich die Zahlungen aus dem Solidarpakt – jährlich um happige sieben Prozent.

Besonders die zurückgehenden Gelder im «Korb 1», dessen 105 Milliarden Euro direkt an die neuen Länder gehen, wirken sich für die ostdeutschen Länder fatal aus. In dem Korb ist 2009 für den Osten nur noch ein Jahresbetrag von 9,5 Milliarden Euro reserviert, 700 Millionen Euro weniger als im Vorjahr. Weitere 800 Millionen werden 2010 gekürzt, 700 Millionen folgen 2011. Und so geht es immer weiter. 2015 gibt es nur noch 5,1 Milliarden. Die gestrichenen Beträge fehlen dauerhaft in den Haushalten. Die im «Korb 2» enthaltenen Mittel fließen voraussichtlich ähnlich reduziert ab (Abb. 21). Investiert der Bund im Osten weniger, hat das ebenfalls schlimme Folgen.

Gegenwärtig verfügen die fünf neuen Länder dank der Subventionen über erstaunlich hohe Einnahmen. Sie liegen bei den Länderhaushalten bei rund 140 Prozent des Vergleichswertes der finanzschwachen Westländer. Werden Länder und Gemeinden zusammengefasst, sind es etwa 120 Prozent des Pro-Kopf-Wertes der wirtschaftsschwächeren West-Länder. Diese komfortable Ausstattung schwindet nun – nach Auslaufen des Solidarpaktes fällt der Osten auf 95 Prozent des West-Wertes. Der drastische Rückgang um rund ein Drittel erfordert eine radikale Anpassung der Budgets – so brutal wie noch nie in der Geschichte der Bundesrepublik.

Die Finanzminister der Ost-Länder und auch die Kämmerer in den Gemeinden jedenfalls sind nicht zu beneiden. Unpopuläre Sparprogramme müssten schon heute eingeleitet werden, und zwar viel radikaler, als dies geschieht. Doch die Politiker wollen davon nichts wissen – vielleicht auch, weil sie Widerstände in der Bevölkerung befürchten.

Personalkosten lassen sich ohnehin nur über längere Sicht senken. Gespart wird deshalb wohl wie schon in der Vergangenheit

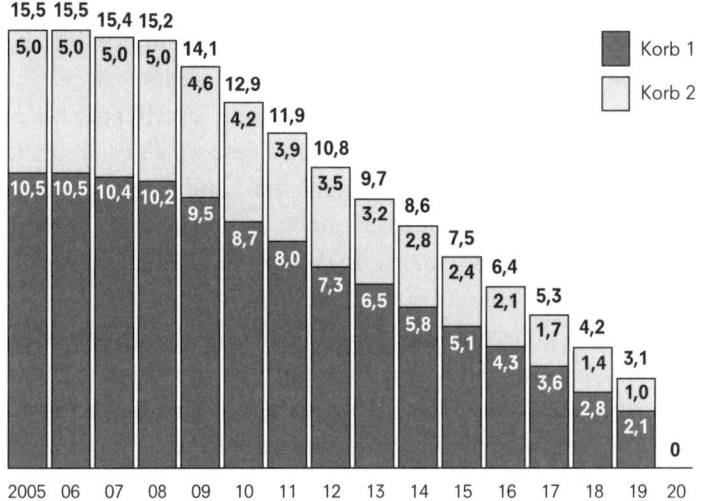

**Abb. 21 Rückgang der Ost-Förderung während
des Solidarpaktes II**

Quelle: Bundesfinanzministerium/Eigene Berechnungen

zunächst dort, wo es am schnellsten geht und bequemsten ist: bei
den Investitionen. Viele Baustellen im Osten, die den Eindruck
einer dynamischen Gesellschaft vermitteln, werden verschwinden. Und mit ihnen gleich die Bauarbeiter – es fehlen Aufträge.

Trotz harter Einschnitte drohen bei den Ländern und ihren
Kommunen flächendeckende Pleiten, die im staatlichen Bereich
«Haushaltsnotstand» heißen. Davon sind manche ostdeutsche
Länder schon heute nicht weit entfernt. Deshalb fordern Ökono-
men seit geraumer Zeit durchgreifende Sanierungsprogramme.[115]
Was soll erst geschehen, wenn die Mittelsenkungen im Solidar-
pakt greifen?

Tritt ein «Haushaltsnotstand» ein, ist normalerweise die Solidargemeinschaft, also der Bund und die Länder, gefordert. Sie hilft
dann bei der Sanierung der Länderetats – unter strengen Auflagen

und für einen befristeten Zeitraum. So haben das Saarland und Bremen zehn Jahre lang bis Ende 2004 hohe Summen erhalten. Aber eine solche Auffanglösung ist im Osten bisher unvorstellbar, bekommen die neuen Länder doch ohnehin exorbitante Milliardensummen von der Bundesregierung. Diese weigert sich deshalb auch, dem hoffnungslos überschuldeten Land Berlin zu helfen: Die Hauptstadt will das nicht hinnehmen und ist nach Karlsruhe gezogen. Verfassungsrichter müssen jetzt den Fall klären. Spätestens 2006 ist mit einem Urteil zu rechnen.

Im Osten stehen die Zeichen auf Sturm. Mit 156 Milliarden Euro wollten die Politiker im Juni 2001 den Aufbau Ost zum erfolgreichen Abschluss führen. Vier Jahre später zeigt sich: Noch so viele Subventionen helfen ohne wirtschaftliche Gesundung wenig. Wer allein immer mehr Geld in den Osten pumpt, darf sich nicht wundern, wenn die Gier nach Geld ständig wächst.

Vielleicht schon Ende dieses, spätestens aber Anfang des nächsten Jahrzehnts wird der Osten ein zusätzliches Unterstützungsprogramm oder aber eine Nachbesserung des Solidarpakts fordern. Erstmals würde ein dickes Hilfspaket den Empfänger bereits während des Auspackens nicht mehr zufrieden stellen. Schon im Vorfeld der Einführung von Hartz IV hat der Osten versucht, einen neuen Transfermechanismus zu etablieren: Er verlangte milliardenschwere Ausgleichszahlungen, weil dem Osten überproportional viel Kaufkraft entzogen wurde. Doch da spielten weder der Bund noch die West-Länder mit.

Der neuerliche Ruf des Ostens nach mehr Geld dürfte auch künftig in den West-Ländern auf erbitterten Widerstand stoßen. Sie werden Vertragsbruch monieren und darauf bestehen, dass alles so bleibt, wie es einst geregelt wurde. Doch Absprachen und Vereinbarungen hin oder her, eine rigorose Verweigerungshaltung wird sich schwer durchhalten lassen, wenn die ostdeutschen Länder im Finanzchaos versinken. Und für diese kommt es noch viel ärger. Denn neben dem Drama um den Solidarpakt zeichnen sich weitere Eskalationen ab.

Alarmstufe Rot

Die katholische Kirche hatte im Spätmittelalter eine clevere Geschäftsidee, um den Neubau des Petersdoms in Rom zu finanzieren. Christen konnten sich mit dem Erwerb von Ablasszetteln von ihren Sündenstrafen freikaufen. Je nach Schwere des Vergehens wurden gestaffelte Sätze festgelegt. So kostete ein Meineid mit Kirchenraub neun Dukaten, während für einen Mord lediglich acht Dukaten berappt werden mussten. Der berüchtigte Dominikaner Johann Tetzel weitete das Geschäftsprinzip selbst auf Tote aus. Wer seinen geliebten Verwandten oder Bekannten nicht in der Hölle schmoren sehen wollte, musste einfach tief in den Beutel greifen.

Der Vereinigungsprozess ähnelt einem modernen Ablasshandel. Der Westen hat Ostdeutschland Geld, Geld und noch mehr Geld zur Verfügung gestellt – und sich damit immer wieder von seiner Verantwortung für die Gestaltung des Aufbauwerks freigekauft. Sobald Spannungen auftraten, schaufelte man die Mittel mit vollen Händen ins Fördergebiet – für das Heer der Arbeitslosen, für den Erhalt maroder Betriebe, für die Ankurbelung der Exporte, für die Rekultivierung von Braunkohlelöchern, für die Errichtung von Erlebnisparks, für den Abriss leer stehender Häuser oder für die Abfederung der Härten von Hartz IV. Auf diese Weise musste man nicht den Ursachen des ökonomischen Defekts an die Wurzel gehen und unbequeme Entscheidungen treffen.

So weigerte sich die Bonner Politik Anfang der Neunziger, das Emporschnellen der Löhne im Osten, das eine flächendeckende Arbeitsplatzvernichtung einleitete, energisch zu unterbinden. Dabei hatte man dazu alle Mittel in der Hand, denn die staatliche Treuhandanstalt war Ostdeutschlands größter Arbeitgeber. Aber die Bundesregierung scheute Konflikte mit Arbeitgebern und Gewerkschaften. Dieses Tarifkartell wollte den Staat unter keinen Umständen in seine Domäne lassen, obwohl unter dessen Regie annähernd vier Millionen Ostdeutsche arbeiteten. Dafür zeigte die Politik viel Verständnis: Sie untersagte es ihrer Privatisierungs-agentur, sich bei Gehaltsrunden an den Verhandlungstisch zu setzen und dort legitime Interessen wahrzunehmen. Das erledigten stellvertretend westdeutsch bestückte Arbeitnehmervertretungen. Sie hatten wenig dagegen einzuwenden, dass die Lohnkosten der ostdeutschen Konkurrenten in die Höhe schnellten.

Damit war die Ruhe an der Tariffront gewahrt, und die Politik erledigte wie gewohnt ihren Part: Sie kam für dreistellige Milliardenverluste der Treuhand auf und kümmerte sich um die Bereitstellung der noch viel teureren Sozialleistungen für die Entlassenen.

Die Methode, lieb gewonnene Gewohnheiten und tief verwurzelte Besitzstände unangetastet zu lassen, war schon in der alten Bundesrepublik erprobt. Auch dort wurde notwendiger Strukturwandel wie in den Steinkohlerevieren an Rhein, Ruhr und Saar mit Subventionen hinausgezögert. Diese Verschwendung öffentlicher Gelder konnte die alte Bundesrepublik allerdings verschmerzen. Sie hatte über Jahrzehnte hinweg fein austarierte Mechanismen entwickelt, nach denen ständige Wohlstandsgewinne so verteilt wurden, dass die gesellschaftliche Eintracht gewahrt blieb. Diesen Frieden ließ man sich etwas kosten.

Die Übertragung dieses Konsensmodells auf den ostdeutschen Sanierungsfall musste scheitern. Spätestens hier zeigte sich, was bereits die Reformationsgeschichte gelehrt hatte – sich von Verantwortung freizukaufen bringt keinen Segen. Mit dem vielen Geld aus dem Westen ist in die ostdeutsche Gesellschaft zwar beachtlicher Wohlstand eingezogen, aber eine funktionierende Wettbewerbsordnung konnte so nicht entstehen. Dafür wuchsen die Kosten für den Osten in den Himmel. Wie hoch der Preis des Scheiterns ist – das wird der Öffentlichkeit systematisch vorenthalten.

«Alle Bundesregierungen haben versucht, die Kosten der Vereinigung zu verschleiern, wohl um eine Neiddebatte zu verhindern», stellt Klaus Schroeder vom Forschungsverbund SED-Staat der

Freien Universität in Berlin fest.[116] Der Wissenschaftler geht davon aus, dass Belastungen in Höhe von mehreren hundert Milliarden Euro nicht offen gelegt wurden. Ob nun aber seit 1990 netto 1,4 Billionen oder «nur» 1,1 Billionen Euro nach Ostdeutschland gepumpt wurden, ist eigentlich nicht so wichtig. Entscheidender wäre es, endlich regelmäßige Transferbilanzen vorzulegen. Denn für Fortschritte im Osten kann es nur einen echten Maßstab geben: In welchem Umfang ist es gelungen, die fortgesetzte Abhängigkeit von den Geldinfusionen des Westens zu verringern? Solche Aufstellungen wären entlarvend und würden zeigen, auf welch wackligen Beinen der Osten steht. Beispiel Thüringen: Das Land hatte 2003 ein Bruttoinlandsprodukt von knapp vierzig Milliarden Euro. Dem stehen aber Transfers in Höhe von mindestens dreizehn Milliarden Euro gegenüber – die Wirtschaftsleistung ist also zu etwa einem Drittel von der Solidargemeinschaft gesponsert. Das Wachstum lag bei 0,5 Prozent oder fast 200 Millionen Euro. Die Nettokreditaufnahme von 834 Millionen Euro war in dem Jahr allerdings gut viermal so hoch – für einen Euro Wachstum mussten also vier Euro Schulden gemacht werden.[117] Es sind völlig desolate Verhältnisse.

Die Politik des vielen Geldes hat kranke Strukturen geschaffen und ist gescheitert – und sie scheitert unablässig weiter, auf ständig höherem Niveau, mit trüben Aussichten für das ganze Land. Das Ausbleiben von Fortschritten, der grandiose Misserfolg haben eine eigene Formelsprache der Beschwichtigung hervorgebracht. Ostdeutschland befinde sich «auf einem schwierigen, aber insgesamt erfolgreichen Weg», stellt die Bundesregierung fest.[118] Tatsächlich lag das Bruttoinlandsprodukt je Kopf 2003 in den neuen Ländern und in Berlin auf 67,1 Prozent des West-Niveaus – 1996 waren es schon einmal 67,3 Prozent.

Wie soll das erst in der Zukunft aussehen? Ab 2007, kurz vor der Abschmelzung der Solidarpaktmittel, beginnt ein zusätzliches *phasing out*: Die Brüsseler Höchstförderung für die ostdeutschen Regionen als so genannte Ziel-1-Regionen ist in Gefahr. Von diesem regionalpolitischen Geldsegen profitieren solche Gebiete, deren Wirtschaftskraft weniger als 75 Prozent des EU-Durchschnitts erreicht. Lange fürchtete der Osten, dass er nach der EU-Osterweiterung automatisch über diese Schwelle rutschen würde. Denn mit dem Beitritt von zehn Mitgliedsstaaten war klar, dass in der neuen Union die Wirtschaftskraft pro Kopf insgesamt sinkt und damit gleichzeitig der Durchschnittswert in den Regionen der alten EU mit 15 Staaten etwas steigt.

Das sei doch nur ein «statistischer Effekt», empörte sich der Osten und beklagte «Ungerechtigkeit»: Die neuen Länder dürften nicht die Zeche für die EU-Osterweiterung bezahlen. Wie selten zuvor wiesen die ostdeutschen Politiker darauf hin, sie verwalteten Armenhäuser. Zur Verteidigung der Hilfsleistungen schloss man sich mit 13 ebenfalls von dem Erweiterungseffekt betroffenen Regionen in der alten EU zusammen. Man entdeckte seine Zuneigung zum spanischen Naturparadies Asturien, der dünn besiedelten finnischen Gebirgsregion Itä-Suomi oder der portugiesischen Freizeitinsel Madeira. Da rieb sich mancher Beobachter verwundert die Augen: Der viel beschworene Aufbau Ost hatte dazu geführt, dass die neuen Länder zu den allerschwächsten Gebieten Europas zählten.

Was sich nun zeigt, ist blamabel: Fast ausnahmslos alle ostdeutschen Regionen sind so wirtschaftsschwach, dass sie auch künftig unter der 75-Prozent-Schwelle liegen. Trotzdem wird der Geldsegen nachlassen. In der laufenden Förderperiode von 2000 bis 2006 überweist Brüssel den ostdeutschen Ländern rund 20 Milliarden Euro. Wie viele Mittel von 2007 bis 2013 zur Verfügung stehen, ist offen. Doch das bisherige Beihilfeniveau kann in der erweiterten EU mit 25 Staaten keinesfalls gehalten werden. «Wir brauchen weniger und bessere staatliche Hilfen», kündigte die zuständige EU-Wettbewerbskommissarin Neelie Kroes im Januar 2005 an.

Auf der einen Seite fallen Zuschüsse weg, auf der anderen drohen weitere Belastungen. Der Schuldendienst der neuen Länder könnte sich bald dramatisch verteuern – wegen der Verfassungsklage des Landes Berlin, das wegen seiner Haushaltsnotlage vom Bund zusätzliche Sanierungshilfen einfordert. Der Ausgang dieses Streits ist für den Osten von höchster Brisanz. Lockern die Karlsruher Richter die Zahlungspflicht des – finanziell selbst arg gebeutelten – Bundes, hätte das auch für die anderen Ost-Länder böse Folgen. Denn der Bund müsste im Fall der Fälle nicht mehr automatisch für sie haften. Damit würde den neuen Ländern der schützende Schirm weggezogen – sie stünden gegenüber den Ratingagenturen im Regen, die dann gezwungen wären, die neue Rechtslage bei der künftigen Einstufung der Bonität zu berücksichtigen. Die hemmungslose Schuldenmacherei in der Vergangenheit würde hart bestraft werden – in Form von schlechteren Ratings.

Eine solche Abstufung müssten die Ost-Länder nach Meinung von Experten mit Zinssätzen bezahlen, die um mindestens einen Prozentpunkt über dem derzeitigen Niveau liegen. Ein Prozentpunkt hört sich wenig an, tatsächlich würde er den Schuldendienst unerträglich verteuern. Nicht auszudenken, wenn zudem auch noch die Zeit moderater Zinsen auslaufen und eine Hochzinsperiode beginnen würde.

Das größte – und kaum abwendbare – Risiko für die Ost-Länder liegt jedoch in den Kosten des demographischen Umbruchs. Diese Belastungen entwickeln zunehmende Sprengkraft, zumal die klammen Ost-Länder ihre Haushalte nicht an die Überalterung und Schrumpfung der Bevölkerung angepasst haben. Was das für die öffentlichen Finanzen bedeutet, hat Brandenburg untersucht.

Ein Szenario wurde entworfen, bei dem finanzpolitisch alles so weiterläuft wie bisher. Dann schnellt der Anteil der Nettoneuverschuldung an den Haushaltsausgaben, die so genannte Kreditfinanzierungsquote, von 13 auf rund 30 Prozent im Jahr 2020 empor. Der Anteil der Investitionen gerät rapide ins Trudeln – von 21 Prozent auf rund acht Prozent. Parallel dazu bauen sich die Zinszahlungen zu einer wahrhaft monströsen Last auf – statt 16 Prozent fressen sie dann etwa 40 Prozent der Steuern auf. Eine schauderhafte Perspektive.[119]

So schaukelt sich die Misere allmählich hoch. Schwindende Solidarpaktmittel, ausbleibende Regionalförderung, anschwellende Zinskosten und die demographische Katastrophe sorgen dafür, dass der Druck im Kessel unaufhörlich wächst. Die ersten Haarnadelrisse sind schon erkennbar – das heißt Alarmstufe Rot. Geraten die einzelnen Elemente erst einmal in Beschleunigung und treffen aufeinander, lösen sie eine Kettenreaktion aus. Den Supergau Deutsche Einheit.

Die Wucht des größten anzunehmenden Unfalls wird den Aufbau Ost in Trümmer legen und für lange Zeiträume die Kraft der ganzen Republik binden. Über das Ausmaß des zu erwartenden Schadens lässt sich nur spekulieren. Er wird nicht nur materielle, sondern auch psychologische und politische Folgen haben. Ein weiteres Sicherungsprogramm, mag es noch so gut dotiert sein, hilft nach einem solchen Zwischenfall jedenfalls nicht mehr.

Ebenso wie bei einem atomaren Unglück lassen sich die Folgen dieses Betriebsunfalls nicht regional oder national begrenzen. Für die nicht verheilten «Wunden der Teilung», so hat die spanische Tageszeitung «El Pais» in anderem Zusammenhang festgestellt, «zahlen nicht allein die Deutschen, sondern auch die Bürger in ganz Europa». Das ist nur logisch: stammt doch fast jeder fünfte Einwohner der erweiterten Union aus Deutschland. So hätte das deutsch-deutsche Experiment viele Leidtragende. Offenkundig stört das aber niemand: Hinreichende Schutzvorkehrungen sind bislang nicht getroffen, die Öffentlichkeit wiegt sich in Sicherheit.

Lega West

Schon heute wird jedoch eifrig eine besondere Form von Schadensbegrenzung betrieben: Der Westen stellt die Solidarität mit dem Osten in Frage. Separatistische Bestrebungen erhalten Auftrieb wie, immer in Krisenzeiten.

Nach dem Ersten Weltkrieg war sogar die Existenz des Nationalstaates bedroht. Auf Einladung des Oberbürgermeisters Konrad Adenauer kamen im Februar 1919 mehr als sechzig Repräsentanten verschiedener Parteien nach Köln, um nach dem Untergang des Kaiserreichs über Deutschlands Zukunft zu beraten. Einziger Tagesordnungspunkt: die Gründung einer Rheinischen Republik. Adenauer erklärte: «Würde Preußen geteilt, die westlichen Teile Deutschlands zu einem Bundesstaat, der Westdeutschen Republik, zusammengeschlossen, so würde dadurch die Beherrschung Deutschlands durch ein vom Geiste des Ostens, vom Militarismus beherrschtes Preußen unmöglich gemacht.»

Überlegungen zur Befreiung von «protestantischer Fremdherrschaft», verbunden mit Ressentiments gegen die Hauptstadt Berlin, bildeten in der Frühphase der Weimarer Republik auch den geistigen Nährboden für die Rheinlandbewegung, die sich unter einer grün-weiß-roten Flagge versammelte. Ihr Aktionsradius reichte von Mainz bis nach Aachen und führte 1923 zur Ausrufung der «Rheinischen Republik», an der Adenauer jedoch nicht aktiv beteiligt war. Parallel dazu bildete sich eine «Autonome Pfalz». Diese insgeheim von Frankreich unterstützten Staatsgründungen scheiterten jedoch schnell.

Gut acht Jahrzehnte später geht das Gespenst eines westdeutschen Separatismus erneut um. Im Herbst 2004 eroberte es schließlich die Schlagzeilen – so berichtete die «Frankfurter Allgemeine» unter der Überschrift «Warnung vor einem Staatenbund» über «separatistische Tendenzen großer westdeutscher Bundesländer». Den modernen Sezessionisten geht es ums Geld, von zwei deutschen Staaten träumt in der Politik niemand. Um den angeblich bedrohten Wohlstand zu verteidigen, wollen sie fiskalisch neue Grenzen ziehen. Dass in Deutschland solche längst tot geglaubten Erscheinungen wiederkehren, ist eine logische Spätfolge der Wiedervereinigung: Je ökonomisch ungleicher ein Staatsgebilde ist, desto stärker streben die politischen und gesellschaftlichen Kräfte auseinander.

Der ungeliebte «Geist des Ostens», der für Adenauer nichts

anderes als ein säbelrasselndes Junkertum und kriegslüsternes Preußengehabe bedeutete, offenbart sich für den Westen nun als hoffnungslose Rückständigkeit, gepaart mit maßlosem Solidaritätsanspruch. Um sich dagegen zu schützen, soll der Staat radikal reformiert werden. Nach dem Motto: So viel Föderalismus wie möglich, so wenig Zentralismus wie unbedingt nötig. Als Schaltzentralen der neudeutschen Separatisten gelten die Staatskanzleien in München und Düsseldorf, in Stuttgart und Wiesbaden. Ohne diese Länderregierungen beim Namen zu nennen, warf ihnen Kanzler Schröder im September 2004 vor, die bundesstaatliche Ordnung durch einen lockeren Verbund der Bundesländer ersetzen zu wollen.

Einerseits, so lautete der Vorwurf aus der Regierungszentrale, seien diese wirtschaftsstarken West-Länder bestrebt, ihre Kompetenzen ständig auf Kosten des Bundes zu erweitern, andererseits würden sie Berlin bei den mit dem Aufbau Ost verbundenen Lasten zunehmend im Stich lassen. Die grüne Verbraucherministerin Renate Künast erklärte: «Die größeren und stärkeren Länder treten so auf, als wollten sie statt der Bundesrepublik einen losen Staatenbund.»[120]

Dass der nationale Mörtel seine Bindekraft verliert, erzürnte im Herbst 2004 auch Wolfgang Thierse. Ausgerechnet am Vorabend des 14. Jahrestags der Deutschen Einheit attackierte er die Regierungschefs von Bayern und Hessen, Edmund Stoiber und Roland Koch, wegen «unsolidarischen Verhaltens» gegenüber dem Osten. «Jetzt, wo vor allem die ostdeutschen Länder Nutznießer dieses solidarischen Föderalismus sind und bleiben müssen, da rufen plötzlich die Herren Koch und Stoiber Wettbewerbsföderalismus aus», wetterte er.

Doch auch in Thierses Partei waren separatistische Strömungen sichtbar geworden. Die SPD müsse eine «gesamtdeutsche Politik» betreiben, forderte ihr Vorsitzender Franz Müntefering im Spätsommer 2004, als sei dies keine Selbstverständlichkeit. Tatsächlich macht den Parteioberen ein scharfer West-Ost-Gegensatz zu schaffen. Die Bevölkerung im Westen, so rumort es an der mitgliederstarken Basis in den alten Ländern, habe es satt, den Osten zu finanzieren. Auf einem Kongress in Potsdam rief Müntefering dazu auf, Ost und West in Deutschland nicht auseinander driften zu lassen: «Wir sind in einer gesamtdeutschen Verantwortung, wir sind eine gesamtdeutsche Partei.» Manchmal entstehe der Eindruck, es handele sich bei der Bundesrepublik lediglich um «zwei assoziierte Staaten».

Reiche Regionen wollen nicht für arme Landstriche einstehen: Das ist überall in Europa so. In Spanien wurde den reichen Katalanen in der Vergangenheit immer wieder Wohlstandsseparatismus vorgeworfen. In Belgien führen hohe Zahlungen der Flamen für die ärmeren Wallonen zu ständigen Spannungen. Selbst in der kleinen Schweiz, sonst ein Paradebeispiel für ein ebenso effizientes wie solidarisches Miteinander der Regionen, machen sich Verteilungskonflikte zwischen starken Kantonen wie Zug oder Zürich und schwachen Kantonen wie dem Wallis oder dem Jura bemerkbar.

Im ökonomisch gespaltenen Deutschland gehört die Idylle des harmonischen Kuschelföderalismus inzwischen ebenfalls der Vergangenheit an. Was auf uns zukommt, lässt sich am besten in Italien studieren. Das Land hat nicht nur die längeren Erfahrungen mit einer gescheiterten Angleichung, sondern auch mit den daraus resultierenden Spannungen.

Der Separatismus der Reichen hat sich in Italien eine eigene politische Plattform geschaffen – die im Februar 1991 gegründete Lega Nord. Diese aus Bürgerinitiativen entstandene Regionalpartei verzeichnete in ihrer kurzen Geschichte spektakuläre Wahlerfolge. Sie eroberte Stadtparlamente und gehörte den Kabinetten von Silvio Berlusconi an. Ihr erklärter Anspruch: die Verteidigung der norditalienischen Steuerzahler gegen die Begehrlichkeiten des armen Südens.

Offiziell strebt die Lega Nord die Errichtung einer Republik Padanien an – doch das ist eher Rhetorik. Ihren Unabhängigkeitskampf gegen den rückständigen Mezzogiorno und gegen *Roma Ladrona*, die große Diebin Rom, führt die Partei mit Hilfe der Finanzverfassung. So wurde ein Modell entwickelt, dem zufolge die Regionen 70 Prozent der Mehrwertsteuer für sich behalten sollten. Es hätte für Süditalien den Bankrott bedeutet. Ebenso wie einige westdeutsche Länder strebt die norditalienische Partikularbewegung eine weitgehende Föderalisierung des zentralistischen Staates an. Die Regionen sollen unabhängig von der Regierungszentrale agieren können und umfassende Kompetenzen erhalten.

Eine deutsche «Lega West» – eine undenkbare Vorstellung? Die Truppen stehen bereit. Wie das Emnid-Institut im September 2004 herausgefunden hat, empfindet jeder zweite Westdeutsche die jährlichen Zahlungen für den Osten als zu hoch. In wohlhabenderen Bundesländern ist der Wert größer – so teilen sechs von zehn Bayern diese Ansicht.[121] Nach einer Forsa-Umfrage vom gleichen Monat fände es jeder fünfte Deutsche am besten, wenn Ost und West nach wie vor durch eine Mauer getrennt wären. Während nur zwölf Prozent der Ostdeutschen eine solche Auffassung teilten, waren es 24 Prozent der Westdeutschen. «Verstehe einer die Deutschen», kommentierte der in London erscheinende «Independent». «Wie schlimm muss die Lage in Deutschland eigentlich sein, damit sich nur einige – geschweige denn so viele – nach dem Kalten Krieg zurücksehnen?»

Auch ohne eigenständige separatistische Partei nehmen die West-Ost-Animositäten zu. Was früher höchstens gedacht wurde, wird heute offen ausgesprochen. Umberto Bossi, der populistische Führer der Lega Nord und bis zu einer schweren Erkrankung im Jahr 2004 Minister für Reformen, hatte seinen süditalienischen Mitbürgern schon mal vorgeworfen, sie seien faulenzende Erdfresser, denen man kein Geld nachwerfe. Die politische Debatte hierzulande, im Vergleich zu Italien eigentlich gesitteter, funktioniert im Prinzip ganz ähnlich.

Es dürfe keine «Belohnung für Strukturschwächen» geben, giftete Bayerns Wirtschaftsminister Otto Wiesheu mit Blick auf den Osten. Eine große westdeutsche Staatskanzlei, so erzählt ein Insider, habe eine spezielle «Ost-Abteilung» eingerichtet. Ihre einzige Aufgabe bestehe darin, systematisch die ostdeutschen Bundesländer zu beobachten, um sämtliche Ansprüche abzublocken. Auffällig aggressiv sind die Wortmeldungen aus Nordrhein-Westfalen, dem einstigen Zentrum der Rheinlandbewegung. «Wer nur den Osten fördert, untergräbt die Solidarität im Westen», warnte der dortige SPD-Chef Harald Schartau. Oder drastischer: «Wer jetzt Forderungen nach mehr Geld stellt, der kann das Fass zum Überlaufen bringen.»

«Rund zwei Drittel der etwa 700 Millionen Euro Schulden von Duisburg gehen auf das Konto finanzieller Transfers der Stadt für Ostdeutschland», behauptet Ministerpräsident Peer Steinbrück. Eine verzerrte Darstellung: Die Duisburger Schulden sind vor allem deshalb so hoch, weil das Land ihnen weniger überweist. Dabei haben die alten Bundesländer die Hauptlast bei der Finanzierung der Einheit auf den Bund abgewälzt. Trotzdem erklärte Steinbrück, NRW dürfe «nicht zu kurz» kommen, keinesfalls werde er «eine neue oder sogar erweiterte Unwucht zu Lasten unseres Landes» hinnehmen: «Dann gehe ich auf die Barrikaden.»[122] Umberto Bossi hätte es nicht besser sagen können.

Zeit für eine neue Wende

«Ganz blöd waren wir aber nicht», erklärte Helmut Kohl, als er einmal andeutete, bei der Wiedervereinigung sei nicht alles optimal gelaufen. Weil dies für Schlagzeilen sorgte, korrigierte er sich bei nächster Gelegenheit. Auf dem Deutschlandtag der Jungen Union im Oktober 2004 war schon wieder von der «ungeheuren Erfolgsgeschichte» die Rede. Unverdrossen klammert sich auch sein Nachfolger an die Illusion, der Aufbau Ost sei auf gutem Weg. «Es gibt kein historisches Vorbild», behauptet Gerhard Schröder, «deshalb ist die bisherige Leistung einzigartig.» Die Wahrheit ist eine andere – die ungelösten Probleme beim Aufbau Ost liegen wie Mehltau über dem ganzen Land. Deutschland, das vor 1990 die Lokomotive der europäischen Wirtschaft war, liegt nur noch auf wenigen Feldern an der Spitze – beim Anstieg der Arbeitslosigkeit, der Staatsschulden sowie der Steuer- und Abgabelasten. Seit zehn Jahren hinkt das anhaltend wachstumsschwache Land hinter den dynamischeren Volkswirtschaften von Großbritannien, Frankreich, Österreich oder Italien hinterher. Ringsherum ist man überall erfolgreicher. Die Wirtschaftskraft Deutschlands liegt inzwischen unter dem Durchschnitt der alten EU mit 15 Staaten. Unser Wohlstandsniveau ist also gesunken. Die Ursachen für diesen Niedergang sind zum Teil älter als die Einheit – aber die falsche Vereinigungspolitik hat den Absturz kräftig beschleunigt.

Einen strategischen Plan für den Aufbau Ost gab es nie. Phantasielos stülpte man dem Osten einfach das westdeutsche System mitsamt seinem nicht mehr tauglichen Sozialmodell über. Der vermeintliche Exportschlager versetzte die neuen Länder nach einem kurzem Nachwendeboom in Lethargie. Obwohl der stagnierende Osten sich bereits seit Mitte der neunziger Jahre als zunehmende Gefahr für den Westen erweist, passiert nach wie vor nichts. Nicht einmal die Probleme werden erkannt und benannt.

Keine Frage, die Wiedervereinigung hat die Politiker gehörig überfordert. Wie Roulettespieler hätten sie versucht, die nationale Jahrhundertaufgabe zu lösen, wundert sich der Finanzwissenschaftler Helmut Seitz: «Beim Aufbau Ost geht es zu wie im Kasino. Einmal habe ich Glück, einmal Pech, einmal fällt die Kugel auf Rot, einmal auf Schwarz. Es fehlt ein Konzept, ja es fehlt sogar jede Bereitschaft zum Nachdenken.»[123]

Am guten Willen der Menschen hat es nicht gelegen. Die Ostdeutschen, denen man mehr versprach, als man halten konnte, waren bereit, die Ärmel hochzukrempeln. Ihnen wurde eine Veränderungsbereitschaft abverlangt, die ihresgleichen sucht. Die

Leistung der Westdeutschen, die in den letzten fünfzehn Jahren mehr als tausend Milliarden Euro für das Zusammenwachsen aufgebracht haben, ist ebenfalls ohne Beispiel.

Doch dieses wertvolle Kapital der Solidarität, das weit mehr ist als ein bloßer Geldbetrag und auf das ganz Deutschland stolz sein könnte, wird leichtfertig verspielt. Das frustriert diejenigen, die geben, ebenso wie die, die auf die Gaben angewiesen sind. Die einen fühlen sich überfordert, die anderen deklassiert. Das Unvermögen der Akteure spaltet die beiden Teile Deutschlands immer mehr – das ist das größte Versagen der Politik überhaupt.

In Ostdeutschland steht mehr auf dem Spiel als die ökonomische Zukunft einer Region. Demokratie und Rechtsstaat müssen sich bewähren. Wenn beide Volksparteien bei den Landtagswahlen in Sachsen und in Brandenburg zusammen weniger als die Hälfte der Stimmen erhalten und damit die niedrigste Zustimmung in der Geschichte der Bundesrepublik, wenn ihre Notkoalitionen nur über denkbar knappe Mehrheiten verfügen – dann ist das irritierend.

Wenn gleichzeitig die Erben der Diktatur einen Triumph nach dem anderen feiern, obwohl ihre Partei noch immer nicht glaubwürdig mit der Vergangenheit gebrochen hat, wenn ihr Fraktionschef im Dresdner Landtag keinen Grund für einen Rücktritt sieht, obwohl er laut der Gauck-Behörde offenkundig in eine besonders widerwärtige Stasi-Affäre verstrickt ist – dann ist das alarmierend. Wenn daneben auch noch die Parteien der ewiggestrigen Fremdenfeinde die 5-Prozent-Hürde überwinden, wenn das wie in Brandenburg zum zweiten Mal in Folge geschieht, wenn im ostdeutschen Musterland Sachsen verfassungsfeindliche National-«Demokraten» mit 191 000 Listenstimmen fast ebenso hoch in der Wählergunst stehen wie die Sozialdemokraten mit 204 000 Stimmen, und das, obwohl ihr Vorsitzender erklärt hat, dort werde «die BRD abgewickelt» – dann muss das schockieren.

Den Rechtsextremen gilt Sachsen längst als Modell für andere Länder, berichten besorgte Verfassungsschützer. Der Wahlerfolg bescherte der NPD im Freistaat zuletzt wieder Zulauf. Ganz ungeniert setzen Abgeordnete dieser Partei die Bombardierung deutscher Städte mit dem Holocaust gleich. Unter dem Schutzmantel dieser im Landesparlament vertretenen Partei operieren so genannte Kameradschaften, auch die Mitglieder der Skinheads Sächsische Schweiz (SSS) sind unverändert aktiv. Diese kriminelle Vereinigung, die das Ausflugsparadies östlich Dresdens von Andersdenkenden sowie Ausländern «säubern» will und seit 2001 verboten ist, übt selbst auf Handwerker und Bankangestellte große Anziehung aus. Fast überall in Sachsen haben zwischenzeitlich rechtsextreme Jugendorganisationen, die an Schulen «nationales Gedankengut» vermitteln, ihre Stützpunkte errichtet. Es sei zu befürchten, dass «Einheiten aufgestellt würden, die nicht nur dem Saalschutz dienen sollten», warnt Sachsens Verfassungsschutzpräsident Rainer Stock.

Alles spricht dafür, dass die Demokratie in den ostdeutschen Ländern vor Bewährungsproben steht, die im Nachkriegsdeutschland bisher unbekannt waren. Das westdeutsche Modell nach 1945 ist oft als Schönwetterdemokratie charakterisiert worden, wirtschaftliche Prosperität garantierte wachsende Zustimmung zu der von den Alliierten installierten Staatsform, die man über die Jahrzehnte schätzen lernte.

Die Situation im Osten ist eine andere, nicht allein wegen des ökonomischen Elends, das in der verheerenden Massenarbeitslosigkeit seinen stärksten Ausdruck findet. Antidemokratische Prägungen aus der DDR wirken nach. Bürgerliche Werte wie Toleranz, Liberalität und Pluralität, die der SED-Staat mit Erfolg bekämpfte, stehen in der ostdeutschen Gesellschaft nicht hoch im Kurs, zumal sie vielfach als Kennzeichen einer westdeutschen «Siegerkultur» angesehen werden. Verstärkt wird die Ablehnung des westdeutschen Wertekanons noch dadurch, dass sich die Ostdeutschen im vereinten Land schlecht vertreten fühlen müssen.

Auf gesamtdeutscher Ebene sind ihre Repräsentanten an der Spitze von Medien, Kultur, Wirtschaft, Wissenschaft und Politik so selten wie Orchideen auf einem Fensterbrett. Kein Bundeswehrgeneral, kein Vorstandschef einer im Dax gelisteten Börsengesellschaft, kein Richter an einem obersten Bundesgericht ist Ostdeutscher. Selbst die mittleren Führungsebenen sind vorwiegend in westdeutscher Hand. Diese Ausgrenzung, die den Osten gelegentlich wie ein Wurmfortsatz des Westens erscheinen lässt, befördert das Gefühl von Minderwertigkeit.

Wenn wenigstens eine Perspektive bestünde, gäbe es weniger Grund zur Klage. «Kein Politiker, egal welcher Partei, hat bisher ernsthaft versucht, den Aufholprozess der ostdeutschen Wirtschaft zu beschleunigen», rügt Helmut Schmidt. Und: «Wenn nichts speziell zugunsten des Ostens geschehen sollte, so wird man im Jahre 2020 feststellen, weitere fünfzehn Jahre nach der Vereinigung, dass es zwar auch im Osten vorangegangen ist, dass aber von Aufholen keine Rede sein kann.»[124] Kein Aufholen aber heißt, sich mit der fortgesetzten Schwächung des ganzen Landes abzufinden.

Ein dauerhaft rückständiger Osten, der noch immer auf gigantische Subventionen angewiesen ist, muss das Vorankommen eines ohnehin mäßig erfolgreichen Westens unerträglich behindern. Diese schlichte Wahrheit wollen die Politiker, die sich hinter dreistelligen Solidarpaktmilliarden verschanzen, nicht anerkennen.

Doch ihre monetäre Tonnenideologie hilft nicht weiter. Es ist nur eine Frage der Zeit, bis der Fehlschlag der misslungenen Sanierung der früheren DDR offenkundig und der Preis für die verfehlte Einheitspolitik fällig wird. Im Osten wie im Westen. Vielleicht kann man den Schaden jetzt noch begrenzen. Doch selbst dazu ist eine Generalrevision beim Aufbau Ost unausweichlich. Je schneller, desto besser. Je radikaler, desto aussichtsreicher.

Ein Erfolg ist nicht garantiert. Im Gegenteil: Die Erfahrungen anderer Länder, den Aufholprozess einer rückständigen Wirtschaftsregion zu organisieren, sind fast durchweg entmutigend. Der Mezzogiorno, die Estremadura oder der Alentejo dienen als abschreckende Beispiele.

Trotzdem: Der Versuch ist überfällig. Fünfzehn verlorene Jahre sind genug. Sie haben gezeigt, dass der Aufbau Ost als Nachbau West nicht funktionieren kann. Fünfzehn weitere Jahre dieser Art würden das ganze Land ruinieren. Wird der Osten weiterhin als Anhängsel des Westens begriffen, droht das geeinte Land ähnlich kläglich zu scheitern wie die DDR in den achtziger Jahren. Dann wird die Misere in den neuen Bundesländern zunehmend auf die alten übergreifen. Deshalb brauchen wir einen zweiten Anlauf im Osten.

Der Fehler ist das System

Vor einem Neubeginn gehört alles auf den Prüfstand – nicht nur die einzelnen Instrumente, sondern die gesamte Philosophie. Mit Kurskorrekturen, die immer dann verkündet werden, wenn Fortschritte ausgeblieben sind, ist es im Osten nicht mehr getan. Hier und da einige Fördermilliarden umzuschichten, vermeintliche Wachstumskerne und angebliche Forschungspotenziale «noch» gezielter als in der Vergangenheit zu subventionieren – das sind die alten Beschwichtigungsrituale.

Der Fehler ist das ganze System – ohne dieses schmerzliche Eingeständnis kann es keine Veränderungen geben. Die nüchterne Wahrheit muss deshalb auf den Tisch.

Erstens: Der Solidarpakt in seiner jetzigen Form ist zum Scheitern verurteilt. Er löst keine Probleme, sondern ist längst Teil des Problems. Weg damit – wir brauchen endlich ein Bündnis der intelligenten Art. Nicht eines, das Solidarität immer stärker beschädigt und das ideenlos fixe Milliardenbeträge ins Fördergebiet schaufelt.

Wir brauchen stattdessen einen Pakt, der klare Ziele formuliert, der wirksame Leistungsanreize und Wettbewerbselemente verankert, der die gängige Verschwendung eindämmt, mit dem die überfällige Sanierung maroder Staatsfinanzen befördert wird, der harte Erfolgskontrollen sowie Sanktionsmechanismen enthält und dessen Geschäftsgrundlagen laufend überprüft werden. Nicht zuletzt muss Solidarität auf Prinzipien beruhen, die für die Menschen in West und Ost nachvollziehbar sind.

Neben den Forschungsinstituten fordert inzwischen auch der Sachverständigenrat eine neue Ausgestaltung des Solidarpakts. Alle haben erkannt, dass er nicht wie gedacht funktioniert. Doch viele Reformvorschläge sind halbherzig, weil sie im Rahmen des Vorgegebenen bleiben. Mit einigen Notkorrekturen ist es nicht getan. Am weitesten ist inzwischen das Institut der Deutschen Wirtschaft vorgeprescht – es fragt sich bereits zu Recht, ob es nicht das Beste wäre, wenn «der ganze Solidarpakt II noch einmal aufgedröselt» wird. Die Kölner Forscher wollen einen Großteil des Geldes direkt in Maßnahmen stecken, die die Wirtschaft stimulieren. Vorgeschlagen wird etwa die Senkung der Gewerbesteuer um die Hälfte. Die Gemeinden, von denen diese Steuer erhoben wird, sollen den Verlust aus Solidarpaktmitteln ersetzt bekommen.

Ein solcher Schritt würde zusätzliche Ansiedlungen befördern – und damit für neue Arbeitsplätze und mehr Steuereinnahmen sorgen. Zugleich könnten schon ansässige Firmen mehr Gewinn einbehalten – was ihre Investitionskraft und Konkurrenzfähigkeit steigert. Damit würde nicht nur der schwache Unternehmenssektor gestärkt. Der Osten hätte gegenüber dem Westen einen Standortvorteil und könnte im Vergleich mit den mittelosteuropäischen Ländern attraktiver werden. Aus genau solchen Elementen muss ein künftiger Solidarpakt aufgebaut sein: Statt purer Subventionen braucht der Osten echte Wettbewerbsvorteile.

Zweitens: Eine Kehrtwende beim Aufbau Ost kommt ohne großflächige Rodung des Förderdickichts nicht aus. Dabei hilft nur ein Werkzeug – die Axt. Nur sie kann verhindern, dass knappes Geld wie bisher allein deshalb ausgegeben wird, weil eines von vielen hundert Programmen angezapft werden kann. Kein Politiker hat sich bisher an diesen Wildwuchs gewagt – wäre er schon vor zehn Jahren gelichtet worden, hätte man leicht hohe zweistellige Milliardenbeträge sparen können.

«Mehr Freiraum für den Fortschritt», verlangt das Institut der deutschen Wirtschaft und will künftig den Entscheidungsträgern im Osten größere Gestaltungsmöglichkeiten im rechtlichen und finanziellen Bereich einräumen. Wenn der Rahmen stimmt, werden die besten Lösungen vor Ort geboren. Dort weiß man am besten, welche Kündigungsschutzauflagen Jobs verhindern und welche Investitionsvorhaben den höchsten Nutzen abwerfen. Doch noch immer begünstigen falsche Anreize eine schädliche Abgreifmentalität.

Drittens: Um die ostdeutschen Länder zu mehr Sparsamkeit und zu einem sorgfältigeren Umgang mit Fördergeldern anzuhalten, muss man ihnen den Weg in die Neuverschuldung verstellen. Weg von der Transferdenkweise, hin zur Eigenverantwortung – dabei genügt eine einfache Regel: Mit den Landesregierungen werden Obergrenzen bei der Kreditaufnahme vereinbart. Werden diese überschritten, erhalten sie überhaupt keine Zuweisungen. Die Gelder werden dann zwangsweise für die Tilgung ihrer Schulden eingesetzt – aber erst nach einem saftigen Strafabschlag von zwanzig Prozent. Die disziplinierende Wirkung wäre durchschlagend.

Welcher Ministerpräsident könnte weiterhin so unsolide haushalten wie bisher, wenn seinem Land dadurch künftig hohe Millionenbeträge verloren gingen? Der Grundsatz, dass öffentliche Mittel ein knappes Gut sind, käme endlich auch im Osten wieder zur Geltung – jedenfalls wenn der Missbrauch mit konsequenten Sanktionen belegt würde. Dies könnte zugleich helfen, die oft überzogene Anspruchshaltung der Bevölkerung gegenüber dem Staat zu begrenzen. Die Bürger müssten erkennen, dass ihr Bundesland oder ihre Gemeinde wünschenswerte Leistungen nicht mehr mit hohen Schulden finanzieren kann. Damit würde das Interesse der Menschen an Haushaltspolitik geweckt und der Realismus für das Machbare gestärkt – ein Zugewinn für das demokratische Bewusstsein.

Viertens: Ein weiterer Konstruktionsfehler in dem Pakt muss korrigiert werden: Die innerstaatliche Solidarität sollte auf eine breitere Basis gestellt werden – gefordert sind auch die alten Bundesländer. Sie haben im Einigungsprozess eine egoistische Rolle gespielt und, wo immer möglich, finanzielle Verantwortung auf den Bund abgewälzt. Das lässt sich kaum rückgängig machen. Sehr wohl aber kann das Interesse der westdeutschen Länder für den Aufbau Ost geweckt werden. Fortschritte im Osten sollten sich für den Westen spürbarer als im derzeitigen System auszahlen. Im Finanzausgleich könnten entsprechende «Fortschrittsvergütungen» verankert werden. Ohne Erfolge im Osten keine Entlastung im Westen: Dies würde das Problembewusstsein erheblich fördern und den inneren Zusammenhalt zwischen West und Ost festigen.

Fünftens: Die ostdeutsche Kleinstaaterei ist gescheitert – mögen das die dortigen Politiker auch bestreiten. Die öffentlichen Finanzen sind aus dem Ruder gelaufen, die demographische Revolution wird fahrlässig ignoriert. Es fehlt eine übergreifende Strukturpolitik, und es herrscht ein unsinniger Fördergeldwettbewerb.

Brauchen sechs strukturschwache Miniaturbundesländer tatsächlich allesamt eigene Regierungen, eigene Staatssekretäre, eigene Parlamente, eigene statistische Ämter, eigene Wirtschaftsfördergesellschaften und eigene Vertretungen in Berlin sowie Brüssel?

Die wichtige mitteldeutsche Wirtschaftsregion um Leipzig und Halle ist politisch dreigeteilt – durch die Grenzen von Sachsen, Thüringen und Sachsen-Anhalt. Die drei Länder kooperieren weder in ihrem gemeinsamen Ballungsraum noch in größerem Maßstab vernünftig – dabei werden sie alle mehrheitlich von ein und derselben Partei regiert. So scheiterte der Versuch, Behörden zusammenzulegen und kräftig Kosten zu sparen, am Egoismus der

Partner. Brandenburg und Berlin, vor der deutschen Teilung stets eins, verschieben ihre Länderehe immer weiter in die Zukunft. Dabei könnten beide Seiten aus dieser Heirat hohen Nutzen ziehen. Unternehmen, die solche Möglichkeiten verstreichen lassen, würden aus dem Markt katapultiert. Im Osten sind Provinzpossen kein Problem – Subventionen halten Anachronismen am Leben. Dabei geht es hier nicht allein um Regionalpolitik, sondern um eine nationale Angelegenheit ersten Ranges: Berlin ist die Hauptstadt aller Deutschen – doch sie muss weiter verkümmern.

Schon heute wohnen allein im Regierungsbezirk Düsseldorf, der ebenso viele Großstädte wie ganz Ostdeutschland hat, rund 5,2 Millionen Menschen. Keines der stark schrumpfenden ostdeutschen Länder hat annähernd so viele Einwohner. Das zeigt: Der Osten braucht eine neue politische Landkarte. Ein «Nordstaat» mit Berlin, Brandenburg und Mecklenburg-Vorpommern hätte 2020 gerade 7,4 Millionen Einwohner – er wäre noch immer kleiner als Baden-Württemberg. In einem «Südstaat» mit Sachsen, Thüringen und Sachsen-Anhalt würden dann rund 8,1 Millionen Menschen leben – Bayern wäre bevölkerungsreicher. Selbstverständlich passen auch Hamburg, Schleswig-Holstein und Mecklenburg-Vorpommern zueinander. Unabhängig von möglichen Zuschnitten – der deutschen Wiedervereinigung muss endlich eine ostdeutsche Vereinigung folgen. Kommt es nicht dazu, sind die neuen Länder in einem Europa starker Regionen chancenlos.

Das Grundgesetz legt in Artikel 29 eine Neugliederung des Bundesgebietes ausdrücklich nahe, «um zu gewährleisten, dass die Länder nach Größe und Leistungsfähigkeit die ihnen obliegenden Aufgaben wirksam erfüllen können». Bisher aber sind Fusionsvorhaben stets an massiven Widerständen gescheitert. Hier können starke Anreize helfen. Sie würden auch die im Grundgesetz vorgeschriebenen Volksentscheide positiv beeinflussen. Sinnvoll wären großzügige Entschuldungshilfen für Länder mit besonders zerrütteten Finanzen wie etwa Berlin oder Sachsen-Anhalt – aufgebracht durch eine einmalige bundesstaatliche Kraftanstrengung oder notfalls aus vorhandenen Solidarpaktmitteln. Auch der Westen kann die Rendite einstreichen – in Form eines geringeren Transferbedarfs.

Bleibt noch ein Problem: Kleine Länder verfügen im Bundesrat über relativ mehr Stimmen als große. Davon profitiert auch Ostdeutschland. Die fünf neuen Länder haben in dieser Kammer immerhin 19 (mit Berlin 23) von insgesamt 69 Stimmen – trotz vergleichbarer Einwohnerzahl kommt Nordrhein-Westfalen lediglich auf sechs Stimmen. Dieser Vorteil würde mit kompakteren Strukturen zunichte gemacht. Das wäre wenig sinnvoll, denn der Osten, der gesamtdeutsch in der Minderheit ist, braucht eine starke Vertretung im Bundesrat. Deshalb sollten andere Länderzuschnitte nicht mit einer Stimmreduzierung verbunden werden. Eine solche Privilegierung kann befristet sein.

Wenn ein ostdeutscher «Nordstaat» oder «Südstaat» vier Fünftel der Wirtschaftskraft des Westens erreicht hätte, sollte er ebenso behandelt werden wie Niedersachsen oder Hessen auch. Das erfordert eine Änderung des Grundgesetzes, Artikel 51 müsste umgeschrieben werden. Allein die zu erwartende Diskussion wäre eine ungeheure Bereicherung, würde sie doch öffentlich bewusst machen, dass im vereinten Deutschland Ungleiches nicht gleich behandelt werden sollte. Nachgeholt würde, was 1990 unterblieben ist – eine Verfassungsdebatte.

Sechstens: Der Osten braucht gegenüber dem Westen nicht mehr Gleichheit, sondern mehr Freiheit. Gerade weil Aufholprozesse von Regionen innerhalb eines Staates so selten erfolgreich verlaufen, müssen unterschiedliche Voraussetzungen geschaffen werden. Wer Gleichheit verordnet, schafft Ungleichheit, wer gleichwertige Lebensverhältnisse schaffen will, muss erst einmal die ungleichen Ausgangsbedingungen akzeptieren. Unbestritten hat Ostdeutschland spezielle Probleme – sie lassen sich nicht mit Regeln für ganz Deutschland lösen. Helmut Schmidt verlangt zu

Recht «eine besondere, allein den Osten begünstigende wirtschaftspolitische Anstrengung». Subventionen allein reichen nicht, wie die letzten fünfzehn Jahre bewiesen haben. Was bislang ein Tabu für alle Bundesregierungen seit der Wiedervereinigung war, wird geradezu dringend benötigt: ein Sonderwirtschaftsgebiet Ostdeutschland.

Viele Sonderwirtschaftszonen – dieser Begriff wird von Ökonomen verwendet – haben sich als blühende Wachstumsoasen erwiesen. Weltweit wurden 1990 rund 300 solcher spezieller Krafträume in einer Volkswirtschaft gezählt. Sie können helfen, einen Strukturwandel zu beschleunigen oder eine Rückständigkeit abzuschütteln, was allerdings langen Atem erfordert. Schon 1979 richtete China mehrere Sonderzonen ein, um ausländisches Kapital, technisches Know-how und modernes Managementwissen ins Land zu holen. Im Reich der Mitte wurden Experimentierfelder für die Marktwirtschaft geschaffen – sie haben inzwischen Modellcharakter. Polen hat ebenfalls mit den Sondergebieten gute Erfahrungen gemacht, etwa im oberschlesischen Gebiet rund um Gleiwitz. Dort wurde ein altindustrielles Kohlerevier mit stark geschädigter Umwelt erstaunlich schnell auf Vordermann gebracht – nicht zuletzt durch die Ansiedlung der GM-Tochter Opel.

Richtige Flops gab es aber auch, so ausgerechnet bei einer deutschen Sonderwirtschaftszone – Westberlin vor der Wiedervereinigung. Die weitgehend vom Bund getragene Berlinförderung erhöhte die dauerhafte Abhängigkeit der geteilten Stadt von Westgeld.

Aber warum soll das, was in der alten Bundesrepublik scheiterte, im wiedervereinten Deutschland nicht funktionieren? Gelegentlich wird behauptet, das Grundgesetz versperre den Weg für Sonderwirtschaftszonen, weil dort das Gebot der Einheitlichkeit der Lebensverhältnisse festgeschrieben sei. Doch das ist falsch. Vielmehr sind in Artikel 106 der Verfassung, der von der Verteilung der Steuern handelt, drei konkurrierende und gleichberechtigte Ziele formuliert. Neben einheitlichen Lebensverhältnissen soll eine übermäßige Belastung der Steuerzahler vermieden und ein gerechter («billiger») Ausgleich bei den zwischenstaatlichen Finanzbeziehungen herrschen.

Ein abgegrenzter Wirtschaftsraum kann schon dadurch profitieren, dass der Staat dort die Bürokratie entschlackt – durch schlanke Planungs- und Genehmigungsverfahren oder flexible Bestimmungen beim Arbeitsrecht und Kündigungsschutz. Einen Vorschlag dazu gibt es längst – dem Osten soll erlaubt werden, bis 2020 vom geltenden Bundesrecht abzuweichen und alle Bestimmungen, die den Aufbau Ost stören, außer Kraft zu setzen. Warum wird das den neuen Ländern verwehrt? Muss alles so bleiben, wie es schon immer war?

Ostdeutschland braucht aber mehr, um seine lähmende Stagnation zu überwinden – echte Steuervorteile. Die Schweiz, aus deutscher Sicht ein Ausbund an gleichmäßig verteiltem Wohlstand, leistet sich eine Vielzahl regionaler Unterschiede in der Steuerpolitik. So gelten von Kanton zu Kanton unterschiedliche Sätze für die Besteuerung von Einkommen und Gewinnen. Warum sollte dieses Modell nicht auch auf Deutschland, wenigstens auf die östlichen Bundesländer übertragbar sein?

Eine spürbare Senkung der Einkommen- und Körperschaftssteuer für mindestens ein Jahrzehnt würde den Osten am meisten voranbringen. Von einer solchen Steuervergünstigung würden neben Unternehmen, Selbständigen und Gewerbetreibenden auch die Arbeitnehmer profitieren. Das könnte helfen, eine missglückte Tarifpolitik zu korrigieren. Zwar wären dann die Bruttolöhne noch niedriger als im Westen, aber die Menschen hätten am Ende des Monats das Gleiche in der Tasche. Das würde schnell zu mehr Investitionen in Ostdeutschland führen und könnte dort endlich die Wende zum Besseren einleiten.

Rückständigkeit ist kein Schicksal, sondern eine Herausforderung. Doch nach 15 Jahren Einheit scheint den Deutschen der Glaube abhanden gekommen zu sein, es könne noch gelingen, den Osten so aufzubauen, dass er sich selbst tragen kann. Die Politiker der etablierten Parteien haben längst resigniert, sie verschließen die Augen vor der sich abzeichnenden Katastrophe in Ostdeutschland. Aber auch etliche Ökonomen glauben, die Sache sei nach den vielen Fehlern der Vergangenheit bereits gelaufen. «Das Rad der Geschichte lässt sich nicht zurückdrehen», bedauert der Sachverständigenrat in seinem Jahresgutachten 2004/05. Ein schlüssiges Konzept für den Osten sind die «Fünf Weisen» schuldig geblieben. Dabei räumen sie sogar ein, dass ein beträchtlicher Teil der gesamtdeutschen Misere – der Teufelskreis aus niedrigem Wachstum, explodierender Staatsverschuldung, steigender Abgabenlast und sinkender Erwerbstätigkeit – auf die desolate Wirtschaftslage der neuen Länder und ihren hohen Transferbedarf zurückgeht.

Was spricht eigentlich dagegen, dass der Osten der Republik ein Comeback erlebt und auf Dauer wieder das wird, was er vor der deutschen Teilung schon einmal war – eine prosperierende Region, ein ökonomisches Kraftzentrum in der Mitte Europas?

Dass eine Aufholjagd selbst unter viel schlechteren Ausgangsbedingungen gelingen kann, zeigt das Beispiel Irland eindrucksvoll. Der Inselstaat, in dem knapp vier Millionen Einwohner auf einer Fläche so groß wie Bayern leben, steckte Mitte der achtziger Jahre in einer scheinbar ausweglosen Krise – und die hatte auffällig viele Parallelen zum heutigen Desaster in Ostdeutschland.

Auch Irland galt damals als kranker Patient, von dem kaum jemand ernsthaft vermutete, er käme jemals wieder auf die Beine – von der Verwandlung in einen *Celtic Tiger* ganz zu schweigen. Weil exportorientierte Industrien fehlten, war die Wirtschaft des Landes fast nur auf den Binnenmarkt fixiert. Zudem war man fatal von Großbritannien abhängig, an dessen Währung das irische Pfund hing.

Die öffentlichen Finanzen gerieten außer Kontrolle, 1986 summierten sich die Staatsschulden auf horrende 110 Prozent des Inlandsprodukts. Die Arbeitslosenquote lag zeitweilig bei 18 Prozent, weshalb viele Menschen Irland verließen, wie schon so oft in seiner Geschichte. Junge Leute und Akademiker suchten vor allem in den Vereinigten Staaten Arbeit – wie in Ostdeutschland gab es keine Sprachbarriere, die dieses Ausbluten verhindert hätte. Und heute, zwanzig Jahre später? In Irland gibt es inzwischen mehr offene Stellen als Arbeitslose, eine Quote von rund vier Prozent bedeutet praktisch Vollbeschäftigung. Kein anderes EU-Mitglied, den Exportweltmeister Deutschland eingeschlossen, setzt mehr Waren und Dienstleistungen außerhalb der Euro-Zone ab – gerechnet je Einwohner. Die Kaufkraft der Iren liegt um ein Drittel über dem EU-Durchschnitt – Irland ist nach Luxemburg die zweitreichste Nation im Brüsseler Club. Der hoch entwickelte Dienstleistungssektor trägt mehr zur Wertschöpfung bei als die erstaunlich wettbewerbsfähige Industrie, die von multinationalen Konzernen aufgebaut wurde. Bei den ausländischen Direktinvestitionen rangiert Irland, das wie kaum eine andere Volkswirtschaft von der Globalisierung profitiert, weltweit ganz vorn auf Rang sieben. Der Boom hat auch ländliche Gebiete erfasst. Die Staatsfinanzen sind saniert. Seit 1998 werden meistens Haushaltsüberschüsse erzielt, die Staatsverschuldung konnte auf rund 32 Prozent des Bruttoinlandsprodukts gesenkt werden. Die Abwanderung ist vollständig gestoppt. Die verlorenen Söhne und Töchter kehren aus dem Ausland zurück, bei internationalen Spezialisten sind Jobs auf der grünen Insel hoch begehrt.

Das einstige Armenhaus, nach dem Zweiten Weltkrieg ein reiner Agrarstaat, hat den Wandel auch dank hoher Transfers aus Brüssel bewältigt. Aber ohne ein Umdenken der gesellschaftlichen Eliten und ohne die Besinnung auf die eigenen Kräfte hätte der Umschwung nie stattgefunden. Die Initialzündung kam 1987, als erstmals ein Dreijahresplan unter dem Namen *Programme for National Recovery* in Kraft trat. Dieser von Regierung, Arbeitgebern und Gewerkschaften getragene Maßnahmenkatalog war so erfolgreich, dass er seither fester Bestandteil der irischen Politik ist. Das Konzept ruhte auf vier Säulen: einer wirtschaftsfreundlichen Deregulierung der Verwaltungen und des Arbeitsmarktes, erheblichen Anstrengungen zur Verbesserung des Bildungswesens sowie einer niedrigen Besteuerung von Unternehmen. Und vor allem einer strikten Lohnzurückhaltung – dies konnten die Arbeitnehmer deshalb akzeptieren, weil neben den Gewinn- auch die Einkommensteuern gesenkt wurden. Das verlangte von Dublin große Opfer: Angesichts hoher Steuerausfälle musste die Regierung rigorose Sparmaßnahmen verfügen und den Staatskonsum einschränken – er ist noch immer kleiner als in fast allen westeuropäischen Industriestaaten.

Der Lohn der Anstrengung: Für den Zeitraum von 1995 bis 2005 beziffert die EU-Kommission das Wachstum der Inselrepublik auf durchschnittlich 7,4 Prozent pro Jahr – das sind Raten, die ansonsten nur den asiatischen Tigerstaaten Südkorea, Singapur und Taiwan zugetraut werden. Kein Wunder, dass das irische Modell den mittelosteuropäischen Reformländern als Vorbild dient und eifrig nachgeahmt wird.

Auch Ostdeutschland braucht diesen Entwicklungsschub.

Können die neuen Bundesländer ein deutsches Irland werden? Ja, wenn wir den Mut zu einer Zäsur haben und die Kraft aufbringen, beim Aufbau Ost lange überfälligen Veränderungen Bahn zu brechen. Dazu müssen wir von faulen Kompromissen Abschied nehmen und endlich begreifen lernen, dass unser aller Zukunft vom Gelingen der Wiedervereinigung abhängt.

Ein nationales Programm, um die Wirtschaft zu beleben, muss vor allem darauf zielen, dass sich der Osten aus der Umklammerung des Westens löst und für seine besonderen Probleme eigene Lösungen findet – so, wie sich Irland einst aus der ökonomischen Abhängigkeit von Großbritannien befreit hat. Nur mit Sonderregeln kann es gelingen, die östlichen Bundesländer wieder zum Leben zu erwecken.

Natürlich ist mit diesem Vorschlag die Gefahr verbunden, dass Unternehmen ihre Aktivitäten vom Westteil in den Ostteil des Landes verlagern. Wäre das eine Zumutung? Der Westen hat sechs Jahrzehnte lang von Menschen aus Ostdeutschland und ihren wertvollen Ideen profitiert und konnte dadurch seinen Wohlstand mehren. Würde dieser Trend nur ein klein wenig umgedreht – es wäre ein Beitrag zur historischen Gerechtigkeit. Die Teilung Deutschlands ist nur durch Teilen zu überwinden. Teilen heißt eben mehr, als Transfers zu gewähren.

Jeder Politiker oder Ökonom, der einen solchen Ansatz ablehnt, hat sich in Wahrheit damit abgefunden, dass Ostdeutschland auch in Zukunft am Tropf hängt. Der Westen aber wäre heillos überfordert, wenn er den Osten über das nächste halbe Jahrhundert so mitzieht wie bisher. Wenn wir glauben, das könnte gelingen, begehen wir einen schicksalhaften Fehler. Wir müssen uns dann auf ein böses Erwachen einstellen: Der Westen wird dem Osten in den Abgrund folgen.

Anmerkungen

1 Vgl. Jacobsen, S. 21.

2 Im Dezember 1989 strahlte das DDR-Fernsehen unter dem Titel «Ist Leipzig noch zu retten?» eine Reportage aus, in der erstmals öffentlich die Frage gestellt wurde, ob der Verfall der Bausubstanz noch gestoppt werden könne. Damals standen schätzungsweise 25 000 Wohnungen leer, weil sie nicht mehr bewohnbar waren.

3 Eine exakte Abgrenzung der Einheitskosten ist nicht möglich. Das Institut für Wirtschaftsforschung (IWH) beziffert die Nettotransfers für 2003 auf 80 Milliarden Euro und nennt für 1991 bis 2003 eine Gesamtsumme von knapp 950 Milliarden Euro. Der Sachverständigenrat gibt für diesen Zeitraum 980 Milliarden Euro an, wobei in Ostdeutschland gezahlte Steuern und Sozialbeiträge in Höhe von 300 Milliarden Euro schon abgezogen sind. Demzufolge würden Ende 2005 erst gut 1,1 Billionen Euro netto erreicht, wobei allerdings das Jahr 1990 mit den Kosten für die Währungs-, Wirtschafts- und Sozialunion ausgeklammert ist. Klaus Schroeder vom Forschungsverbund SED-Staat kommt auf deutlich höhere Beträge, obwohl er der IWH-Systematik folgt. In ihr seien allerdings «stille Kosten der Vereinigung» etwa im Bereich der Rentenversicherung nicht enthalten, die von der Bundesregierung systematisch verschleiert würden. Für 2003 nennt Schroeder einen Nettotransfer von 100 bis 110 Milliarden Euro. Unberücksichtigt lassen die Berechnungen zu den Einheitskosten in der Regel die Steuervergünstigungen zur Ankurbelung der ostdeutschen Bauwirtschaft, wie etwa die Sonder-Afa Ost, die zu Steuerausfällen in mehrstelliger Milliardenhöhe geführt haben. Nutznießer waren zwar ganz überwiegend Westdeutsche, gleichwohl wurde damit der Aufbau Ost finanziert.

4 Die «Schuldenuhr» des Steuerzahlerbundes zeigte Anfang Januar 2005 einen Betrag von 1,41 Billionen Euro an.

5 Vgl. Sachverständigenrat, S. 633.

6 Vgl. das Kapitel «Der Osten hängt Ostdeutschland ab».

7 Vgl. «Die Welt» vom 12. 5. 2004: «Umfrage: Aufbau Ost ist gescheitert».

8 «Die Welt» vom 1. 8. 2002: «Böhmer: Wir verwalten das Elend».

9 Siehe Anmerkung 3.

10 Sinn, Ist Deutschland noch zu retten?, S. 230 f.

11 Vgl. Augstein, Grass, S. 9 f.

12 Zitiert nach: Forschungsbeirat, «Die DDR nach 25 Jahren», S. 8 f.

13 Für 1989 gehen manche Forscher sogar davon aus, dass die Pro-Kopf-Produktivität nur bei einem Fünftel des bundesrepublikanischen Niveaus lag. Genau ermitteln lässt sich der Wert aber nicht. Mit dem Kenntnisstand in Westdeutschland über die ökonomische Lage in der DDR hat sich die Enquetekom-

mission des Bundestages befasst und dabei auch die Rolle des DIW thematisiert. Siehe dort, S. 185 f. und 196 f.

14 Vgl. Jacobsen, S. 16.

15 Jarausch, S. 217.

16 Das durchschnittliche Umtauschverhältnis der Währungsunion lag bei knapp 1:1,5.

17 Vgl. Hölder, S. 127.

18 «Welt am Sonntag» vom 23. 8. 2004: «Mit weniger Bürokratie wären wir besser gefahren».

19 Zit. nach Schiller, S. 18.

20 Diese Daten über Deutschland hatten internationale Statistiker im Vorfeld der Potsdamer Konferenz der Siegermächte im August 1945 zusammengetragen.

21 Vgl. Müller, Freistaat Sachsen. Wirtschaft und Verkehr, S. 54 f.

22 Vgl. Briesen, S. 155.

23 Golle, S. 225.

24 In dem alten Statut der von Ernst Abbe 1896 errichteten Stiftung war unter Paragraph 3 festgelegt: «Der rechtliche Sitz der Stiftung ist Jena.» Nach der entschädigungslosen Enteignung der Stiftungsfirmen Zeiss und Schott am 1. Juni 1948 verlegten die westdeutschen Neugründungen den rechtlichen Sitz der Stiftung nach Heidenheim an der Brenz.

25 Vgl. Golle, S. 238.

26 Ebenda, S. 227.

27 Vgl. Forschungsbeirat, Die DDR nach 25 Jahren, S.18.

28 «Die Zeit» vom 23. 9. 2004: «Das Wasser und der Wein».

29 Vgl. Mählert, S. 121.

30 Vgl. Ebbinghaus.

31 Vgl. Enzyklopädie der DDR.

32 Diese Honecker-Aussagen hatte der FDGB-Vorsitzende Harry Tisch in seinen privaten Aufzeichnungen protokolliert.

33 Von 1976 bis 1979 wurden 400 Millionen D-Mark pro Jahr gezahlt, von 1980 bis 1989 waren 525 Millionen D-Mark vereinbart.

34 Vgl. Winters, S. 1305 f.

35 Der Begriff stammt von Neubert, S. 874.

36 Vgl. Enzyklopädie der DDR.

37 Vgl. Schürer, S. 186 f.

38 Ebenda.

39 Zitiert nach Hertle, Der Mauerfall, S. 26.

40 Vgl. Kaminsky, S. 135.

41 Neben Schürer gehörten der Arbeitsgruppe Außenhandelsminister Gerhard Beil, KoKo-Chef Alexander Schalck-Golodkowski, Finanzminister Ernst Höfner und Statistikamtschef Arno Donda an.

42 Vgl. DB Research, Perspektiven Ostdeutschlands, S. 9.

43 «Der Spiegel» 37/1991: «Es reißt mir das Herz kaputt».

44 Hellwig, S. 161.

45 Altmeyer, S. 535.

46 Wird das Bruttoinlandsprodukt je Einwohner in der Europäischen Union der 25 Mitgliedsstaaten gleich 100 gesetzt, kam Irland 2003 auf 131 Prozent und Deutschland auf 108 Prozent. Vgl. Eurostat-Pressemitteilung 73/2004: «Nowcast des BIP pro Kopf für 2003».

47 Bruttoinlandsprodukt je Einwohner 2002 ausgedrückt im Kaufkraftstandard (KKS). Vgl. Eurostat-Pressemitteilung 13/205: «Regionales BIP je Einwohner in der EU 25».

48 Berechnungen des Ifo-Instituts.

49 Berechnungen des Autors auf Basis der Daten des Arbeitskreises Volkswirtschaftliche Gesamtrechnung der Länder (VGR).

50 «Die Welt» vom 19. 5. 1993: «Eine Zusage nach der anderen platzt wie eine Seifenblase».

51 Vgl. DIW-Wochenbericht 18/2004.

52 «Die Welt» vom 22. 8. 1994: «Zum Erfolg der PDS hat der Westen beigetragen».

53 Laut einer Veröffentlichung des Statistischen Landesamtes.

54 Vgl. Berlin-Institut für Weltbevölkerung und globale Entwicklung.

55 Vgl. Deutsche Bank Research, Migration in Deutschland, S. 3.

56 «Die Welt» vom 3. 9. 2004: «Es fehlen die bürgerlichen Schichten».

57 «Berliner Zeitung» vom 17. 8. 2004: «Forschung ist unser Lebenselixier».

58 Vgl. Deutsche Bank Research, Migration in Deutschland, S. 5.

59 Von Anfang 1989 bis zum 3. Oktober verließen zusätzlich 740 000 Menschen Ostdeutschland.

60 Vgl. Berlin-Institut, S. 44.

61 Die Begriffe haben Wolfgang Kil und Ulrich Pfeiffer geprägt.

62 Vgl. Kil, S. 38.

63 Vgl. «Der Spiegel» vom 21. 2. 2004: «Die Büroblase».

64 Vgl. Herwig Birg in der «FAZ» vom 12.4.2000, «188 Millionen Einwanderer zum Ausgleich?».

65 Zu Grunde gelegt ist die so genannte Variante 5 mit einer «mittleren Bevölkerung» in der 10. koordinierten Bevölkerungsvorausberechnung. Als «niedrigste Bevölkerung» (Variante 1) werden 67,05 Millionen Einwohner, als «höchste Bevölkerung» (Variante 9) 81,25 Millionen Einwohner genannt.

66 DB Research, Perspektiven Ostdeutschlands, S. 4.

67 «Die Welt» vom 23. 8. 2004: «Wiederentdeckung der Leere».

68 «Die Welt» vom 16. 4. 2004: «Ostdeutsche wollen keine neue Zone mit Sonderrechten haben».

69 Vgl. Deutsche Bank Research, Perspektiven Ostdeutschlands, S. 36 f.

70 Vgl. Seitz, Benchmarking-Report Sachsen-Anhalt. Öffentliche Aufgabenerfüllung im Ländervergleich.

71 In der damaligen Währung waren es 1095 Milliarden D-Mark.

72 Nach Angaben des Bundes der Steuerzahler.

73 OECD, Economic Outlook vom Dezember 2003, siehe ifo Schnelldienst 6/2004.

74 Alle Angaben stammen von Jacobsen.

75 Vgl. Monatsbericht März 1997 der Deutschen Bundesbank: «Die Entwicklung der Staatsverschuldung seit der deutschen Vereinigung», S. 18 f.

76 Vgl. Jacobsen, S. 55.

77 Vgl. Monatsbericht 5/2004 des Bundesfinanzministeriums.

78 Vgl. «Die Welt» vom 29. 10. 2004: «Finanzminister Rainer Speer: ‹Wir sparen derzeit gar nicht›».

79 «Die Welt» vom 20. 4. 2001: «Dem Sowjetmenschen geht es zu gut».

80 «Tagesspiegel» vom 5. 9. 2004: «Wir haben der Lebenslüge von 1990 nicht widersprochen».

81 Vgl. Seitz, «Thesenpapier zur Lage in Ostdeutschland», S. 7.

82 Ebenda.

83 Nach den Angaben des Instituts der deutschen Wirtschaft.

84 Vgl. auch DB Research, Perspektiven Ostdeutschlands, S. 48. Rund 40 Prozent der Gesamteinnahmen sind Transferzahlungen, hinzu kommen die Mittel des Umsatzsteuervorwegausgleichs.

85 «Die Welt» vom 16. 4. 2004: «Das Ende des Ost-Blocks».

86 Vgl. das Kapitel «Der Osten hängt Ostdeutschland ab».

87 Vgl. Berteit, S. 11, sowie Bofinger, S. 56.

88 Vgl. Jacobsen, S. 39.

89 Sächsischer Mittelstandsbericht 2003, S. 12 und S. 19.

90 Mai, Steinmetz, S. 15.

91 «Der Spiegel» 28/1999.

92 Vgl. Berteit, S. 2 und 6.

93 Ebenda, S. 3.

94 DIW, Studie zum Halbleiterstandort Dresden, S. 127.

95 Sinn, Ist Deutschland noch zu retten?, S. 245.

96 Das DIW hat die Beschäftigungseffekte von 1994 bis 2002 untersucht, diese Zahlen wurden vom Sächsischen Wirtschaftsministerium für die Jahre 2003 und 2005 hochgerechnet.

97 Vgl. Berteit, S. 14.

98 Vgl. Kurskorrektur des Aufbau Ost; andere Quellen gehen von bis zu einer Million fehlenden Industriearbeitsplätzen aus.

99 Sächsischer Mittelstandsbericht 2003, S. 22.

100 Vgl. Angaben in der Osteuropa-Studie der Wissenschaftlichen Hochschule für Unternehmensführung und des «Manager Magazin». Bei den Foreign Direct Investment (FDI) wies Tschechien 2003 einen Gesamtbestand von 2579 Dollar je Einwohner aus. Es folgten Estland (2257 Dollar), Slowenien (1605), Po-

len (1377), Ungarn (1118), Lettland (972), die Slowakei (876) und Litauen (720).

101 Vgl. Dauderstädt.

102 Alle Angaben beruhen auf Eurostat bzw. dem Länderarbeitskreis Volkswirtschaftliche Gesamtrechnung. Für 2004 und 2005 wurde für Deutschland die aktuellere Prognose des Herbstgutachtens herangezogen. Das Gutachten weist aber nur die neuen Länder ohne Berlin aus. Bei einer Einbeziehung Berlins ist das Wachstum Ostdeutschlands zuletzt regelmäßig deutlich niedriger ausgefallen. Deshalb sind die angegebenen Ost-Werte für 2004 und 2005 moderat um 0,2 Prozent reduziert worden – für die Gesamtaussage des Vergleichs ist das ohne Belang.

103 «Die Zeit» vom 26. 8. 2004: «Der Druck auf den Westen steigt».

104 «Berliner Zeitung» vom 20. 8. 2004: «Diese Demos sind keine Eintagsfliegen»

105 1995 hatte Griechenland laut EU beim Pro-Kopf-BIP 65,9 Prozent und Portugal 70,5 Prozent des Niveaus der EU-15-Staaten erreicht. Sachsen kam demgegenüber auf 73,1 Prozent, Brandenburg auf 72,1 Prozent, Mecklenburg-Vorpommern auf 71,3 Prozent, Thüringen auf 67,6 Prozent und Sachsen-Anhalt auf 67,5 Prozent.

106 Siehe auch: «Wirtschaft und Arbeit in Sachsen 2001», S. 19.

107 Vgl. EU-Kommission, Dritter Bericht über den wirtschaftlichen und sozialen Zusammenhalt.

108 Vgl. «Handelsblatt» vom 17. 2. 2004: «EU will Ostdeutschland nicht zur ‹Transitwüste› werden lassen».

109 So jedenfalls die optimistische Erwartung in Brandenburg für das Jahr 2020.

110 Bezogen auf das Bruttoinlandsprodukt 2003 in realen Preisen von 1995.

111 Auskunft von Helmut Seitz im Gespräch mit dem Autor.

112 Zuletzt bestellte die Bundesregierung 2001 ein Gutachten zu den längerfristigen Perspektiven der neuen Länder. Doch dabei ging es nicht darum, wirtschaftspolitische Handlungsoptionen zu sondieren. Vielmehr sollten übertrieben empfundene Forderungen der neuen Länder abgewehrt werden. Im Auftrag des Finanzministers ermittelte das Deutsche Institut für Wirtschaftsforschung (DIW) für den infrastrukturellen Nachholbedarf des Ostens eine Größenordnung von «etwa 160 Mrd. DM». Dieses Ergebnis sorgte für erhebliche Verstimmung. Denn ein Jahr zuvor hatte das DIW noch im Auftrag der neuen Länder gerechnet. Damals wurde öffentlich ein Bedarf von «über 280 Milliarden DM» genannt. Man sei falsch zitiert worden, argumentierte das DIW später, man habe nur «reichlich 203 Milliarden DM» errechnet. Die trotzdem immer noch beachtliche Differenz wurde auf «einige Zuordnungsprobleme» zurückgeführt. Kommentar des damaligen Thüringer Ministerpräsidenten Vogel: «Es ist ein Ärgernis, dass ein und dasselbe Institut binnen relativ kurzer Zeit zu unterschiedlichen Aussagen kommt.» Siehe auch: DIW-Pressemitteilung vom 16. 5. 2001.

113 Vgl. IWH: «Simulationsrechnungen zu den Auswirkungen einer Kürzung von Transferleistung für die neuen Bundesländer», S. 20 f. Im Rahmen dieses Kürzungsszenarios hat das IWH eine Status-quo-Entwicklung – ohne Rückführung der Transfers – präsentiert.

114 Prozentuale Veränderung des Bruttoinlandsprodukts gegenüber dem Vorjahr, in Preisen von 1991.

115 Vgl. IWH, Zur Ausgestaltung des Solidarpaktes II, S. 16.

116 Vgl. «Frankfurter Allgemeine Sonntagszeitung» vom 19. 9. 2004 und vom 26. 9. 2004.

117 Bruttoinlandsprodukt in Preisen von 1995; 13 Milliarden Euro entsprechen 16 Prozent – so hoch ist der Anteil Thüringens an der ostdeutschen Bevölkerung – der konservativ veranschlagten Nettotransfers für den Osten in Höhe von 80 Milliarden Euro Nettokreditaufnahme von Land und Kommunen.

118 Jahresbericht zum Stand der Deutschen Einheit 2003, S. 9.

119 Vgl. Land Brandenburg, Landtagsdrucksache 3/7088.

120 «Berliner Zeitung» vom 11. 10. 2004: «Die Länder sind vom Stamme Nimm».

121 Vgl. «Die Welt» vom 3. 9. 2004: «Ein tiefer Riss».

122 «Die Welt» vom 13. 9. 2004: «Die SPD kommt nur langsam aus dem Tal».

123 «Die Welt» vom 29. 6. 2004: «Es geht zu wie im Kasino».

124 «Die Zeit» vom 26. 8. 2004: «Was der Osten wirklich braucht».

Literatur

AG – Perspektiven für Ostdeutschland, Ostdeutschland – eine abgehängte Region? Perspektiven und Alternativen, Dresden 2001

Altmeyer, Klaus (Hrsg.), Das Saarland, Saarbrücken 1958

Apel, Hans, Zerstörte Illusionen. Meine ostdeutschen Jahre, München 2000

Augstein, Rudolf; Grass, Günter, Deutschland, einig Vaterland? – Ein Streitgespräch, Göttingen 1990

Baedeckers Allianz-Reiseführer DDR, 5. aktualisierte Auflage, Stuttgart 1990

Bahro, Rudolf, Die Alternative. Zur Kritik des real existierenden Sozialismus, Frankfurt am Main 1977

Becher, Johannes R., Walter Ulbricht. Ein deutscher Arbeitersohn, Berlin 1961

Berlin-Institut für Weltbevölkerung und globale Entwicklung (Hrsg.), Deutschland 2020. Die demografische Zukunft der Nation, Berlin 2004, www.berlin-institut.org

Berteit, Herbert, Ostdeutschland benötigt neue Impulse in der Wirtschaftspolitik, www.memo.uni-bremen.de/docs/m2104.pdf

Bertelsmann Stiftung (Hrsg.), Die Bundesländer im Standortwettbewerb 2003, Gütersloh 2003

Beyer, Hans-Joachim (Hrsg.), Handbuch der DDR-Betriebe. Standorte – Produktionen – Betriebsgrößen, Köln 1990

Biedenkopf, Kurt Hans, Einheit und Erneuerung. Deutschland nach dem Umbruch in Europa, Stuttgart, 1994

Bofinger, Peter, Wir sind besser, als wir glauben. Wohlstand für alle, Pearson Studium, München 2005

Bosch, Werner, Die Saarfrage. Eine wirtschaftliche Analyse, Heidelberg 1954

Brandt, Willy, Reden zu Deutschland. «... was zusammengehört», Bonn 1990

Breuel, Birgit (Hrsg.), Treuhand intern, Frankfurt am Main und Berlin 1993

Briesen, Detlef, Berlin – die überschätzte Metropole. Über das System der deutschen Hauptstädte von 1850 bis 1940, Bonn, Berlin 1992

Bucerius, Gerd, Der Adenauer. Subjektive Beobachtungen eines unbequemen Weggenossen, Hamburg 1976

Bundesanstalt für vereinigungsbedingte Sonderaufgaben (Hrsg.), «Schnell privatisieren, entschlossen sanieren, behutsam stilllegen». Ein Rückblick auf 13 Jahre Arbeit der Treuhandanstalt und der Bundesanstalt für vereinigungsbedingte Sonderaufgaben, Berlin 2003

Bundesministerium der Finanzen, Stellungnahme zu den Fortschrittsberichten «Aufbau Ost» der Länder Berlin, Brandenburg, Mecklenburg-Vorpommern, Sachsen, Sachsen-Anhalt und Thüringen. Berichtsjahr 2003

Bundesregierung, Jahresberichte der Bundesregierung zum Stand der Deutschen Einheit, Berlin 2003 und 2004, www.bmvbw.de

Busse, Tanja; Dürr, Tobias (Hrsg.), Das neue Deutschland. Die Zukunft als Chance, Berlin 2003

Cerny, Jochen, Wer war wer – DDR. Ein biographisches Lexikon, Berlin 1992

Christ, Peter; Neubauer Ralf, Kolonie im eigenen Land. Die Treuhand, Bonn und die Wirtschaftskatastrophe der fünf neuen Länder, Berlin 1991

Czechinvest, Zusammenfassung des Handbuchs «Investitionsanreize» für den Bereich verarbeitende Industrie, 2004, sowie andere Veröffentlichungen, http://www.czechinvest.org

Dauderstädt, Michael, Transformation und Integration der Wirtschaft der postkommunistischen Beitrittsländer, in: «Aus Politik und Zeitgeschichte», B 5–6, 2004, www.bpb.de

Deutsche Bank Research (Hrsg.), Demografie Spezial. Demografische Entwicklung verschont öffentliche Infrastruktur nicht, Frankfurt 2004, sowie Demografie Spezial. Migration in Deutschland: Umverteilung einer schrumpfenden Bevölkerung, Frankfurt 2003, www.dbresearch.de

Dies., Perspektiven Ostdeutschlands – 15 Jahre danach, Frankfurt 2004

Deutsche Bundesbank, Monatsberichte 3/97, 4/98, 12/01, 4/03, 8/04 sowie diverse andere Publikationen

Deutscher Bundestag (Hrsg.), Materialien der Enquete-Kommission «Überwindung der Folgen der SED-Diktatur im Prozess der deutschen Einheit», Acht Bände in 14 Teilbänden, Baden-Baden 1999

Deutsches Institut für Wirtschaftsforschung (DIW), Wochenbericht 5/89, 21/89, 12/91 sowie diverse Wochenberichte 1990 bis 2004 und weitere Veröffentlichungen

Dass., Gesamtwirtschaftliche und regionale Bedeutung der Entwicklung des Halbleiterstandortes Dresden – Eine aktualisierte und erweiterte Untersuchung, Berlin 2002

DIW, IfLS, ifo, IWH, RWI, Solidarpakt II, Infrastrukturelle Nachholbedarfe Ostdeutschlands – Zusammenfassung, 2000

Dohnanyi, Klaus von; Most, Edgar (Red.), Kurskorrektur des Aufbau-Ost, Bericht des Gesprächskreises Ost der Bundesregierung, 2004

Düvel, Hasso; Scheibe, Herbert; Stoll, Tatjana (Hrsg.), Aufbau Ost. Notwendiges Übel oder Investition in die Zukunft, Göttingen 2000

Ebbinghaus, Frank, Ausnutzung und Verdrängung. Steuerungsprobleme der SED-Mittelstandspolitik 1955–1972, Berlin 2003

Enzyklopädie der DDR, Digitale Bibliothek (CD-Rom)

Erhard, Ludwig, Wirtschaftliche Probleme der Wiedervereinigung, in: Ludwig Erhard: Gedanken, Reden und Schriften, Düsseldorf/Wien, New York

EU-Kommission, Dritter Bericht über den wirtschaftlichen und sozialen Zusammenhalt, http://europa.eu.int/comm/regional_policy/sources/docoffic/official/reports/pdf/cohesion3/cohesion3_indicator_de.pdf

Eurostat, Pressemitteilung 13/205: «Regionales BIP je Einwohner in der EU 25»

Frank, Mario, Walter Ulbricht. Eine deutsche Biographie, Berlin 2001

Forschungsbeirat für Fragen der Wiedervereinigung Deutschlands beim Bundesminister für innerdeutsche Beziehungen, Die DDR nach 25 Jahren, in: Wirtschaft und Gesellschaft in Mitteldeutschland, Band 10, Berlin 1975

Ders., Vorbereitung auf die Deutsche Einheit, Auszug aus dem Vierten Tätigkeitsbericht 1961–1965, Deutscher Bundes-Verlag, Bonn 1966, sowie Dritter Tätigkeitsbericht, 1957/1961, Bonn 1961

Fuhr, Eckhard, Geschichte der Deutschen, Frankfurt am Main 1993

Golle, Hermann, Das Know-how, das aus dem Osten kam. Wie das westdeutsche Wirtschaftswunder von der SED-Politik profitierte, Stuttgart und Leipzig 2002

Grass, Günter, Deutscher Lastenausgleich. Wider das dumpfe Einheitsgebot. Reden und Schriften, Berlin 1990

Hankel, Wilhelm, Die sieben Todsünden der Vereinigung. Wege aus dem Wirtschaftsdesaster, Berlin 1993

Heine, Michael, u. a. (Hrsg.), Die Zukunft der DDR-Wirtschaft, Reinbek bei Hamburg 1990

Hermann, Achim, Carl Zeiss – Die Abenteuerliche Geschichte einer Deutschen Firma, München 1992

249

Ders., Jena und die Jenoptik. Vom Kombinat zum Global Player, Düsseldorf und München 1998

Heydemann, Günther; Mai, Gunther; Müller, Werner (Hrsg.), Revolution und Transformation in der DDR 1989/1990, Berlin 1999

Hellwig, Fritz, Saar zwischen Ost und West. Die wirtschaftlichen Verflechtungen des Saarindustriebezirks mit seinen Nachbargebieten, Bonn 1954

Herbst, Andreas; Ranke, Winfried; Winkler, Jürgen, So funktionierte die DDR, Band 1–3, Reinbek 1994

Herles, Wolfgang, Wir sind kein Volk. Eine Polemik, München, Zürich 2004

Hertle, Hans-Hermann; Stephan, Gerd-Rüdiger (Hrsg.), Das Ende der SED. Die letzten Tage des Zentralkomitees, Berlin 1997

Hölder, Egon (Hrsg.), Im Trabi durch die Zeit – 40 Jahre Leben in der DDR, Stuttgart 1992

Honecker, Erich, Aus meinem Leben. Parteiführer und Staatsoberhaupt der Deutschen Demokratischen Republik, Oxford/England und Berlin 1980

Höppner, Reinhard, Acht unbequeme Jahre. Innenansichten des Magdeburger Modells, Halle an der Saale 2003

Hunt, Jennifer, Why do people still live in East Germany?, Forschungsinstitut zur Zukunft der Arbeit, 2000, www.iza.org

IIC Invest in Eastern Germany, Das IIC – Ein Kurzportrait, Berlin 2004, www.iic.de

Industrie- und Handelskammer des Saarlandes (Hrsg.), Saarwirtschaft und Europäisierung des Saarlandes. Eine Stellungnahme der Industrie- und Handelskammer Saarbrücken, Saarbrücken vermutlich 1954/1955

Institut der deutschen Wirtschaft (iwd) (Hrsg.), Perspektive 2050. Ökonomik des demographischen Wandels, Köln 2004

Dass., Mehr Freiraum für den Fortschritt, 2004, www.iwkoeln.de

Institut für Wirtschaftsforschung Halle (IWH), IWH-Pressemitteilung 21/2003 («Wie hoch sind die Transferleistungen für die neuen Länder?»), 15/2004 («Die Wachstumsschwäche in Deutschland – ist der Osten schuld?»), 27/2004 («Transferleistungen für die neuen Länder – eine Begriffsbestimmung»), Wirtschaft im Wandel 16/2003 («Solidarpakt: Aufbaugerechte Verwendung der Mittel noch nicht gewährleistet»), Diskussionspapier Nr. 194 («Zur Ausgestaltung des Solidarpaktes II – Ein Diskussionsvorschlag») sowie weitere Veröffentlichungen

Dass., Simulationsrechnung zu den Auswirkungen einer Kürzung von Transferleistungen für die neuen Bundesländer. Gutachten im Auftrag der ostdeutschen Länder, Halle an der Saale 2000

Jacobsen, Liv K., Die Finanzierung der Deutschen Einheit 1990–1998, http://www.studienforum-berlin.de/finanzierung_deutsche_einheit.htm

Jarausch, Konrad H., Die unverhoffte Einheit 1989–1990, Frankfurt am Main 1995

Jaspers, Karl, Freiheit und Wiedervereinigung, München 1960

Jellonek, Burkhard; Schweigerer-Kartmann, Marlene, Saarland, http://www.lpb.bwue.de/aktuell/bis/1_2_99/laender14.htm

Kaminsky, Annette, Wohlstand, Schönheit, Glück. Kleine Konsumgeschichte der DDR, München 2001

Kil, Wolfgang, Luxus der Leere. Vom schwierigen Rückzug aus der Wachstumswelt. Eine Streitschrift, Wuppertal 2004

Kirchberg, Peter, Plaste, Blech und Planwirtschaft. Die Geschichte des Automobilbaus in der DDR, Berlin 2000

Land Brandenburg, Bericht zu den Auswirkungen der demografischen und wirtschaftsstrukturellen Veränderungen in Brandenburg, Landtagsdrucksache 3/7088, www.brandenburg.de/cms/media.php/1168/dgbericht.pdf

Lehmann, Hans Georg, Deutschland-Chronik 1945 bis 1995, Bundeszentrale für politische Bildung, Schriftenreihe Band 332, Bonn 1996

Ludwig-Erhard-Stiftung (Hrsg.), Vom Zentralplan zur Sozialen Marktwirtschaft. Erfahrungen der Deutschen beim Systemwechsel, Stuttgart, Jena, New York 1992

Luft, Christa, Treuhandreport. Werden, Wachsen und Vergehen einer deutschen Behörde, Berlin 1992

Maaz, Hans-Joachim, Der Gefühlsstau. Ein Psychogramm der DDR, Berlin 1991

Mai, Karl; Steinitz, Klaus, Ostdeutschland auf der Kippe. Eine gesamtdeutsche Bilanz nach 13 Jahren, Supplement der Zeitschrift Sozialismus 1/2004

Mählert, Ulrich, Kleine Geschichte der DDR, München 2001

Maizière, Lothar de, Anwalt der Einheit. Ein Gespräch mit Christine de Maizière, Berlin 1996

Michel, Karl Markus; Spengler, Tilman (Hrsg.), Kursbuch «Abriss der DDR», Berlin 1990

Miegel, Meinhard, Die deformierte Gesellschaft. Wie die Deutschen ihre Wirklichkeit verdrängen, Berlin 2004

Ders., Demographische Veränderungen – Konsequenzen für Wirtschaft und Gesellschaft in Ostdeutschland, in: Positionen und Perspektiven 1, Ostdeutscher Sparkassen- und Giroverband, 2002

Milbradt, Georg, Zukunft Ost – Chancen für Deutschland. Ein Beitrag zu einer notwendigen Strategiediskussion, Dresden 2004, www.sachsen.de

Ders., Über den Tag hinaus – Strategien für den weiteren Aufbau Ost, Dresden 2004, www.kas.de

Müller, Uwe, Freistaat Sachsen. Wirtschaft und Verkehr, in: Freistaat Sachsen, Gauweiler, Heidelberg 1998

Ders. (mit Jakobs, Hans-Jürgen), Augstein, Springer & Co. Deutsche Mediendynastien, Zürich 1990

Ders., Eine Messe für morgen, In: Merian Leipzig, Hamburg 1996

Nationalrat der nationalen Front des demokratischen Deutschland (Hrsg.), DDR Deutsche Demokratische Republik. Tatsachen, Informationen, Berlin 1970

Neues Forum Leipzig, Jetzt oder nie – Demokratie! Leipziger Herbst '89, Leipzig 1989

Niedersächsische Landeszentrale für Politische Bildung (Hrsg.), Vom Ende der DDR-Wirtschaft zum Neubeginn in den ostdeutschen Bundesländern, Hannover 1998

Neubert, Ehrhart, Politische Verbrechen in der DDR. In: Das Schwarzbuch des Kommunismus. Unterdrückung, Verbrechen und Terror, München 1998

Ostdeutscher Bankenverband, Wege zu mehr Innovationsdynamik in Ostdeutschland, in: Infoport Ausgabe 1/2004

Pohl, Rüdiger (Hrsg.), Herausforderung Ostdeutschland. Fünf Jahre Währungs-, Wirtschafts- und Sozialunion, Berlin 1995

Propp, Peter Dietrich, Zur Transformation einer Zentralverwaltungswirtschaft sowjetischen Typs in eine Marktwirtschaft, Köln 1990

Redaktion Fischer Weltalmanach (Hrsg.), Sonderband DDR, Frankfurt am Main 1990

Dies., EU-Osterweiterung, Frankfurt am Main 2004

Roethe, Thomas, Arbeiten wie bei Honecker, leben wie bei Kohl. Ein Plädoyer für das Ende der Schonfrist, Frankfurt am Main 1999

Sachverständigenrat zur Begutachtung der gesamtwirtschaftlichen Entwicklung, Jahresgutachten 2004/05, Erfolge im Ausland – Herausforderung im Inland, 2004, www.sachverstaendigenrat-wirtschaft.de

Scholze, Silke, Demographische Alterung der Bevölkerung in Thüringen, ihre möglichen Ursachen und ihre Darstellungsformen, http://www.tls.thueringen.de/ Analysen/Aufsatz-10b-2002.pdf

Sächsisches Staatsministerium für Wirtschaft und Arbeit, Wirtschaft und Arbeit in Sachsen, Dresden 1993, 1994, 1997, 1999, 2001, sowie Sächsischer Mittelstandsbericht, Dresden 2003

Schiller, Karl, Der schwierige Weg in die offene Gesellschaft. Kritische Anmerkungen zur deutschen Vereinigung, München 1994

Ders., «Eine Politik der Strenge», Ex-Wirtschaftsminister Karl Schiller über die ökonomischen Probleme der Einheit, in: «Der Spiegel», 2/1994

Schirrmacher, Frank; Schiwy, Peter; Marsh, David (Hrsg.), Die neue Republik, Berlin 1995

Schmidt, Helmut, Mögliche Stufen eines wirtschaftlichen und sozialen Wiedervereinigungs-Prozesses, in: Helmut Schmidt: Mit Augenmaß und Weitblick. Reden und Aufsätze, Berlin 1990

Ders., Handeln für Deutschland, Berlin 1993

Ders., Konföderation und Wiedervereinigung, «Der Sozialist» vom 1. März 1959, sowie Weg zur gesamtdeutschen Volkswirtschaft. Die wirtschaftspolitischen Aspekte des Deutschlandplans der SPD, «Vorwärts» vom 27. März 1959

Ders., Lichtet den Dschungel der Paragraphen!, in: «Die Zeit» 41/2001, http://www.zeit.de/archiv/2001/41/200141_ostdt._wirtschaf.xml

Schneider, Gernot, Wirtschaftswunder DDR. Anspruch und Realität, zweite, erweiterte Auflage, Köln 1990

Schürer, Gerhard, Gewagt und verloren. Eine deutsche Biografie, Berlin 1998

Seitz, Helmut, Thesenpapier zur Lage in Ostdeutschland und zur weiteren Vorgehensweise beim «Aufbau Ost», 2003; http://www.tu-dresden.de/wwvwlemp/publikation

Ders., Ein Vorschlag zur Umsetzung des Korb 2 im Soli II und zur Verstärkung der gesetzeskonformen Verwendung der Soli-Mittel, 2004; Demographischer Wandel in Sachsen, 2004; Implikationen der demographischen Veränderungen für die öffentlichen Haushalte und Verwaltungen, 2004; Perspektiven der ostdeutschen Kommunalfinanzen bis zum Jahr 2020, 2003; Benchmarking-Report Sachsen-Anhalt, 2002

Siebert, Horst, Das Wagnis der Einheit. Eine wirtschaftspolitische Therapie, Stuttgart 1992

Simon, Jana; Rothe, Frank; Andrasch, Wiete (Hrsg.), Das Buch der Unterschiede. Warum die Einheit keine ist, Berlin 2000

Sinn, Hans-Werner, Ist Deutschland noch zu retten?, München 2003

Sommer, Stefan, Lexikon des DDR-Alltags. Von «Altstoffsammlung» bis «Zirkel schreibender Arbeiter», Berlin 1999

Späth, Lothar, Blühende Phantasien und harte Realitäten. Wie der Umschwung Ost die ganze Republik verändert, Düsseldorf und München 1997

SPD, Bündnis 90/Die Grünen, Der Koalitionsvertrag, 2002, www.bundestag.de/cgi-bin/druck.pl?N=parlament

Standard & Poor's, Industry Report Card: German States, 2004

Statistisches Bundesamt, Bevölkerung Deutschlands bis 2050. 10. koordinierte Bevölkerungsvorausberechnung, 2003, www.destatis.de

Steingart, Gabor, Deutschland. Der Abstieg eines Superstars, München 2004

Thierse, Wolfgang, Zukunft Ost. Perspektiven für Ostdeutschland in der Mitte Europas, Berlin 2001

Ders., Fünf Thesen zur Vorbereitung eines Aktionsprogramms für Ostdeutschland, Berlin 2001, http://www.zeit.de/2001/02/Politik/200102_thiersepapier1.html

Weber, Hermann, Die DDR 1945–1990, München 1999

Ders., Geschichte der DDR, München 1985/1999

Wedel, Mathias, Einheitsfrust, Berlin 1994

Winters, Peter Jochen, Vereinbarungen und Verhandlungen mit der DDR im Gefolge des Grundlagenvertrages. Stand und Perspektiven, in: Deutschland-Archiv, Heft 12, 1982

Wirtschaftsatlas Neue Bundesländer, Mecklenburg-Vorpommern, Brandenburg, Berlin-Ost, Sachsen-Anhalt, Sachsen, Thüringen, Gotha 1994

Wissenschaftliche Hochschule für Unternehmensführung (WHU); Manager Magazin, Markterschließung und Expansion in den EU-Beitrittsländern Mittel- und Osteuropas, Teil 1: Wettbewerbsfähigkeit der Beitrittskandidaten, Köln, Vallendar, Hamburg 2003

Wolle, Stefan, DDR, Frankfurt am Main 2004

Personenregister

Dank

Diese Bilanz von 15 Jahren Deutscher Einheit hätte ohne die Unterstützung und Ermutigung von Experten, Kollegen und Freunden nicht gezogen werden können. Besonders dankbar bin ich Prof. Dr. Helmut Seitz von der TU Dresden – für die anregenden Diskussionen, seine wertvollen Ratschläge und nicht zuletzt für die fachkundige Durchsicht des Manuskripts. Bettina Baltschev, Joachim Horn, Hans-Jürgen Jakobs und Johann Michael Möller haben sich ebenfalls die Zeit genommen, den Entwurf zu lesen. Auch ihre vielfältigen Hinweise sind in den Text eingeflossen. Gleiches gilt für Jana Hensel, die mich zudem ermunterte, meine Erfahrungen in die nun vorliegende Form zu bringen. Die Zusammenarbeit mit Jens Dehning war eng und fruchtbar, ein Autor kann sich keinen besseren Lektor wünschen. Alexander Fest und Gunnar Schmidt haben geholfen, den ersten Ideen für dieses Werk eine Struktur zu verleihen. Meine Chefredakteure Jan-Eric Peters und Roger Köppel gewährten mir drei redaktionsfreie Monate, unverhofft verlängerte Fabian Wolff diese Frist mit vollem Einsatz. Viele Kollegen der «Welt» haben das Projekt mit wohlwollendem Interesse verfolgt und große Geduld mit mir gezeigt. Auch dafür herzlichen Dank. Gewidmet ist dieses Buch B. B.